アニメーションの出来るまで

製作プロセス・アニメ作りの仕事の内容

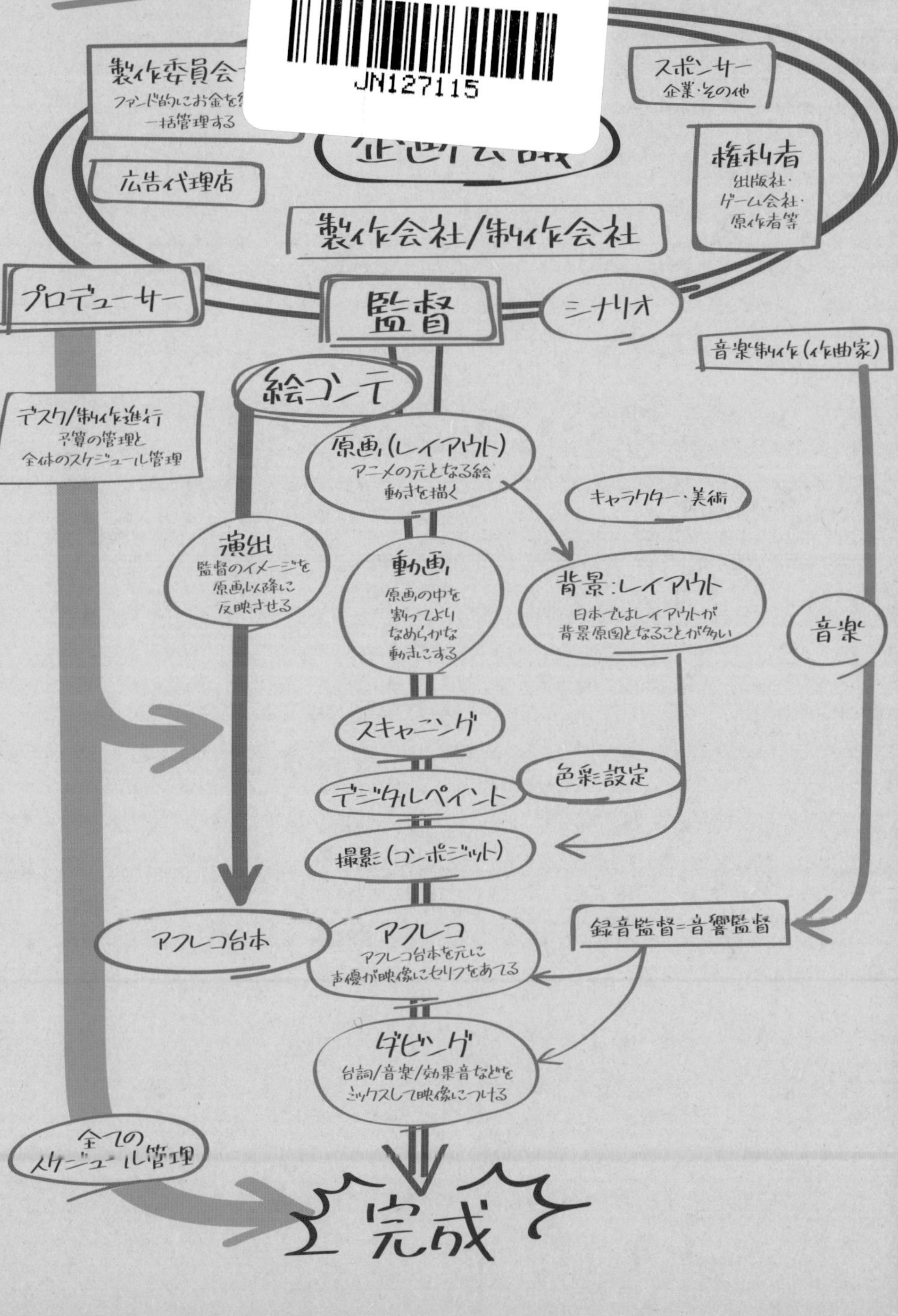

Anime work is too interesting

アニメの仕事は面白すぎる

絵コンテの鬼・奥田誠治と日本アニメ界のリアル

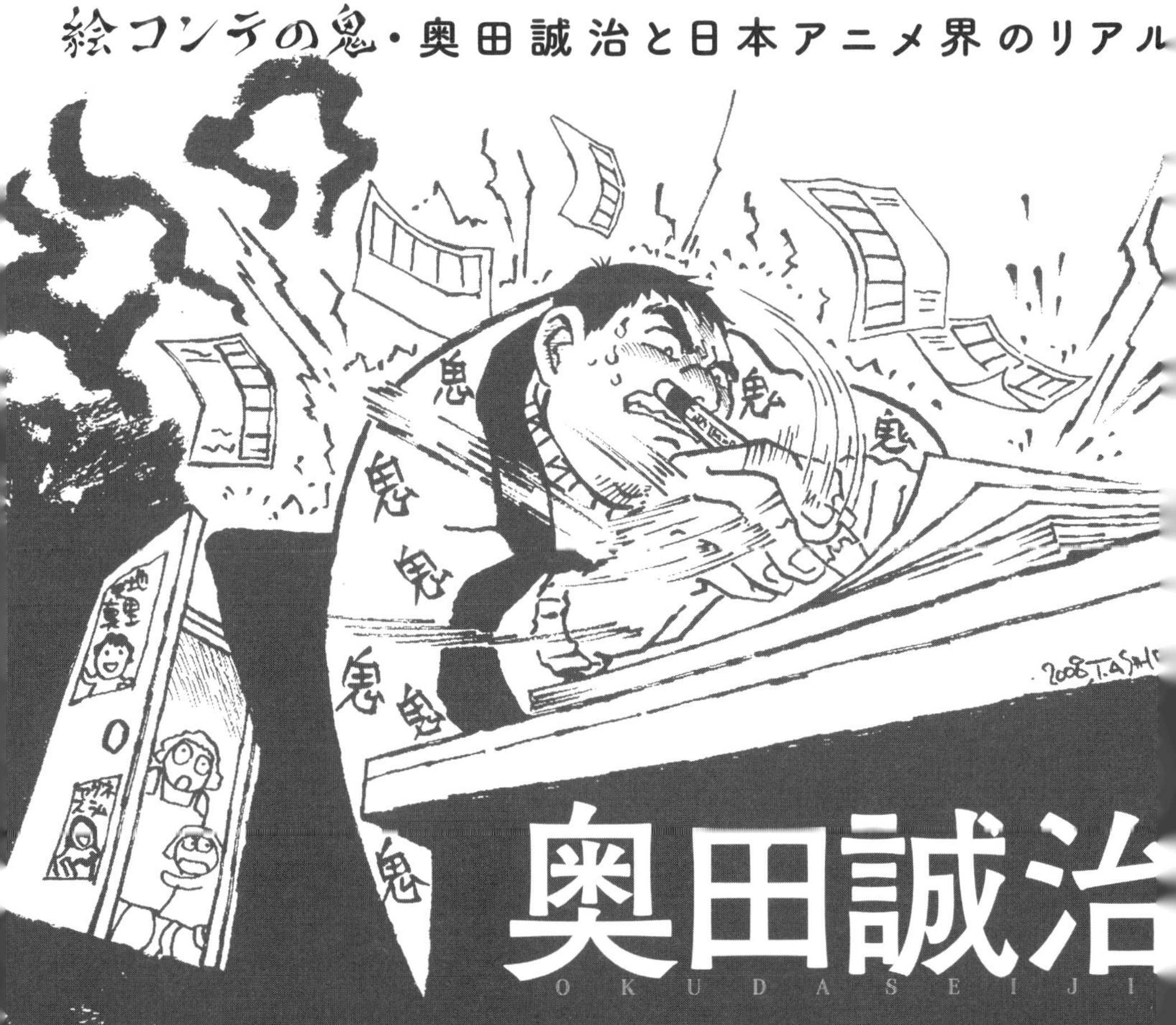

奥田誠治
OKUDA SEIJI

時間軸での人生の分岐

ふと気付くと、すでに56年もアニメのお仕事をやっている。

だが、それほどの時間が経ったとも、大変だったとも感じていない。時代の変化も大きかったが、それもなんとか乗り切った。

どうなることかと思ったアニメのお仕事もまだ続いている。続いているどころかひとつの産業として日本の売りものにもなっている。

「人間五十年 下天の内をくらぶれば、夢幻のごとくなり……」（敦盛）とはいえ、一生分の時間にもかかわらずほとんど一気に駆け抜けた気がする。

『鉄腕アトム』『鉄人28号』『宇宙エース』、テレビアニメ創成期の3作品にも関わり、その後も多数の作品に関わった。コンピューターグラフィックの初期、ゲーム機のプレイステーション1のソフト制作にも関わった。そしてこれまでに８００本を超える絵コンテを描いた。

誇るつもりはない。ただ移り気と偶然の巡り合わせがもたらした結果だ。どの作品にもたくさんの思い出がある。その時間は私にとっての青春そのものであった。その日常の中には作品に関わった者だけが知ることのできる、楽しいドラマがあった。

自分が生きたテレビアニメの真実を書き残したくなった。

なぜなら誰もそのような記録を残していないからだ。評論家と称する連中がアニメの歴史や作家の評伝を書いている。だが、事実にはほど遠いものがある。ほとんどの書き手が、その時代に、その現場に参加していない者達だからだ。作品からは、制作した現場そのものは見えてこない。現場の人間は忙しく、書き残すことなど、していない。無駄だと思えたからだ。だから、現場で長く作品に接してきた私が、作品を作る現場と真実を記録し、書き残すべきだと思った。

恵まれた才能とチャンスを生かしスターとして君臨する者。才能はあったがチャン

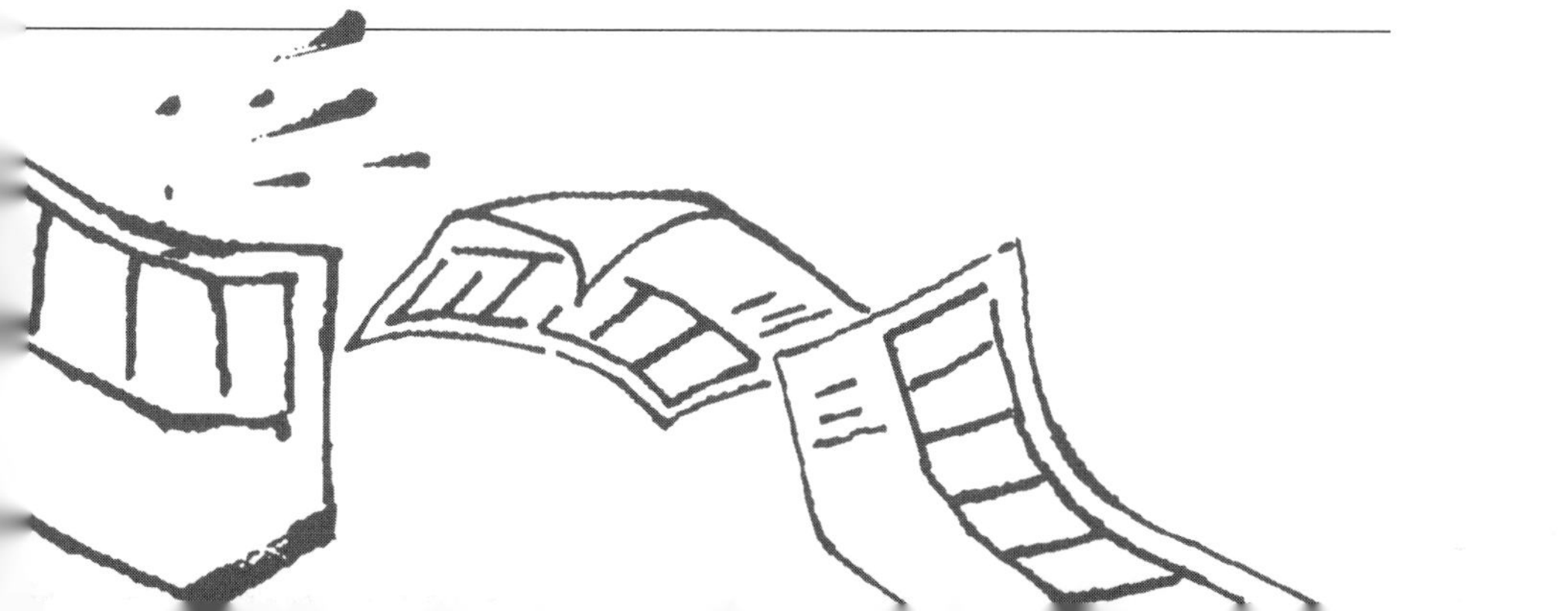

スに恵まれなかった者。どちらの運もなかった不遇な人（不遇かどうかは本人のみ分かり、誰も知る由もないが……）。

だが、誰もが等しくアニメ界を支えてきた。そしてみんなアニメが好きだった。

長く中庸のアニメ人生を送ってきた私には、それを書き残す責務があるのではないかと思うに至った。

アニメ界における私のルーツを辿ってみることにした。年々記憶が薄れ年月の彼方に消えてゆく。おぼろげな記憶を記録しないと、全てなかったことになってしまう気がした。

本書では私の視点から、日本のアニメ黎明期から現在までを記録することにした。

Contents

No. p6-24

CUT	PICTURE	ACTION	MUSIC/SE	TIME

第1章

テレビアニメーションの世界へ

アニメ界に入る以前のこと

新幹線ゼロ系が開業する前年の63年に私はアニメ界に入った。キャリアがスタートしたのは**TCJ**だった。正式な社名は「日本テレビジョン株式会社」という名称だが、日本テレビとは無縁のヤナセ自動車系列のテレビコマーシャルの制作会社で品川に本社があった。現在は荒川に移り、『サザエさん』の制作会社として知られるエイケンとなっている。今や懐かしい「桃屋の江戸むらさき」「柳原良平のアンクルトリス」などアニメーションをCMに取り入れた、当時としては珍しい先進的な会社であった。もちろん入社するまでそんな知識はなかった。

アニメの仕事をする以前の私は上野の映画館で映写技師をやっていた。上野公園の西郷さんの銅像下にあり、今はすでになくなった映画館だ。まだ娯楽の王様であった映画は、日曜祭日には賑わっていた。

工場勤めを辞め、次の仕事を探していた時、偶然、新聞の三行広告（当時は常時、新聞に三行だけの求人広告が載っていた）に載っていた松竹第一興業の映写技師の求人を見て、飛び入りで面接を受けた。映写室で中村技師長が色々と私に質問した。生まれて初めて入った映写室は騒音が渦巻き、大きな映写機2台が存在を誇っていた。空冷のダクトの音とパーフォレーション（フィルムに開けられた穴）がたてる音だ。

20歳になる前の私には映画もフィルムも未知のものだったが、質問をする中で技師長は私が多少なりと電気知識や機械知識を持っていることを察してくれたらしい。あるいは袖から覗く二の腕の太さで腕力を買ってくれたのかもしれない。後にわかるが、映写技師は〝危険物取扱者〟と同等の資格、知識が必要だったのだ。フィルムがセルロイドであった時代からすでに安全フィルムに置き換わっていて危険はなかったが、時折、名画イベントでセルロイドフィルムを上映することもあったため、まだ危険物取り扱いに準ずる労働環境が残されていた。とりあえず採用となり「明日から来い」と簡単に言い渡され、映写技師（初めは見習い）

TCJ
52年に設立された老舗テレビコマーシャル会社。アニメーション制作部門では『鉄人28号』などを制作。

としての生活が始まった。覚える技術は難しくはなかったが様々な段取り、映写始めにチィケツ（券売り場）の女の子に連絡を入れてアナウンスを頼み、アナウンスのタイミングで映写機をスタートさせて幕を上げる。これは早くても遅くても客の気分を削ぐ。心地よいタイミングを掴むまで緊張が絶えなかった。

だが、それ以上に予期しない辛い洗礼が待っていた。最初の1日が終わろうとしていた時、先輩から命じられた。

「新入り、酒買ってこい」

「は?」

一升瓶を駅前の酒屋に買いに走らされた。

「上野松竹の人ね。アア、これ」

銘柄などは全て酒屋が承知していて、一升瓶を差し出された。戻ると技師控え室(仮眠ができるよう畳部分もあった）のテーブルにスルメが焼いてあり、茶碗が4〜5人分用意してあった。こうして、私の歓迎会が始まった。彼らはみんな恐ろしいほどの酒豪で、茶碗から水のように酒を飲んだ。一升瓶が空になると、また酒屋へ走らされた。茶碗になみなみと注がれた酒をにこやかな笑顔で勧められる。私は根っからの下戸であったが、彼らにはそんな言い訳は通じない。茶碗一杯を一気に飲まされて気分が悪くなり、動悸が激しくなった私は控え室の畳部分に横になった。彼らは酒飲みの多くがそうであるように、〝酒は訓練で飲めるようになる〟が持論でありそれを毎晩私に強いた。これははっきりいって拷問で、地獄の日々だった。

上野から自宅のある田園都市線中延まで、何度も電車を降り水飲み場に走った。ホームに吐くのだけは避けたかったのだ。それが連夜続いたが、手に入れた魅力的な仕事を手放すまいと茶碗酒の洗礼に耐えた。だが、結局、酒に強くはならなかった。

夜、映画館前にたむろして客を待つオカマさん達とも顔見知りになった。山手線ホームで背中をさすってくれる水商売のお姉さんもいた。昭和30年代は優しい時代でもあった。

10日ほどそんな日々が続いたが、技師長は酒飲みにしては物わかりがいい人で、「コイツは本当に酒が向かないらしい。もうコイツには勧めるな」という鶴の一言で、それ以降誰も私に酒を勧めることはなくなった。

映写技師はくせ者が多かった。通常社会からはじき出された者が半数、知性は高いがやはり社会に馴染まなくドロップアウトした者が半数、どちらも興味深い人達だった。当時、映画館には多数の若い女の子もいた。チィケツ（券売り場）とモギリ、売店が主な仕事だった。若い女の子が多数いる。それだけでも嬉しい仕事だったが、何よりも映画が無料で観られることが魅力で、その上、勤務時間が短かった。当時は週休2日などは夢のまた夢。当然、休みは週1回であったが、技師の出勤は映写開始30分前に入ればよく、終了は映写終了と同時。慣れてくると電源確認を終わらせても最後の客が出る前に館を出ることができた。タイムカードはなく、自分でノートに付けるだけでよく、それが映写技師の特権だった。他の女の子達やマネージャーにはタイムカードが義務づけられていたが。

勤務時間は〝通し〟が全日8時間に〝早番〟または〝遅番〟が各4時間である。〝通し〟は週3回、〝早番〟または〝遅番〟は不定期で3日であった。〝通し〟全日12時間、といっても、〝中番〟の4時間だけ映写室にいるだけで、連絡できる方法を確保してあれば、上野地区、浅草地区、銀座地区の松竹第一興業系のどの館にいても問題なかった。これは病気や事故などで技師が不足する事態に対する安全策だった。技師がいなければ上映できないからだ。若い私にとって12時間は苦になる時間ではなく、洋画邦画を問わず様々な映画を観続けることのできる幸せな時間だった。社員証とは別に興行パスがもらえた。興行パスは上野、浅草、銀座地区の全ての興行施設に有効だった。動物園、美術館、博物館が無料、それは夢のような環境だった。科学博物館にはよく通った。逆に博物館の人達は興行パスで映画が観られることを喜んでいた。

その上、慣れてくると嬉しいことにフィルムの交換、巻き戻し以外に時間を取られることはなく、邦画は約10分、洋画は2巻を繋ぐ約12分～15分の間、フィルムにトラブルのない限り、ピントチェック、音量チェックをする以外は自由な時間だった。映写室には備え付けの技術雑誌、映画雑誌があり興味深かった。勤務時間内にそれらの雑誌や、持ち込んだ本が読めるのも嬉しく、期待以上の職場であった。光源がカーボンアークからキセノン灯に変わる過渡期でもあった。

収入も安定していた。一般サラリーマン程度の月収と年2回、1ヶ月分ほどの賞与が出た。それで充分に満足であったが、映画館にはその他の収入もあった。スライド上映の手間賃だ。これは小遣い程度の金額だが、会社には入らず月極で技師長に直接入り、それをランクに応じて振り分けてくれた。手間賃は昼食代には充分だった。それ以外にまだ日曜日、正月には客が満員になる日もあり、満員の度合いに応じて大入り袋が出た。大入りと書いたポチ袋に２００円から５００円が硬貨で入っている。それが土日と連続して入ってくる。これは本当にありがたかった。月収１３８００円時代の無税のお小遣いである。映画産業が斜陽になる最後の時代だった。

このような楽しい生活が続いたが、なんとなく自分の考える人生ではない気がした。なにも生み出さない生活に飽き足らなかった。そうこうするうちに急に転機がきた。当時の映画フィルムは各映画会社からの借り物であり、そのフィルムを一館だけで上映するのは効率が悪い。たとえば上野地区と浅草地区に同じ系列館があればそれを使い回すことになる。上映時間を30分ほどずらし、交互に上映することでコストが半分になる。

上野を仕切る組の一員である若者がフィルム缶を2～3缶ほどまとめて荷台にゴムでくくりつけ運ぶ。上映の終わった分を積んで、またとんぼ返りで疾走する。それが〝掛け持ち〟という仕事だった。昭和30年代をご存じの方はフィルム缶を荷台にくくりつけて、何処へとなく町を走る若者を見かけたことだろう。その〝掛け持ち〟も、今ではすでに死語となっている。上野松竹でも

〝掛け持ち〟をする青年がいた。歳は私より少し上だったが、見た目は彼の方が下に見えた。別に親しくなる理由もなく、共通の話題もなく、顔を合わせれば普通に会釈する仲だった。1日の最後の走りの時は「お疲れさま」と声もかけた。だがある日、上映が終わり映写室のドアを閉めて館の一般通路へ戻った時、酒に酔っているらしい彼が待ち構えていた。

「技師がどれほど偉いと思っているんだ⁉てめえ」

どのような意味かわからなかった。

「なんですか？」

「お前は技師だから掛け持ちより偉いと思っているだろう」

「そんな別に……」

「いや、思ってる。いつも本ばかり読んでいて、人を馬鹿にした目で見る」

確かに私は本が好きだ。だが、それは彼への当てつけでも何でもなく、ただ好きで日常的に読んでいるだけで誤解だった。

「オレには挨拶もしない！」

息が荒く、目が据わっていた。〝これは酒乱だ。それもかなりたちの悪い酒乱だ〟と直感で理解した。

「今日はもう帰ります。話は明日にしましょう」

「その目が馬鹿にしている！」

もう話にもならず脇をすり抜けて帰ろうとすると、いきなり殴りかかってくる。躱すしかない。

「テメエ、よけたな」

もう無茶苦茶である。まだ若く体力のあった私は、掴みかかってくる彼を振り回して壁にぶつける。「グアッ！」と息を詰めるが、また殴りかかってくる。仕方なく突き飛ばす度に、床へ、水飲み場へと激突する。しまいに、どこで切ったか額から血を流し始めた。血に気付いた彼は、「テメエッやりやあがったな‼　人の大事な顔に傷を付けやがって」と時代劇の台詞じみたことを口走ると、走り出してどこかへと消えていってしまった。

そこへ騒ぎを聞いた守衛さんがやって来て、私は仕方なくことのいきさつを話すと、納得した守衛さんはそのまま巡回に向かってしまった。そこへ、また掛け持ちの彼が走り戻ってきた。どうやら、自分の部屋へと戻っていたらしい。酒は抜けていたが、血まみれになった顔は怒りに燃えていた。

「もう許さねえ!」

悪いことに、その手にはドスが握られていた。刃渡りはほぼ一尺、白鞘、正にドスそのものだった。その時、なぜか私は冷静で恐怖は感じなかった。本気で殺そうと突きかかってくるのを、今度はこっちも本気で腕を掴んで何度か壁にぶつけた。ひるんだところで映画館の暗闇に逃げた。映画館は迷路である。座席の陰、スクリーンの裏、幕の陰、隠れるところは多い。息を凝らして覗っていると、荒い息で私を捜し回っている。私はスピーカ脇で、見つけた60センチほどの重いバールを手に考えていた。これで戦えば勝てる。しかし、殺すか重傷を負わさなければ決着はつかない。彼は、途中では諦めないであろう。そう考えた末に、バールを使うのは諦めた。正当防衛になるとは限らない。過剰防衛で刑に服すのはいやだった。なにより、寝付いた父親と介護する母親を残して行くのはいやだった。私は逃げることに決めた。

逃げ場を探すうちに、また守衛さんに出会った。気の毒に思った守衛さんは映画館から上野公園への抜け道の鍵を貸してくれた。それは思いもよらぬ場所、西郷さんの銅像の裏へと抜ける台座にある鉄扉の鍵であった。抜け出て暗い上野公園の植え込みを走って、広小路の交番までたどり着く。交番に駆け込むと「パトロール中」の張り紙。そのまま広小路交差点の真ん中まで走ってタクシーを止め、自宅まで帰った。手持ちの金では足りず母親を起こして、なけなしの金を借りて料金を払った。家へ帰って初めて恐怖が甦った。寒気と歯の根も合わない震えが身体を襲った。母への説明もそこそこに、自分の布団に潜り込み、震えるまま眠りについた。ぐっすりと眠って、翌朝目覚めると無性に空腹を感じた。食事をすると落ち着いたので技師長に電話して事情を説明した。おおよそのことは察してくれていた。

2、3日休むように言われたが、翌日には

出社して映写をした。掛け持ち役には別の見知らぬ者が就いていた。

　その夜、組の幹部が挨拶に来た。中年の身体の締まったスーツの似合う男である。上等な酒の角樽を、脇に立つ掛け持ちの彼に持たせていた。幹部は技師長とは顔見知りのようで軽く会釈をすると、映写室前の廊下で腰を屈める。まるで東映任侠映画のようだ。赤い角樽もヤクザ映画シーンの小道具に見えた。

「松竹興業の技師さんにご迷惑をおかけして、誠に申し訳ございません」

　映写室は階段一段分ほど高くなっている。私が立っていると見下ろすことになり、失礼に当たる。私は仕方なく硬いリノリウムの床に正座して話を聞く。掛け持ちの頭を無理矢理押して礼をさせる。話しながら私と彼のダメージを比べる。私は無傷、彼は腫れ上がった顔と擦り傷多数。

「技師さんはなにかおやりになっていたんですか?」

　その意味は通じた。

「柔道を少し……」

　嘘ではないが、受け身が痛くて逃げ出した弱虫だ。まして、技など知らない。

「そうですか……おわびの印といってはなんですが、私のクラブへいつでも遊びに来てください」

　まずい展開だ。これは明らかに組へと誘ってくれている。

　しばらくして、私は技師長に退社を申し出た。引き留められたが、必要な時には手伝うとの約束で許された。

　この映画館での丸３年、１年３６５日として休日、52日を引いて３１３日。１日平均３本映画を観たとして９３９本を観た勘定になる。この本数の映画を観たことが、私にとってアニメ界に入ってから実に役に立った。

　その後、新宿弁天町にあるデザイン会社に入った。映写技師に不安を持った頃から１年ほど受けた通信教育デザイン科の紹介だった。見習い期間もなく、すぐに仕事に回された。デザインとその版下を作成する仕事だった。現代のパソコンを使ったオシャレなデザインではない地道な仕事だった。この会社の主な仕事はカードやパンフレットのデザインと版下、エアブラシによる写真修正、そして社長のレタリングがメインの仕事だった。

まだ、写植が始まったばかり、今のようにパソコンで自在に文字を作れる時代ではなかった。社長は溝引きを使いつつ、明朝体、ゴシック体を見事に描き分け、斜体、太文字も手書きで文章に適した文字を描き上げた。それは当時人気だった2大芸能雑誌「平凡」と「明星」の車内中吊り広告のレタリングだった。写真のサンプルとキャッチコピーが届くと、それを一晩で原寸大の版下に仕上げる。その版下を翌朝、私が自転車で五反田の大日本印刷まで届けていた。当時はバイク便などもなく、重い実用自転車をこいで原稿を届けていた。届け先は五反田だけでなく、護国寺の講談社、光文社の時もあった。

23区内はそれほど広くない印象だが、それはタクシーの場合にいえることで、重い実用自転車での配達は思いのほか厳しい仕事だった。濡らしてはいけない原稿を持っての雨の日は、特に大変だった。

その傍ら、漫画同人誌に参加して青春の不安の中を漂っていた。同人の一人にまだ高校生だった**坂口尚**がいて、当時から素晴らしい才能を発揮していた。休日に4〜5人の同人が新宿南口で待ち合わせた。当時南口は東京オリンピックを目指した道路工事の真っ最中で、常に騒音と土埃が舞っていた。それでも若い我々は集い、マンガ談義を楽しんでいた。漫画家を夢見ていた私は、伝手を辿って手塚（治虫）先生にお会いして原稿を見ていただいたり、それなりに漫画家になるための活動はしていたが、これは、というものには巡り合えないまま、迷える青春の真っ只中にいた。

坂口尚
46年生まれ。漫画家・アニメーター。代表作に『石の花』『あっかんべェ一休』など。95年没。

テレビアニメーションの世界へ

TCJ 時代　中央が筆者

63年のある日、新聞に「テレビアニメーター募集」と書かれた三行広告を見つけた。TCJという全く知らない会社であった。アニメーター……もしかして、あのアニメーター？　漫画映画を作る仕事？　日本にもそんな仕事があるのだろうか？　私はあわてて電話を入れ応募した。このように書くと、ことは簡単に進んだように思えるが、現実は世間知らずで人見知りの漫画少年には一大決心だった。

事実、電話口で何を話したのかすら記憶の果てに消えている。たぶん冷汗ものの、しどろもどろの受け応えだったのだろう。とりあえず受験することとなった。当時はまだファックスはない。当然メール、Googleもない時代。電話口で聞いた住所のメモとポケット版の東京地図を頼りに品川駅を降りる。品川は地元だったので何度か降りたことがある駅だが、東口は初めてで駅を出るまでが大変だった。かなりの距離の暗い地下道が東口に通じていたが、ここは上野同様戦後のムードを漂わせていた。コンクリートむき出しで薄暗く、じっとりと湿ってかび臭い地下道を通って改札にたどり着く。

品川駅東口改札を抜けると広い砕石舗装の道。左右は巨大で無味乾燥な工場と煙突と屠殺場のタンク。少し空気が獣くさい。

歩き出すと西部劇のように風に土埃が舞う。海岸通りに突き当たって左折する。しばらくコンクリート塀が続いて板塀に替わるとTCJの入り口、受付があった。実写のCMもやっていた関係で、見た目は小さな撮影所だ。これも業界に入り、東映や東宝などの撮影所を見た後でわかったことで、当時はただの町工場のように思っていたことだろう。この場所は後にソニー本社の巨大なビルが建つことになる。その時の私は、後にプレイステーションの映像に参加するなどとは思いもしなかった。

　集まった受験者は木造平屋の事務所に集められた。壁に貼ってあった『**仙人部落**』のセル画が記憶に残っている。セル画を見たのはそれが最初だった。その後、各々呼ばれて別の部屋に通され何点かの作品（私の場合は同人誌用漫画原稿）を提出し、簡単な絵のテスト（模写だったか？）と面接を受けた。この面接の記憶も全く残っていない。ただ、後でわかったことだが、このとき面接をしてくれたのが当時CMでは著名だった**大西清**さんだった。緊張の時間を過ごして、再び土埃の道を品川駅へ向かった。駅前には定食屋、寿司屋、パチンコ屋がそれぞれ一軒ずつあるだけだった。そこも風が吹き抜けていた。その向こうには不安と一緒に品川駅の大操車場が茶色く広がっていた。

　試験の結果を知らせる郵便を待ちわびた。しかし、期日を過ぎても通知は届かない。TCJの採用通知はなぜか私の家には届かなかったのだ。当時、私の家は小学校からずっと住んでいた普通の一軒家で、それまでに郵便の不着など一度も記憶になかった。それが人生を決めかねない重要なときに限って不着だった。

「落ちたのか……？」

　不安が渦巻く。試験に来ていた自信たっぷりの面々を思い浮かべると、ますます不安が増す。「電話をしようか？」と考えたが、「落ちているから通知がこない」「落ちていたら恥ずかしい！」と、普段の臆病な自分が顔を出す。しかし、それでは前に進まない。意を決して電話のダイアルを回す。私の人

仙人部落
63年に放送開始された小島功原作のアニメ作品。

大西清
34年生まれ。「アンクルトリス」や「江戸むらさき」の三木のり平のCMアニメーションで時代を牽引したアニメーター。14年没。

生において、これほど何度も迷った末に電話をしたことはなかった。駄目でもともと!!そんな気持ちだった。

「あの、奥田と申しますが……アニメーターの試験の件で……」

電話に出た女性は慣れた応対で緊張している私のことなどは気にもしなかった。世の中、自分が思っているほど人は気にしていないものだ。私の名前を確認し、電話の向こうで紙をめくる音がする。不安……!

「奥田様ですね、受かってらっしゃいますよ……」

オオ〜〜!! 感動! これが私の人生を決めた電話だった。電話をかけなければ始まらない人生。もし、あの時、私が電話をかけることを諦めていたら……? SFのジャンルに「ifの世界」というのがある。もしも、あの時、ああしていたら、こうしていたら今の人生は変わっていたのではないかというパラレルワールドを扱ったジャンルだが、まさにこの時、「if」のパラレルワールドが紙一重のところに存在したのだろう。電話をかけなかったパラレルワールドの私はどんな人生だったのか……? それは、今となっては想像もできない人生だ。

諦めずに電話したことで私はアニメ界に足を踏み入れ、それなりに面白い半生を送ることができた。

ここから私のアニメ人生が始まった。56年前の春であった。

後日、研修日と地図が同封された封書が送られてきた。今度は間違いなく届いた。いや、その日、私はほとんど玄関先に立って郵便配達を待っていた。怪訝そうに郵便配達が差し出す封筒を受け取り、玄関の引き戸を後ろ手で閉めると押し頂き、胸がいっぱいになった。

「やった!」

今であればさしずめガッツポーズを決めたことだろう。

研修会場は浜松町にあった綺麗な郵便局ビルの2階だった気がする。緊張しすぎたのと、地図が分かりづらかったので迷い遅れてたどり着いた。すでに初夏も近づいていた。汗をかいて研修会場に入る。ここで初めて透視台（トレス台）なるものを目にした。透視台はまだ出来上がっておらず、すりガラスの入ったベニア板の箱に蛍光灯を取り付ける作業をしていた。小太りの中年男性（後に室長の**庵原和夫**さんと知る）に声をかけられる。

「ほれ、これを組み立てて……」

　私はそんなものかと手伝い始めた。被覆を剥いて結線する。この手の作業はお手の物である。工業高校中退、工員、映写技師だった私はペンチの扱いは慣れたものだ。いい印象を与えようと次々に透視台を組み立てた。ほとんど出来上がったところで先ほどの庵原さんが現れた。

「いや、ありがとう。ところで君は……？」

「アニメーターの研修を受けに来た……」

「え？　電気屋さんじゃなかったの。ゴメンゴメンあんまり手際がいいからてっきり電気屋さんだと」

「……!?」

「じゃ、こっちへ来て」

　別室へ案内される。会場にはすでに合格者が……年を重ねた歴戦の漫画経験者がズラリと自信たっぷりに集合していた。私は自分で蛍光灯をセットした透視台を抱えて入り、末席に座った。鮮やかな黄色のサマーセーターを着て、ニヤけた若者が庵原さんの横で研修資料を説明していた。今でいう〝美形〟、昔の〝いい男〟であった。それが、後に腐れ縁となる**杉井興治**との出会いであった。彼はCM部所属の先輩で、今は亡き**林政行**と同期の入社だった。

　それぞれに穴が3つあいた紙が10枚ほど、その穴にピタリとはまる3つの突起がある金属片がひとつ配られた。説明を聞いて、それが動画用紙とタップなるものだと知る。タップを透視台のすりガラスに置いて動画用紙をその上に置く。透視台のスイッチを入れて明るくなった光に照らされて紙がすけて見える。〝そうか！　これで動きがわかるのか〟。ただひたすら感動した1日だった。

　研修期間中は給与も出る恵まれた待遇

庵原和夫
ＴＣＪで『鉄人28号』を担当していた1プロの室長。

杉井興治
タツノコプロ出身のアニメーター。アニメーション資材株式会社代表。

林政行
44年生まれ。虫プロ、タツノコプロの作品を中心に作画や演出を担当。りんたろうの実弟。

で、生活の不安もなく与えられた課題に集中できた。何より研修後に落とされることだけは避けたかった。しがみついてでもアニメを作ることに参加したかったから必死だった。私はこれまでの人生にない真剣さで取り組んだ。

日々が新しく、歩きや走りの教習が嬉しく、タイムシートが目新しかった。しかし、漫画経験者達は違った。アニメは漫画より下、作品ではない。そんな、斜に構えた気持ちが伝わってきた。アニメはほんの身過ぎ世過ぎ、時がくれば私は漫画家として世に出る。そんな感じであった。私とはアニメに対する意気込みが違った。そんな研修の参考書は「ANIMATION」と表紙に書かれた**黄色い本**であった。

研修が終わり、まだ工事中の2階建てプレハブスタジオの2階にあった第1プロ、『**鉄人28号**』制作の動画班に配属された。1階に第2プロ、『**エイトマン**』制作班が入った。

もう、経験、年齢はバラバラの寄せ集めスタッフである。動画20名、トレス20名、仕上げ20名ほどが2階のワンフロアに集まった。暮田班、小室班、若林班とあったが、暮田さんはいつの間にかいなくなった。小室、若林とも別のジャンルから来たアニメーターでその作風は極端に異なっていた。ともあれ、その態勢で『鉄人28号』はスタートした。

スタジオには食堂はまだなく、各自、昼食は調理場へ取りに行った。2階の第1プロスタジオから降りる階段は工事中で、出口から階段まで30センチほどの空間があり、またいで渡らなければならなかった。弾みを付けようと右手を軽く振った時、肘が柔らかいものに触れた。振り向くと動画班の中平光子が微笑していた。柔らかいものは彼女の右の乳房だった。もう夏になっていたので白のブラウスと紺のタイトスカートだった気がする。「あ、ごめん!」。それ以上は言葉がなかった。「……」。彼女は黙って頷いてくれた。ただ、それだけのことだったがそれ以降、彼女を、より意識することとなった。動画を描きつつ顔を上げると彼女を探した。目の隅に捉えると、もうそれ

黄色い本
ＮＨＫ朝の連続ドラマ「なつぞら」で主役の広瀬すずが初めて手にするアニメの教科書が本書。この他、「The Art of Animal Drawing」「Animals in Motion」「The Human Figure in Motion」が奥田誠治には主な参考書だった。

鉄人28号
63年に放送開始された横山光輝原作の巨人ロボットアニメ。

エイトマン
63年に放送開始された平井和正原作のSFアニメ。

でよかった。仕事も日常も楽しかった。ただ、彼女がこの環境に馴染んでいるとは思えなかった。

動画班には女性が2人いた。**住吉道代**と中平光子の2人が動画班、仕上げ班には20人ほどの女性がいて、その中にも魅力的、個性的な女性はいた。若い男女がいれば色々な噂は飛び交う。当然、華やかな空気が流れていた。

私は一人、華やかな空気に背を向けて仕事を楽しんでいた。やっと社会に自分の居場所を見つけた気がしたからだ。映画館での不安や、デザイン会社での不満が何かわかった気がした。ここには何よりアニメが好きな自分がいる。毎日が充実していた。原画動画の区別はなく、割り当てられたカットを自分なりに解釈して原画にして、OKが出ると自分で中割して動画にするという今思えばずいぶんアバウトなものだった。潜水艦が沈むカットで思い切り波のフォルムに凝った。特徴的なカットになり好評だったが、仕上げからは顰蹙を買った。細かい波の模様を彼女たちはひとつひとつ塗らなければならなかったからだ。私にはその知識がまだなかった。

秋になり、「中平、辞めるんだって……」という噂が耳に入った。私とは縁のない人だし、他の連中も親しくなった様子もない。あの、プレイボーイのムードを漂わせた杉井興治ですら声をかけた気配もない。私はそれはそれで仕方がないなと思った。辞める日が近づいたある日、彼女の方から声をかけてきた。以前、一回見せただけの私の同人誌原稿の1ページを記念に欲しいとのことだ。

「あの絵、とても印象的で記憶に残ったの……」

そう言われて大切な1ページだったが、それが彼女の元にあれば漫画の励みにもなると考え快諾して渡した。彼女は、そのまま辞めていった。理由も彼女の住所も知らない。ただ、そのとき聞いた電話番号のメモだけが残った。「あれ？　電話を教えてくれたってことは、かけてもいいってことかな……」と、勝手な疑問が浮かんだ。それ

住吉道代
後に日本アニメプロデューサーの佐藤昭司夫人となる。

でも電話をかけるまでには時間がかかった。放映を控えてストック作りのため、仕事はどんどん忙しくなっていたからだ。

『鉄人28号』の放映は嬉しかった。ビデオがない時代、テレビのブラウン管を写真に撮った。当然モノクロの写真である。母も喜んでくれた。クレジットに名前も出ない一動画スタッフだったが、それで充分に嬉しかった。

『鉄人28号』の放映からひと月遅れで『エイトマン』の放映が始まった。雑誌の人気や視聴率で先発の鉄人に勢いがあったが、作り手として見るとその絵のクオリティに驚いた。そして話が面白い。今まで敬遠気味だった（ライバル意識でもあったのか）第2プロの見学に行った。そこで目にしたのは標準サイズのセルよりも倍セル（サイズが2倍のセル）の多さである。鉄人班ではたまにトラックアップを使うときのみ使っていた倍セルを、惜しげもなく通常カットで使用していた。そのうえ、仕上げの嫌がる線の強弱も劇画のように表現していた。室長だった大西清さんの指示とも聞いた。作品に対する姿勢も真摯な気がした。作画スタッフを見渡すと、いずれも一癖ありげな面構え、漫画劇画の経験者である。こちらの漫画劇画経験者はひたすら、漫画の世界に戻るのが夢だった。第2プロの見学を終えて、改めて闘志が湧いてきた。自分は自分なりに頑張ってみよう。上手くなれるかどうかわからないが、自分の生きて行く道はこれしかないと決めた。後にわかったことだが、話が面白いのも当然で、後にSF小説界をリードする、平井和正、半村良などのビッグネームが脚本を担当していた。

年末に近づくにつれ、どんどん仕事は過酷になった。番組を落とすわけにはいかなかったので、他人事のような漫画組のマイペースぶりを見ながら残業、徹夜と働いた。不眠不休で、ぼけた頭がとんでもないことを考えた。

「中平に電話してみよう。明日なら休みが久しぶりに取れる」

無謀であることは百も承知だったが、私

は電話をかけた。色々な可能性が浮かんでは消える。可能性の多くは断られるというものだった。しかし、意外や返事はＯＫで、日本橋高島屋の「竹久夢二展」へ誘った。「そうね、心のお化粧も必要ですものね……」。こんな台詞がさらりと出る不思議な女性である。上の空で電話を切った。

翌日、有楽町ではたと困った。連夜の徹夜で鈍った頭で、「有楽町ホームの東京側」と約束したのか、「東京駅ホームの有楽町側」と約束したのかが思い出せなかった。焦った私は、取りあえず有楽町駅のホームで待った。フランク永井の「有楽町で逢いましょう」がまだ記憶にあり、そごうデパートもまだ勢いがあってデートコースだった時代だ。有楽町のホームに彼女は現れない。不安が大きくふくらむ。やはり駄目か⁉ 階段の上から下へ走って確認するがいない。私は焦って電車に乗って東京駅へ急いだ。そこでも階段を上下して確認する。また来た電車に飛び乗り、有楽町へ向かい懸命に探すがやはりいない……。私は再び東京駅へ戻った。もう無理だろうと諦めかけた時、階段の下から怪訝そうに見上げる彼女がいた。彼女もホームを変えて探していたとのこと。嬉しかった。

それから日本橋高島屋へ歩き「竹久夢二展」を見終わって帰路に着くまで、うわずった言葉を発していた気がする。別れ際に東京駅ホームの向こうから、肩から上に手を上げ大きく振ってくれた。周囲のサラリーマンにじろじろと見られて、恥ずかしくて嬉しかった。

二度目は目白の喫茶店で話した。というか、色々と一方的に話を聞いた。彼女は女子美出身でアテネ・フランセへ通っていて、スキューバダイビングが趣味で、銀座のみゆき通りにある親戚のお店でバイトをしていたというのを聞き出す。あまりに世界が違っていて別の世界、物語の中のような気がした。彼女は私に、「貴男は才能に溢れていて、いずれ社会の役に立つ人になる。私とは不釣り合いの人なの……」と話し出した。なにを言い出すんだろうこの人は。ずいぶん褒め殺された後に〝友達宣言〟をされ、私はショックを受けた。しかし、〝こんなオシャレで見事な断り方があるんだ!?〟と感心し、嬉しい気分でスタジオへ戻って仕事をした。だが、それだけでは終わらなかった。

寒い雨の夜、彼女をまた誘い、目白駅で待ち合わせた。傘を持たずに出たため悪寒がし始めた私に、少し遅れてきた彼女は「顔色が悪いけど疲れてる? ご飯、食べようか」と話しかけてきた。彼女の方がたった3歳年上だったが、まるで子ども扱いだった。彼女は傘に入れてくれたが、お互い出ている肩が濡れるほど雨は激しく降っていた。近くにあったカウンターだけのラーメン屋のガラス戸は湿気で曇っていた。「この湯麺は評判で美味しいの」。確かにカウンターが客で埋まるのも納得できるほど、出てきた湯麺は熱くて美味かった。

スタジオに帰って徹夜で仕事をしつつ高熱で気を失い、目覚めたときに風邪は完全に治っていた。体力と気力が充実していた青春時代だ。

仕事は面白かったが、不満はあった。漫画組のマイペースには苛立っていた。その中で話の通じる元雑誌編集という、当時すでに中年の前田忠さんがいた。かなりの苦労人で、この人から世の中の様々なことを聞き、人の心を読むすべを学んだ。

「奥田さんはこれからの人だし、アニメもこれからの仕事だから……周囲を気にせずに頑張った方がいいよ」

この言葉で、周囲を無視することに決めた。ただ、この人も周囲の雑音から逃げてここにいるんだな? そんな気がした。アニメが好きそうに見えないこの人が、なぜこのようなところに来たのかは聞きそびれて今に至る。すでに故人である。

正月が明けてすでに15日、成人の日になっていた。〝式には出ないでオレは仕事をする〟と決めていたので、夜になると懲りもせずにまた彼女に電話した。電話の声は思ったより明るかった。しかし、彼女は「貴男が誘ってくれないから、8日に『シャレード』を住吉さんと観に行ったわ」と話しだした。

〝え! 誘ってもよかったってことか?〟、そんな……残念さがエコーのように脳内を飛び回る。二言三言言葉を交わした後、彼女は言った。

「ごめんなさい。今着替えを終わって車を待っていたの」

確かに電話口に車のエンジン音が聞こえる(昔の家電話は周囲の音も拾ってくれた)。

「お見合いを決められちゃって……これから京都へ行くの」

照れたように言う彼女。

「お見合い……?」

頭の中は真っ白! 何も考えられずオウム返しだ。幻聴のようなやりとりの後で急かすようにエンジン音が続いている。「帰ったらまた会える?」と、聞くこともできず電話を切る。

机に戻って仕事を始めるが手につかない。目白から東京駅へ車だと東京駅発の京都行きは? 当時はそんなに列車本数は多くない。特急つばめの時間を見計らって暗い屋上へ出る。周囲の工場群にも灯りはなく闇が広がる。さすがに1月15日の夜風は冷たい。肩をすぼめて品川駅の方向を眺める。しばらくして特急つばめが汽笛を鳴らして品川駅を通り過ぎた。TCJの屋上から走って行く特急つばめを眺める。走り去る特急つばめのライトを見送って、彼女のことは忘れて仕事に専念すると心に決める。特急つばめはその年を最後に、翌年からは夢の超特急・新幹線にとって替わられる。時代も変わろうとしていた。

成人式の徹夜は私にとっての素晴らしい思い出となった。自分らしく生きると決めた成人の日だった。自分で決めた人生の成人式だった。

年を越えて、とうとう社内スタッフだけではスケジュールが維持できなくなり、作画を外注に出すという話が出た。相手先は**虫プロ**系のアナグマプロという名前のグループだった。間もなくカットが上がってきたが、質が不安だったのですぐにチェックをした。

驚いた。我々第1プロの技術を遙かに超えている。キャラも動きも素晴らしい出来だった。何度もパラパラと動画用紙をめくった。赤鉛筆でサッと下書きをした上に黒鉛筆で一発書きされたその線は活き活きとし

虫プロ
ここでは、61年に手塚治虫が創設したアニメ制作会社で、多数のアニメーターを輩出し、73年に倒産した虫プロを指す。

ていた。「虫プロって凄いんだ」が正直な感想だった。

その頃から、いずれ虫プロに行きたいという気持ちが浮かび始めた。杉井興治も林政行も虫プロに行った。同人で一緒だった坂口尚もすでに虫プロで活躍している。考え抜いた末に退社を申し出た。人事部で手続きを済ませた後で入社時のリストを見せてもらった。入社試験のランクで私は尻から2番目ですれすれでの入社だった。

帰りの品川駅は寂しかった。また、どうなるかわからない人生に直面していた。品川駅ホームの売店に中華まんじゅうのガラスケースが置かれて、ケースの中の湯気が温かそうに上がっていた。もう縁がないはずなのに、その中華まんじゅうが気になった。

❖1963年

【TV】鉄人28号［第1作］
（1963/10/20 ～ 1965/5/27）
＊動画（本数不詳）

■フィルモグラフィーについての記載基準■
掲載するリストは、奥田誠治が制作に参加した全映像作品のデータを、その公開（放映、発売）日順に並べたものである。

テレビシリーズやビデオシリーズなど複数のエピソードで構成される作品については、同一タイトルを1ブロックとして括り、奥田誠治が最初に参加したエピソードの公開（放映、発売）日の早いものから順に配列するようにした。

作品タイトル及び各データの記載は、原則として全てクレジットタイトルの表記に準拠した。

本フォルモグラフィーは2019年11月末現在のものである

各データは、以下に示す項目で構成した。
1）作品の種別
【TV】＝テレビシリーズまたはテレビスペシャル
【映】＝劇場作品　【V】＝オリジナルビデオ作品
【ET】＝上記以外の作品（PR、教育、配信、ゲーム、パイロット、未放映作品など）
2）作品タイトル
3）作品の公開（放映、発売）年月日
シリーズ作品の場合は、奥田誠治が参加していない時期も含めた全体の放映または発売の開始日と終了日を記載
4）奥田誠治の担当役職及び参加本数（頭に＊をつけて記載、クレジットが別名義や誤字の場合は頭に※をつけて補足した）
クレジット表示のない役職名（直後に「非表示」と付記）および種別が【ET】の役職名に関しては、奥田誠治の証言または制作会社資料をもとにデータを補った
5）4）に該当する参加エピソードのサブタイトル、公開（放映、発売）年月日
6）作品に対する編者註、担当役職に関する補足説明を（註）の見出しで記載した

No. p25-37

CUT PICTURE ACTION MUSIC/SE TIME

第2章

タツノコプロからアートフレッシュへ

タツノコプロ時代

『鉄人28号』は先行して放映されていた『**鉄腕アトム**』と共に視聴率は30%を超え、オープニング曲と共に大ヒットした。

虫プロに移った杉井興治は、「兄貴（**杉井ギサブロー**）に言ってやるから虫プロに来いよ」と誘ってくれた。しかし、私はそのままストレートで虫プロに入る予定だったが、魔がさしたというか気まぐれというか、たまたま買った「少年マガジン」の囲み記事に「**少年忍者部隊月光**」の作者・**吉田竜夫**さんがアニメ会社を作るとあったのを見て、国分寺のご自宅を訪問したのだ。

国分寺の木造駅舎を出て舗装のない坂道を15分ほど歩くと雑木林が広がる。その中に大きめの2階建てのご自宅があった。

タツノコプロは漫画プロダクションではあったが、まだアニメプロダクションではなかった。当時としては珍しく分業化した漫画制作プロダクションで、シナリオからネームを作り、それに合ったサイズのキャラクターを切り抜いて貼り付けて、それにボディーを描いていた。アニメの制作過程に近い合理的なシステムだった。2階の社長室で穏やかな人柄の吉田社長は、私の『鉄人28号』のアニメ原画とタイムシート、同人誌作品を見て、「明日から来てもらえますか？」と言われた。即決で入社が決まった私は、社長室下の半地下にあったアニメ部へ案内され、全スタッフに紹介された。アニメ部はたった4人。**笹川ひろし**さんは元手塚先生のアシスタント。**原征太郎**さんは元劇画家で**永島慎二**さんの仲間と聞いた。同じく元劇画家の**奥田竜緒**さんは同姓だが美形だった。**九里一平**さんはすでに人気漫画家であって、キャラ専門としてアニメ部に参加していた。以上4人がアニメ部メンバーで、そこへ私が明日から参加することとなった。私が即決で決まったのはアニメの制作過程を知っていることと、何より必要だったのは、原画と動画のタイミングをコマ分けしたシートに記入するタイムシートが描けることだった。彼らは漫画家で、一番格好いいポーズの1枚絵は得意だったが、動かすことは未経験だったからだ。

鉄腕アトム
63年に放送開始され、日本のテレビアニメの基礎を作った手塚治虫原作のアニメ作品。

杉井ギサブロー
40年生まれ。『どろろ』『タッチ』など数多くの作品で監督、作画監督などを担当。12年にはドキュメンタリー映画『アニメ師 杉井ギサブロー』が公開された。

少年忍者部隊月光
63年から「週刊少年キング」で連載された吉田竜夫のアクション漫画。64年から放送されたドラマ版も「拳銃は最後の武器だ」とともに大ヒットした。

吉田竜夫
32年生まれ。絵物語作家などを経て、55年に「鉄腕リキヤ」で漫画家デビュー。62年に弟の吉田健二、九里一平とともにタツノコプロダクションを設立。『宇宙エース』を皮切りに、『マッ当時、タツノコプロにおける主力は漫画部だった。週刊誌2本の連載、雑誌付録などを含めると膨大な原稿を生み出し、「少年忍者部隊月光」「**チャンピオン太**」などは人気絶頂にあったから、この時、アニメ製作を思い立った吉田竜夫社長は先見の明があったというべきだろう。

九里一平さんは吉田社長の実弟で、プロレスものを得意としていた。後にわかったのだがアメコミ風の画調も得意で、後年制作された『**マッハGoGoGo**』で、その才能を発揮した。ちなみに私はこの作品の絵コンテをシリーズの3分の1ほど描いている。漫画部アシスタントのリーダーだった**中条けんたろう**は、サラリーマンの平均給与が1万5千円程度の時代に月18万円の給与は破格だったが、確かにそれに見合う才能があった。文芸部には**天馬正人**がいた。後に文芸部には**鳥海尽三**が入って日活仕込みのアクションドラマを連発する。そして、ギャグ作品は全て笹川ひろし発案だった。

『**宇宙エース**』のパイロット作りが始まった。とはいえスタッフは全員素人である。まだなにから手を付けていいかもわからない状態であった。

その間、タツノコプロは半地下の動画部から鷹の台にできたスタジオへと移動した。雑木林の中、プレハブ造りだったが一国一城、やっと〝アニメ〟のタツノコプロとなった。

雑木林の中で不用心だったため、社長一族以外が順番で宿直をした。夏の宿直は楽しかった。涼しい雑木林の中で熟睡して（当時まだエアコンはない）早朝起き出すと網戸には大きなカブトムシやクワガタが止まり、小学生の夏休みのような気がした。

『宇宙エース』のパイロットフィルム制作途中でスケジュールが厳しくなり、私が虫プロの杉井興治に助っ人を頼む。すると彼は周囲の中堅アニメーターにバイトを頼み、素晴らしい原画が上がってきた。私も負けずに原画を描き、動画にした。他のメンバーの描いてくれた原画にポーズを追加し、シートを付けて、動画も自分でやった。家内制手工業的手作り感が嬉しかった。撮影までこぎ着けてホッとした頃に杉井興治から電話があった。「兄貴が独立プロ〝アートフレッ

ハGoGoGo』『紅三四郎』『ハクション大魔王』『科学忍者隊ガッチャマン』『タイムボカン』シリーズなど数々の名作アニメを生み出した。

タツノコプロ
62年設立。当初は漫画専門のプロダクションだったが、64年からアニメ制作プロダクションに。社名も竜の子プロダクションであったが、本書では通称で13年に商号変更されたタツノコプロに統一している。

笹川ひろし
36年生まれ。漫画家を経てアニメの世界へ転身。『タイムボカン』シリーズや『忍者ハットリくん』など多数の人気作の演出や監督を担当した。

原征太郎
39年生まれ。『新造人間キャシャーン』『とんでも戦士ムテキング』などの演出、監督を担当した。

シュ〟を作る。オクチンも来ないか?」と誘ってくれた。元々虫プロへ行こうとTCJを辞めたはずが、道草をして楽しくタツノコ暮らしをしていた私の気持ちは動いた。

独立プロのメンバーも素晴らしかった。杉井ギサブロー（以下、ギッチャン）は若干22歳にして虫プロ動画課長。演出の**高木厚**は中堅。**出﨑統**は「**影**」新人賞の第1回受賞者で名が知れていた。**宇田川一彦**、**吉川惣司**は虫プロ一期生の中でも優秀だと聞いた。杉井興治はTCJからの付き合いで気心が知れている。私は〝『宇宙エース』もいた。撮影までこぎ着けた。もう問題ない。アートフレッシュへ行こう〟と決めた。そうして、私は吉田社長に辞意を伝えたが、辞めていいとは言われなかった。

「武者修行のつもりで行ってきなさい。タツノコにはいつでも戻ってきてください」

吉田社長の温情のある、ありがたい言葉だった。辞める間際に絵コンテを描かせてもらうことになった。当時、『宇宙エース』の絵コンテは笹川ひろしと原征太郎が描いていたが、漫画家出身の二人には荷が重かったのか、図々しくも申し出た私は絵コンテの即戦力となった。その後、タツノコには戻ることはなかったが、私の絵コンテ人生は『宇宙エース』から始まったと言えるだろう。

アートフレッシュ設立

64年のある日、ギッチャンは2人の虫プロ幹部の**山本暎一**と**坂本雄作**に呼ばれた。演出の高木厚が新興ライバル会社〝**東京ムービー**〟の仕事をしており、バイトは辞めさせるべきだと、彼らはギッチャンに依頼したのだ。

ギッチャンが高木に確認すると、高木厚の父親（全く素人）がアニメは簡単にできるものと考え、厚の名前で受けてしまったとのこと。高木厚が出﨑統にも声をかけて、すでに原画を発注していた。困ったギッチャンは、そのためのプロダクションを作ろうと考えた。東京ムービーの仕事だけでは……と考えてアトムの制作発注を考えるが、山本暎一は反対。その後、手塚治虫が仕事を出すことに賛成した。虫プロのスケジュール

永島慎二
37年生まれ。漫画業界の裏側に迫った『漫画家残酷物語』や自身の生活を題材にした『フーテン』などで「青年漫画の教祖」と呼ばれることもある漫画家。05年没。

奥田竜緒
青年劇画誌で活躍した漫画家。『遊星仮面』をコミカライズしたことでも知られる。

九里一平
40年生まれ。59年「あばれ天狗」で漫画家デビュー。「大空のちかい」「紅三四郎」など人気作を持つ。『昆虫物語 みなしごハッチ』『ゴールドライタン』などタツノコプロの膨大な作品で監督、キャラクターデザインなど担当し、日本のアニメ界を支えた。

チャンピオン太
62年から「週刊少年マガジン」で連載された梶原一騎

も厳しいものがあったからだ。アートフレッシュはアトムを絵コンテ（演出）から作画まで受けることとなる。こうして、出﨑統、高木厚が虫プロより分派し、ギッチャン主宰でプロダクション「アートフレッシュ」が誕生した。日本で初めての作画独立プロであった。

アートフレッシュ　練馬区高松町時代

64年、私はアートフレッシュへ入った。富士見台から望む球形のガスタンク近くの、あばら屋の2階が我々のスタジオだった。西側は広大な空き地で風通しがよく、台風がくるとギシギシと大きく揺れて映画館へ避難するほど安普請のスタジオだった。外階段を降りて水路を渡るとそこはもう空き地だった。空き地の脇には土管が積み上げてあり、今では『ドラえもん』の世界以外では目にしなくなった昭和30年代の原風景である。この空き地ではキャッチボールが楽しめた。秋には吹き抜ける風にススキがなびいていた。

みんな、若く夢に賭けていた。東京オリンピックが近くなって大型テレビが入った。大型と喜んでいたがせいぜい18型だったと思われる。当時は11型がほとんどだったから、それでも大型だった。当然モノクロだ。届けに来たのはまだ東芝社員だった出﨑哲（統の兄・以下、

上から　出﨑統　宇田川一彦　杉井ギサブロー
杉井興治　高木厚　奥田誠治　吉川惣司
女性は経理の春日

原作、吉田竜夫作画によるプロレス漫画。62年から放送されたドラマ版には、力道山や若き日のアントニオ猪木も出演した。

マッハGoGoGo
67年に放送開始されたレーシングアニメ。97年にはリメイク版が制作された。また、アメリカでも大ヒットし、08年には『スピードレーサー』として実写化もされた。

中条けんたろう
38年生まれ。代表作に梶原一騎原作の「ボディガード牙」「紅の挑戦者」「カラテ地獄変」シリーズなどがある。

天馬正人
27年生まれ。『遊星王子』『スーパージャイアンツ』などのコミカライズでも知られる漫画家。タツノコプロ入社後は『宇宙エース』『ハクション大魔王』などの脚本や構成を担当した。

哲さん）だった。

当時は虫プロ『鉄腕アトム』の絵コンテから動画までを下請けしていた。「**サムソンの髪の毛**」を出﨑統が作画監督と演出、原画と動画を、吉川惣司、宇田川一彦、杉井興治、奥田誠治で制作した。制作進行はいない。原画動画のスケジュールは自己管理で、ほとんどの原画を出﨑統が一人で描き、それを我々4人が動画にする。私以外は手慣れたもので、綺麗な線で動きも見事な動画を上げた。動画用紙の穴（タップ穴）も機械で大量に穴を開けたものは使わず、各自で少量ずつ手作業で開けた。機械で開けた穴が雑で、ガタがあり不満だったからだ。それでもまだ気に入らず、タップ穴に入れた動画用紙を左右どちらかに寄せてガタのないようにする。細心の気配りだった。そのプロ意識が嬉しかった。

ただ手を上げるだけのアトムの芝居が上手く中割できなかった。出﨑統が後ろに来て「もっと残しを入れた方がいいよ」と教えてくれた。私もそれなりに〝残し〟を入れていたが、彼は大きく肘から先を大胆に残して見せた。しかもそれを〝手塚調〟アトムの手のイメージを全く崩さずやってのけ、これは凄いと感じた。天才・出﨑統に触れた一瞬だった。

虫プロでセカンドとして評価が高かった吉川惣司（以下、吉川）はアクションシーンの動画を苦もなくこなしていた。しかし、上がった動画を見た出﨑統に、「吉川君、動きはいいんだけどなんか変だよ」と言われた。変と言われて、負けず嫌いの彼はむくれた。「変なわけないよ。オクチンも見てくれよ」と私に動画を渡した。分厚い動画用紙をパラパラとやると、見事なアクションだ。変な動きはない。だが違和感がある。

「うーん。なにが変なんだろう？」

宇田川も同意見だった。原画も確認し、キャラクター表も見てみる。そこで、一斉に気付いた。

「これ、サムソンの長靴に輪がある!?」

アトムの長靴にある折り返しのような輪がサムソンの長靴にも描いてあった。それがそのまま見事に動画になってスムーズに動いていた。出﨑統が勢いでサムソンにまで

鳥海尽三
29年生まれ。タツノコプロの創成期から黄金期を支えた脚本家、小説家。タツノコプロ作品以外にも多数の作品のシリーズ構成や脚本を手がけた。78年には鳥プロを設立。08年没。

宇宙エース
65年に放送開始されたSFアニメ。タツノコプロが初めて手がけたテレビアニメ。

高木厚
40年生まれ。『鉄腕アトム』『W3』『魔女っ子チックル』などで演出などを担当した。

出﨑統
43年生まれ。貸本漫画家としてデビューするが、63年に虫プロにアニメーターとして入社。『あしたのジョー』『エースをねらえ！』『ガンバの冒険』など数多の名作の監督、演出などを担当した。ハーモニー処理を取り入れるなど、独特の演出は「出﨑演出」と

輪を描いてしまったようだ。「俺がマズかったみたいね」と、出﨑統が照れ笑いをした。吉川はまだ不満そうな顔をしていた。

次に「**空飛ぶレンズ**」をギッチャン演出で請け負うことになった。絵コンテを見て驚いた。手塚先生そのままの絵、文字、いや、それ以上に美しい手塚調だ。おかしな表現と思われるかも知れないが、手塚先生のコンテにはブレがある。ご本人であるから、気ままに描ける。その時描いている連載の絵に引きずられることも、好きな映画に影響を受けることもある。だが、ギッチャンの絵コンテは安定してテレビアニメ『鉄腕アトム』の手塚調なのである。しかも、それもより洗練された手塚調なのである。出﨑統より垢抜けた絵コンテを目にして、2人の天才に鳥肌が立った。よく絵コンテの絵を越えられないという表現があるが、正にその通りであった。

我々はこの話数から正式に原画として参加することになった。正に不幸である。この絵コンテの絵は到底越えることができない。宇田川は天性の能力、見たままをそのまま拡大できる才能もあってキャラクターを苦もなくこなしていた。吉川は彼のこだわりでロケットの発射シーンを受け持ってNASAの発射シーンを参考に枚数のあるカットに挑戦していた。私はコンビナートの爆発シーンをリアルに枚数を入れて描いた。煙や炎のフォルムも追求した。他にもうひとつ自分に課題を課した。手塚調をマスターすることだ。そのため、国連での科学者会議を受け持って、手塚調のモブキャラを追求した。漫画のコマでも全てを先生が描くわけではない。アシスタントが描いたモブキャラは、手塚調から離れたものも多く参考にはならない。手塚調のなんたるかを抽出してかなりの量のモブを描いたが、似ないものも多かった。ある程度割り切って作監のギッチャンに回す。すると、すらすらと直したものが戻ってくる。すごかった。出﨑統は直すとなると全て直す。ギッチャンはほんの少し線をいじるだけで修正できる。これにも驚いた。

杉井興治はこの頃から楽なカットを選んだ。ギッチャンの弟である彼は、恥をかくこ

呼ばれ後進に多大な影響を与えた。

影
56年、日の丸文庫により創刊された貸本漫画専門誌。辰巳ヨシヒロ、さいとう・たかをなどが執筆し、劇画ブームを巻き起こした。

宇田川一彦
43年生まれ。『空手バカ一代』『機甲創世記モスピーダ』など数々の作品で作画監督、『宇宙大帝ゴッドシグマ』『三つ目がとおる』などでキャラクターデザインを担当。

吉川惣司
47年生まれ。『星の子チョビン』『ゲームセンターあらし』などの脚本や、『国松さまのお通りだい』『ワンサくん』などの演出、絵コンテを担当。ハードSFアニメ『太陽の牙ダグラム』のキャラクターデザインを担当したことでも知られる。

とができないからだ。その点、私は恥をかいてもよい立場だった。杉井興治はこのあたりからみんなから後れを取るようになった。ギッチャン本人も原画を担当。構図もパースも見事なものだった。

この時期、私は何度か弱気になった。終電間近の富士見台駅でホームの端から端へ白いタイルの上を歩く。〝あんな連中には敵いっこない。辞めて他所へ行けば楽になる。でもいつ辞めようか……、もう一回、頑張ってみようか？　いや、無理かな……？〟。そうこうするうちに中村橋に電車が着くのが見える。電車が着いて明るい車内に入ると、〝明日また頑張ってみよう！〟と、気が変わっていた。

後にその話を吉川にした。

「なんだ、オクチンもか」

話を聞くと彼も同様に迷っていたとのこと。才能に溢れた彼が、私を認めていてくれたことが嬉しかった。

「空飛ぶレンズ」は虫プロ本社の試写室がはみ出るほど社員でいっぱいになった。普段は来ないスタッフまでが、噂を聞きつけて観に来てくれた。アートフレッシュは話題の中心になった。

そのうち、練馬の安普請のスタジオは手狭となって、64年、江古田の一軒家へ引っ越

高松町のスタジオ近くの原っぱにて

山本暎一
40年生まれ。おとぎプロを経て虫プロに入社し、創設メンバーとして活躍。『千夜一夜物語』『哀しみのベラドンナ』などの多くの作品で監督や演出、海外でも絶大な人気を誇る『超神伝説うろつき童子』の監修などを担当。

坂本雄作
32年生まれ。『鉄腕アトム』の演出や『ガラスの仮面』の監督などを担当。

東京ムービー
64年に設立されたアニメーション制作会社。『巨人の星』『天才バカボン』など日本を代表する数多のアニメ作品を制作した。現在の商号はトムス・エンタテインメント。

サムソンの髪の毛
『鉄腕アトム』112話。サムソンは太陽エネルギーで動くロボット。

すこととなった。そこで制作に哲さん、脚本家に**鈴木良武**、経理に福島信行が新たに加わり、動画の新人として**飯村一夫**が入ってきた。

アートフレッシュ　江古田時代

江古田の一軒家は高松町よりは広く、のびのびと仕事ができた。ただし、当時はエアコンがなく、真夏はみんな、パンツにランニングシャツで運動部の合宿状態だった。汗で動画用紙が肘に張り付き湿気でヨレヨレになる。集中力もなくなる。それでもいい動画、原画を描こうと、みんな頑張っていた。

「影」第1回新人賞受賞の出﨑統の名は知っていた。だが、これほどまでの才能とは知らなかった。『鉄腕アトム』の「**ドッグ隊長**」の絵コンテは、天賦の才が溢れ出ていた。一方、私は動画を兼任しつつ原画を描くことを許された。だが描けない。まず絵コンテの彼の絵を越えることができない。そして机を並べる吉川、宇田川の作画力に圧倒される。私の鉛筆からはただたどしいアトムが消しゴムのカスにまみれて生まれるだけであった。出﨑統は自ら作画監督をやっていた。ある日、私は自分の描いたカットが無残にホチキスに留められ屑箱に捨てられているのを目にする。立場の差はあったが、同い年の私は怒って彼に詰め寄った。

左から　出﨑統　杉井ギサブロー　杉井興治　宇田川一彦

空飛ぶレンズ
『鉄腕アトム』119話。地球に接近した凸レンズ型の惑星により灼熱地獄となる地球の危機を描いている。

鈴木良武
42年生まれ。『宇宙エース』で脚本デビュー。以降、『ど根性ガエル』『ジェッターマルス』など数多の作品で脚本を担当。『蒼き流星SPTレイズナー』『機甲戦記ドラグナー』など五武冬史名義でも多数の作品の脚本やシリーズ構成を担当している。

飯村一夫
『宇宙船サジタリウス』『新キャプテン翼』など数多くの作品で作画監督や原画を担当。『ウルトラマンUSA』『ウルトラマンキッズ 母をたずねて3000万光年』などではキャラクターデザインも担当している。

「出来が悪いからってホチキスで留めて捨てるのはいくら何でも失礼だろ！」

　出﨑統は大きめの口を歪めて皮肉な笑みで答えた。

「使えるカットを描いてから言えよ……」

　カッと頭に血が上り顔が真っ赤になるのがわかった。殴りたかった。画力はともかく腕力には自信があったからだ。吉川が口で加勢してくれた。彼はあり余る才能の裏付けがある自信と気の強さで、出﨑統にも負けていなかった。

「作監、作監って、どれほど偉いと思っているんだ！」

「ま、オクチン我慢しろよ」

　宇田川も慰めてくれたが、よけい惨めになった。私は彼らほど描けない。それが現実だった。それからの数ヶ月は描いた。原画を何度も描き直した。その都度、出﨑統にホチキスで留められてゴミ箱へ直行した。屈辱だった。ひばりヶ丘の狭い借家に終電で帰ると、母親が敷いてくれておいた布団に前のめりに倒れて着衣のまま眠った。朝、江古田へ向かい、また描いた。悔しくて悔しくて描き続けた。不思議なもので手はそれに馴染む。自然に生きた線が生み出される。ある日、動画用紙には笑いかける艶のあるアトムが立っていた。

「もしかすると……これはいけるかも!?」

　そう思うと、後ろに人の気配がした。

「オクチン、それなら使えるよ」

　出﨑統であった。振り返らなかったが、明らかに彼が笑顔であることがわかった。胸が詰まった。こみ上げてくる思いで背筋が震えた。嬉しくてアトムが涙で滲む。それまでの苦労がその何倍もの感動で押し寄せてきて体に震えがくる。後で出﨑統の作監机を覗くと、私のそのカットは修正無しで〝作監上がり〟の棚に直行していた。

『鉄腕アトム』の「**バード・ストリート物語**」はほとんど出﨑統のオリジナルストーリーで、主人公は彼にそっくりそのままのキャラ、脇役として出るデブロボットの名前は〝オクチン〟だった。やっと彼に認めてもらえたのかな？　そんな気持ちだった。

　江古田ではもう一人重要な出会いがあっ

ドッグ隊長
『鉄腕アトム』113話。ロボットに改造されたヒゲオヤジの愛犬ペロとの話が切ない、原作の名エピソード「ホットドッグ兵団」をベースにした作品。

バード・ストリート物語
『鉄腕アトム』143話。ロボットと人間の少年たちの対立に巻き込まれるアトムを描く。

た。月さんこと**月岡貞夫**である。東映時代からすでに天才と呼ばれていて、『**狼少年ケン**』のキャラクターを作り、原動画を一人で上げるという凄まじい能力で得た収入で田無に豪邸を建てる間、仕事場としてアートフレッシュに居候していたのだ。月さんは、私のところからは陰になり、企画などで留守がちだった出﨑統の机を借りていた。その机から動画用紙をなぞる鉛筆の音が聞こえてくる。シャー、シャー、シャーッとスピード感がある音だ。吉川も気にして2人で覗きに行く。2人ともその音は原画のデッサンを取る音だと思い込んでいた。我々は覗いて驚いた。それは動画の清書線を引く音だった。一気にためらいもなく引かれる清書線など初めて見た。後にも先にもそんな人には巡り合っていない。月さんは1ヶ月で原動画を上げると噂されていた。原画のみでも1ヶ月で上げる人間は少ない。まして、原画と動画を一人で上げるのはまず不可能だろうと思っていた。しかし、その常識が覆った。目の前にいたのだ。月さんはとてつもなく速い。中割も清書も常人ではないスピードで進めていた。中割といえばタップから紙を外し、対象のキャラを合わせてサイズを確認しつつその中の線を描く、いわゆる〝タップ合わせ〟で行う。月さんはタップに紙を付けたまま、その真ん中に一筆書きのように中割を即、清書として描いていく。

吉川が疑問を口にした。

「月さん、それじゃあ目や口のサイズやシッポの動きが狂うでしょ」

それは狼の走りの中割だった。月さんが動画用紙を外して3枚の中割を合わせると、全く線に狂いはなかった。小さな目の大きさ、顔の輪郭、シッポのなびきまで、合わせたように正確だ。どのような能力かわからないが、目で認識したものをそのままサイズを変えずに別の場所での動きの連続を描くことができたのだ。正に天才である。

月さんはそれがきっかけで吉川と私に目をかけてくれた。草月会館で開催された自身の『アニメーション三人の会』授賞式へ我々2人を連れて行ってくれた。授賞式というのに下駄を履き、遅れそうな時間に出発する。草月会館のある青山一丁目へ向かう地

月岡貞夫
39年生まれ。『わんぱく王子の大蛇退治』『W3』など日本のアニメ創成期から原画や演出を担当。『みんなのうた』やCMアニメなど個人アニメーション作家として海外からも高い評価を得ている。

狼少年ケン
63年に放送開始された活劇アニメ。狼に育てられた少年ケンがジャングルの平和を守るため大活躍し、野性味溢れる自由奔放な爽快アクションで人気作となった。

下鉄の中で、買ってくれたホットドッグを食べながら、後方車両から前方車両に走らされた。先頭車両の方が先に駅に着くというのが、その理由だった。この天才に逆らうわけにはいかない。２人は懸命に走った。

草月会館で受賞の壇上に下駄を鳴らして向かう月さんには、〝スタンドプレイだな〟という思いもあったが、その自信に満ちた生き様には感動した。

左から　宇田川一彦　杉井興治　吉川惣司　杉井ギサブロー　奥田誠治
福島信行　飯村一夫　（舌を出しているのが筆者）

運転免許を取る

原画が描けるようになると時間と経済的に余裕ができ、運転免許を取りに行くことになった。ギッチャンはすでに免許を持っていて、その後、出﨑統が苦労して取得し、吉川も取得していた。

私はひばりが丘団地内にある教習所に通いだした。当時は団地の主婦が免許を取ることがブームで、教習所は常に混んでいた。問題は簡単で、なめてかかった私は教則本も読まずに学科テストを受け、80点合格が75点しか取れず見事に落ちたのであった。仕方なく２日間だけ教則本に、仕事の合間に目を通した。それで十分だった。以後、学科テストは満点だったから。学科は全く問題ないが実地は苦労の連続だった。私には反射神経や運動能力はない。だから運転のようなことは不得手である。それでも若

❖1965年

【TV】鉄腕アトム
(1963/1/1 ～ 1966/12/31)
＊動画（3本）
[106] 第106回　宇宙から来た少年の巻
(1965/2/6)
[112] 第112回　サムソンの髪の毛の巻
(1965/3/27)
[115] 第115回　逃げだした大金庫の巻
(1965/4/17)
＊原画（作画）（9本）
[119] 第119回　空とぶレンズの巻
(1965/5/15)
[123] 第123回　ドッグ隊長の巻 (1965/6/19)
[126] 第126回　ロボイドの巻 (1965/7/17)
[132] 第132回　ルイ王子の巻 (1965/9/4)
[137] 第137回　小さなクーリィの巻
(1965/10/9)
[143] 第143回　バード・ストリート物語の巻
(1965/11/20)
[148] 第148回　ロビオとロビエットの巻
(1965/12/25)
[175] 第175回　ロボット大戦争の巻　前編
(1966/7/23)
[180] 青騎士　後編 (1966/9/3)
（註）第106話は奥田の所蔵原画、第112、115、119、123、126、180話は奥田の記憶をもとに補足

【TV】宇宙エース (1965/5/8 ～ 1966/4/28)
＊動画（非表示・本数不詳）
＊演出（＋絵コンテ）（7本）
※「山谷光和」表記
[29] 第29話　78番星作戦 (1965/11/20)
[36] 第36話　太陽一周レース　（前篇）
(1966/1/8)
[37] 第37話　太陽一周レース　（後篇）
(1966/1/15)
[47] 第47話　土星脱走計画 (1966/3/26)
[48] 第48話　宇宙の密使 (1966/4/2)
[51] 第51話　サイボーグ艦隊 (1966/4/21)
[52] 第52話　－最終回－　大宇宙戦
(1966/4/28)

❖1966年

【映】PICTURES AT AN EXHIBITION
[展覧会の絵] (1966/11/11)
＊原画（非表示）

いということはありがたいもので、実地試験は規定の20時間に1時間オーバーで合格し、府中の運転免許試験場へ出かけた。教習所で一緒だった団地の奥様7人も一緒で、試験場は華やかだった。たった一人の若い男性だった私は、コーヒーと食事をおごってもらった。結果は私だけ合格だった。当時、まだ試験には〝構造〟があった。キャブレター、内燃機関などと女性には馴染みのない試験だったため、彼女たちが落ちるのは当然だった。私は当然満点で合格し、1週間後に試験場で免許証が交付された。

交付前日、出﨑統の家に泊めてもらった。ひばりヶ丘の我が家より彼の実家の三鷹市新川の方が試験場に近いという理由だったが、実のところ美しいと評判だった彼の妹を一目見たかったからだ。彼の妹は出﨑兄弟とは似ても似つかぬ美しさだった。本当に美しい彼の妹にも会うことができ、新しい免許を手に入れた私は満足だった。

絵コンテの鬼・奥田誠治がごく初期に描いた鬼レアな絵コンテを一部ではあるが掲載！極上のタッチを堪能せよ。

宇宙エース 第36話「太陽一周レース（前篇）」Aパート絵コンテ（抜粋）

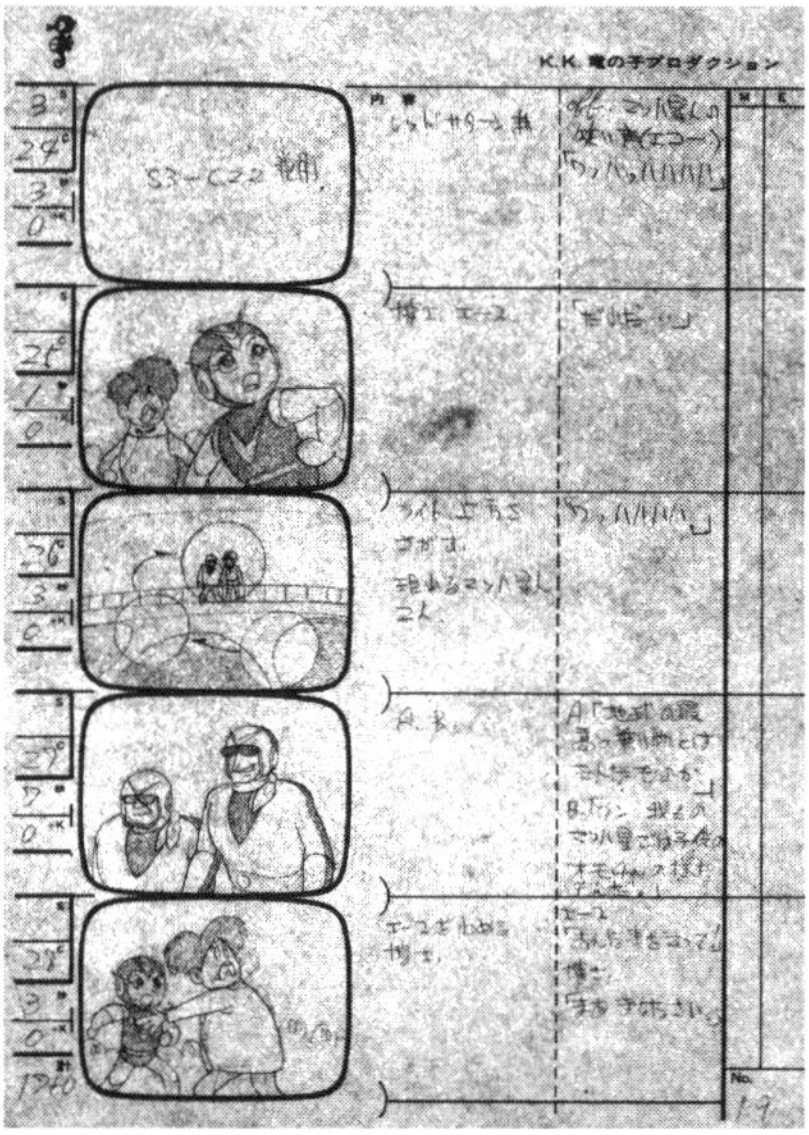

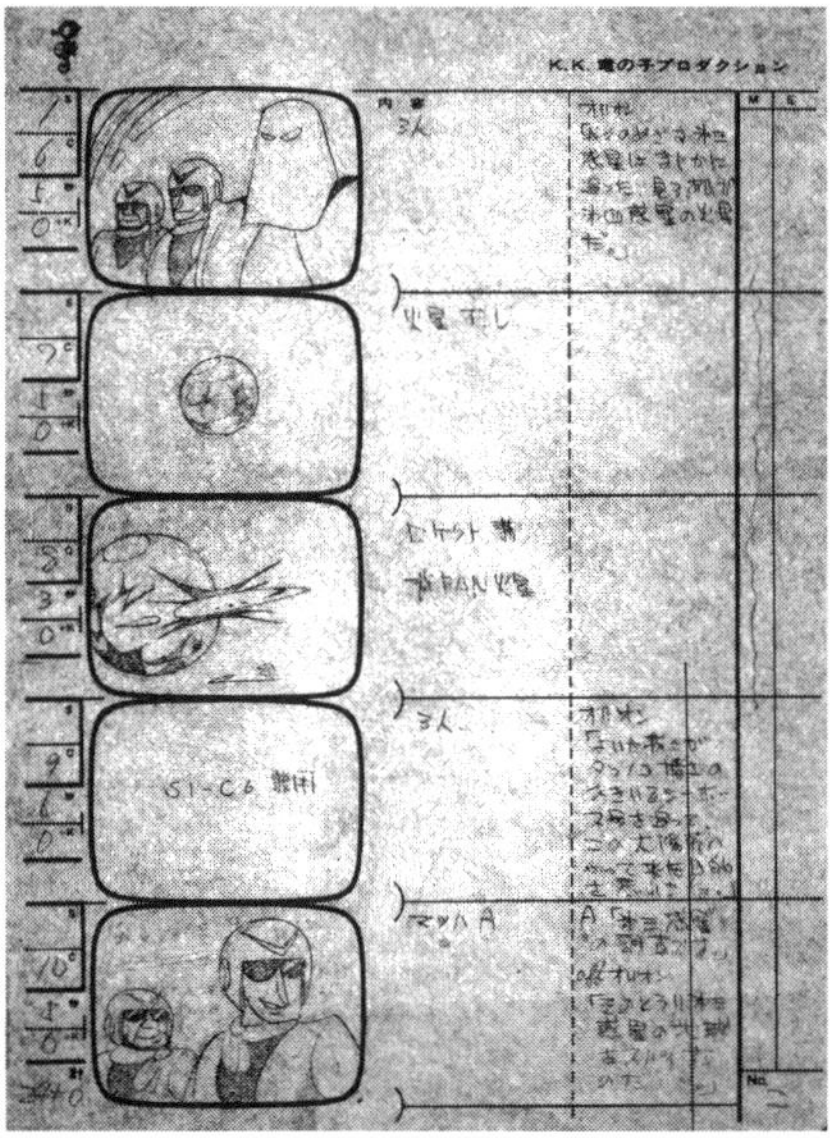

マッハGoGoGo 第5話「クラシックカーの秘密（前篇）」Aパート絵コンテ（抜粋）

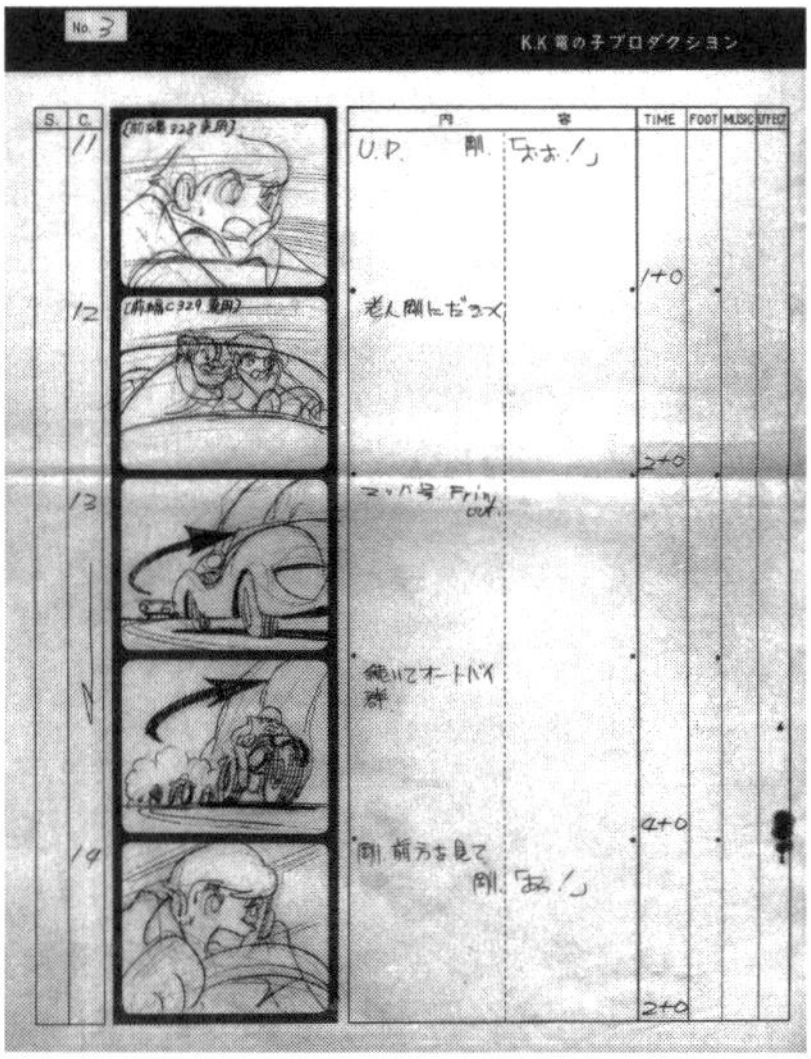

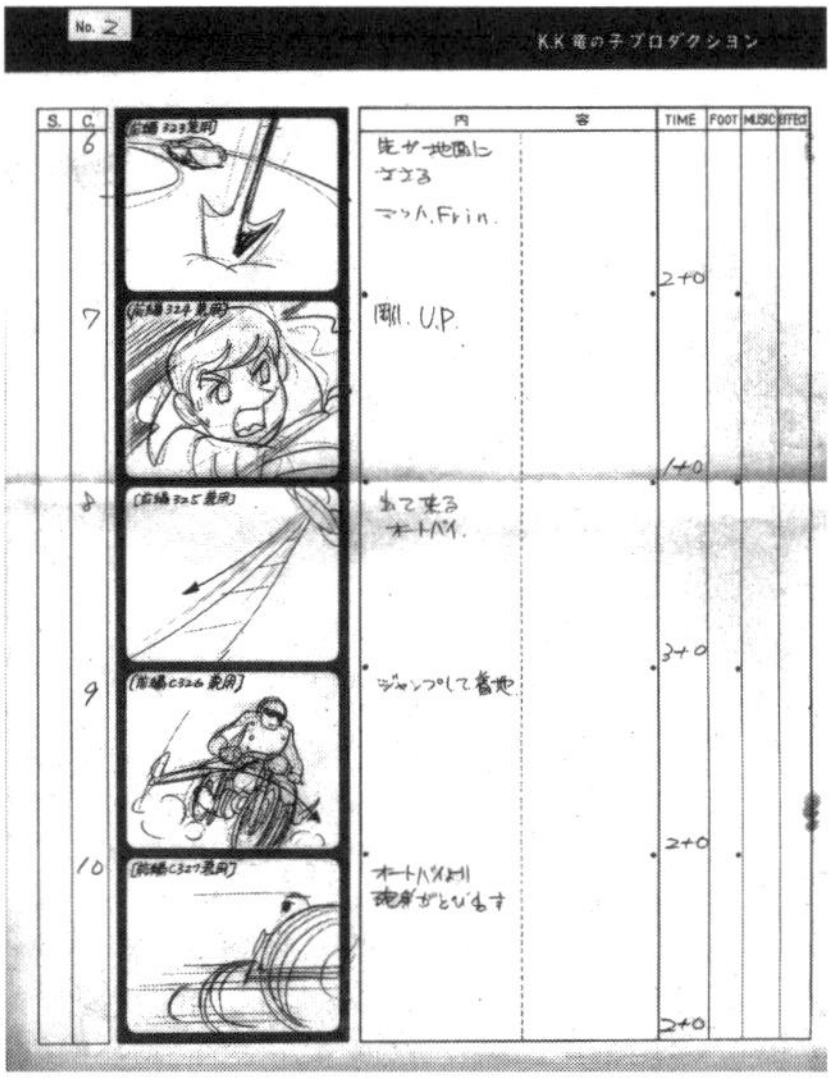

No. p39-61

CUT PICTURE ACTION MUSIC/SE TIME

第3章

青春の虫プロ第5スタジオ

『悟空の大冒険』虫プロ第5スタジオ時代

66年、アートフレッシュとしての活動は中断して、虫プロへの出向が決まった。江古田を引き払って、全員が虫プロ第5スタジオへ合流した。現在でも**サンライズ**、TMSなどスタジオをいくつも分散して持つ会社は多い。その最初が虫プロだった。富士見台の手塚先生自宅に併設した本社スタジオが手狭になり、アパートなどを借りてそれぞれの作品の制作を行っていた。その中でも一番ゆとりのあったのが第5スタジオだった。スタジオは富士見台から15分ほどガスタンク方向へ歩いた元幼稚園をそのままスタジオに借り受けたものだった。園庭もそのままに土埃は舞うものの広い運動場が付いたスタジオである。そこには幼稚園には定番だったコンクリートの水飲み場まである。細長く平屋の建物はスタジオ向きだった。脇のスペースに〝和光〟という撮影スタジオが入った。ここは後に5スタの終焉と共に火事で消失した。

アートフレッシュは母屋の真ん中あたりに陣取った。そこへ江古田から運んだ動画机を並べて宇田川、吉川、杉井（興治）、奥田が席を並べた。他のプロダクションも参加し、右隣が大西プロ、右端がファンタジアプロ。左に向かって制作室、虫プロ作画班、仕上げ班、背景班、アナグマプロ、企画室となっていた。

虫プロ第5スタジオ外観

サンライズ
72年設立されたアニメ制作会社。『機動戦士ガンダム』などロボットものを中心に多数のヒット作を持つ。

ぼくの孫悟空
52年から「漫画王」で連載された手塚治虫の、「西遊記」を基にした大冒険活劇漫画。連載時の表記は「ぼくのそんごくう」。

東映動画
48年に設立した日本動画株式会社を東映が買収。56年に東映動画が発足した。日本を代表するアニメ制作会社。95年、東映アニメーション株式会社に商号変更。

悟空の大冒険
67年に放送開始された手塚治虫の「ぼくの孫悟空」を原作にしたスラプスティックなギャグアクションアニメ。

そこでアートフレッシュとして**『ぼくの孫悟空』**のパイロットフィルムを作った。劇場用長編にコンプレックスを持っていた我々はそれに飛びついた。思いっきり動かせるという環境が嬉しく、自分達ならできるという自負があった。出来上がったパイロットは〝**東映動画**〟とは趣が違い面白かった。だがなぜか、そのスタイルは採用されず、新しくギャグ物の**『悟空の大冒険』**に決定し、チーフディレクターのギッチャンが自らキャラクターを創った。それは画期的なデザインで、当時でさえ10年早いと評された。美術は殿下こと**藤本四郎**で、彼もまたセンスがよく、新しい美術を生み出した。このような体制でスタートすべくスタジオも模様替えした。

虫プロ作画班のパーティーションを拡げ、アートフレッシュと合流して新たに本社からも動画スタッフが参加することとなった。班編成は**山本繁**班と**宮本貞雄**（以下、宮さん）班の2班体制。山本繁はアトムの原画で〝シゲル調〟として鳴らした原画マン。一方、宮さんは、その実力は恐るべきものといわれていた関西系の雄だった。関西系には他に後にコマーシャル畑で活躍する**木下蓮三**がいた。

山本繁班には吉川、杉井興治、アートフレッシュの鈴木満、後にアートフレッシュに参加するあさとすみこ、**森田浩光**たちのほか、動画スタッフもいた。

宮本班には宇田川一彦、奥田誠治、**野部駿夫**、動画には後にメカもので名を馳せる**佐々門信芳**がいた。今考えると、吉川が山本班へ、私が宮本班に入ったのには運命的なものを感じる。

今まで通りの手塚調のデッサンで原画を描き始めた私は壁にぶつかる。思うように描けないのだ。ギッチャンのキャラクターだったが、『悟空の大冒険』は今までと違うモダンなデフォルメで描かれていて、感性だけで描こうとすると微妙にイメージが違ってしまう。疑問を持ちつつ描いた原画を宮さんは丁寧にデッサンから直してくれる。特に八戒の身体の球体に頭の球体を乗せ、それに目と鼻を付ける。実に丁寧な修正である。感性だけで描かれた私の八戒は平面

藤本四郎
42年生まれ。『鉄腕アトム』などの美術などを担当。現在は絵本画家、風景画家として活躍。

山本繁
42年生まれ。『ふしぎなメルモ』などの作画監督や『シリウスの伝説』などのキャラクターデザインを担当。

宮本貞雄
37年生まれ。コマーシャル会社を経てアニメーターに。『科学忍者隊ガッチャマン』『千夜一夜物語』などの作画監督や技術監修などを担当。

木下蓮三
36年生まれ。『ゲバゲバ90分』『カリキュラマシーン』などのキャラクターを手がけたことで知られる。海外のアニメーションフェスティバルで高い評価を受け、国際アニメーションフェスティバル広島大会のプロデューサーなどを務めた。97年没。

であり、動かすとデッサンの狂いが目立つ。きちんと立体からデッサンを取ることの大切さを動画用紙の上で教えてくれた。山本班の原画修正も覗いてみる。山本繁も同様にデッサンを取っている。宮本班で私は基礎的なデッサンの重要さを教えられた。古い幼稚園の中で若い才能がひしめき合って『悟空の大冒険』を創った。

5スタ以外にもファンタジアの**波多正美**が異彩を放っていた。すでに『**W3**』の制作に入っていた彼は、ほとんどの原画を自分で描くという超人的な力を見せつけていた。キャラも見事に〝手塚調〟であり、正調〝手塚調〟のギッチャンに匹敵する力を持っていた。出﨑統も〝手塚調〟ではあったが、自己主張が強い画調だった。〝波多正美、恐るべし〟の感があった。一方、日常は奇行の連続だった。冬でも夏でもTシャツ1枚。雪の上を裸足で駆け回り奇声を上げる。常に酒を放さないなど話題に事欠かなかった。

ただ、若い天才は彼だけではなかった。出﨑統は別格としても、ジャングル大帝班から時折バイクで私を訪ねてくる坂口尚、山本班の吉川、森田浩光などが輝いていた。『悟空の大冒険』制作班には**柴山達雄**、**丸山正雄**（以下、マルタン）、出﨑統、文芸には後にサンライズで活躍する鈴木良武がいた。ついでにいえば、犬もアヒルもいた。

これはもっと後の話だが、忘れられない出来事がある。夕食をすませておしゃべりに花を咲かせていると、「すごいのが来たぞ」とスクラップブックを持ってくる者がいた。我々が勝手に新人の品定めをできた自由な時代である。スクラップブックを開くと、私は凍りついた。そこにはボールペンで描かれた西部劇風のラフデッサンがあった。その筆致はあくまで自由で滑らか、線には十分な色気と勢いがあった。それ以前に波多正美のイラストを見たことがあったが、それに匹敵する力量だった。スクラップブックの名前を見た。〝**安彦良和**〟。後にガンダムでブレイクする、あの〝安彦〟だった。彼がガンダムで名を成すまでには、まだしばらくの時間が必要だった。

森田浩光
47年生まれ。『ムーミン』『あしたのジョー』などの作画、作画監督や『サザエさん』のチーフディレクターを担当。

野部駿夫
『科学忍者隊ガッチャマン』『うる星やつら』などで作画監督を担当した。

佐々門信芳
47年生まれ。サンライズ作品や東映作品など、多数の作品で作画監督を担当。テレビシリーズの原画1話分を一人でこなすタフなアニメーターとしても知られている。

波多正美
42年生まれ。サンリオの長編劇場作品を数多く監督している。

W3
65年から放送された手塚治虫原作のSFアニメ。

大塚さんとフィアット500

　虫プロの歴史においても第5スタジオは重要な時期だった。モノクロがカラーになり虫プロも時代もアトム以降を模索していた。5スタは『悟空の大冒険』を準備する大変な時期でもあったが、我々といえばのんきなものだった。準備期間の暇な時間をもてあまして幼稚園の庭でひなたぼっこを楽しんだり優雅に過ごしていた。

　66年の夏が近づこうとしていたある日、多分昼を過ぎた頃であろう、夜型の連中はまだ出てきていなかった。私は動画机にタップを取り出し、さて、どのカットから描こうかとコンテを広げ迷っていると庭でパランパランと乾いたエンジン音が停まった。……誰か来た？　日射しが差し込む開けっ放しの引き戸から入って来たのは、見知ったハンティング帽にジャンパー姿の**大塚康生**さんだ。

「あれ？　ギッチャンもオサムちゃんも誰もいないの？　オクダくんは留守番？」

「はい……」（まだ出てきてないとは言えない）

「そうかあ……」

　時折遊びに来る東映の大御所、大塚さんを前に間が持たない。車をギッチャンに見せに来たんだなと思った私は、「あ、大塚さん、車ですか？」と尋ねた。「そ、そうなんだ。見てみる？」と大塚さんは嬉しそうに庭に向かった。「ええ！　見せてください」と言い、私は〝やっぱりそうだ。2人に自慢するためにやって来たんだ〟と考えながら庭に向かった。

　そこには小さな灰色に近い白の車。一瞬、発売されたばかりの軽自動車スバル360を思い浮かべる。だがどこか違う。その気分を察してか、ちょっと不本意そうに、「外車だよ！　外車。ほら左ハンドルだよ」。〝確かに左ハンドル。イタリアのコンパクトカー、フィアット500だ。だが、この小ささは正に軽〟などと考えていると、大塚康生さんが右側のドアを開けてくれる。

「ほら乗ってごらん。見た目よりは中は広いんだよ」

　確かに室内は思ったより広く、パイプ椅

柴山達雄
39年生まれ。『宇宙戦艦ヤマト』などで制作を担当する他、『新オバケのQ太郎』などでは脚本も担当した。

丸山正雄
41年生まれ。アニメーションプロデューサー。72年にはマッド・ハウス、11年にはMAPPAを設立し、日本のアニメ業界の黎明期から現在まで現役で活躍中。

安彦良和
47年生まれ。『機動戦士ガンダム』のキャラクターデザイン、作画監督として絶大な人気を誇り、『アリオン』『虹色のトロツキー』など漫画家としても高い評価を得ている。

子のようなシートが新鮮に見える。シフトノブは割り箸のようで頼りない。80キロの私が乗り込むとギシリと助手席側に車体が沈み込む。サスは思ったより柔らかい。大塚さんはエンジンをかけながら、「始動時はアクセルを踏み込まずチョークで調節する」と説明してくれる。エンジンがかかると、パランパランパラン、パラ、パラ……と音がしだした。しかし、5スタの誰も興味を示さない。やはり軽だと思われているようだ。土埃を上げて5スタの庭で方向転換して外へと向かう。エンジンはパラパラと軽快に回る。大塚さんはこまめにシフトとクラッチワークを繰り返して加速する。ちなみにギアはノンシンクロ、ローに入れるだけでもクラッチ操作が必要だった時代だが、大塚さんは苦もなくシフトを繰り返した。5スタから二度左折して住宅地を抜け、練馬の丸い2つのガスタンクを目指して走り、十三間道路も左折。路幅が広くなって一気にアクセルを踏む。加速するフィアット500！といっても今のエンジンに比べれば非力で、そんなにスピードは出ていないのだが、薄いドアと内装、そして振動がスピード感を倍加させた。しかも車体は小さい。十三間道路を疾走するフィアット500！　ヒュンとすれ違う対向車がミラー、スレスレをかすめる。対向車運転者の非難のまなざしを感じた私は、そこで気付いた！　なんと、センターラインは私の左にある。つまり、私の身体は対向車線にある!?　対向車が何台もかすめた。

「大塚さん！　僕はセンターラインを出ているんですが」

「うん、外車だから……」

「あの、外車だからって……！」

ステアリングを左へ少し戻してくれる。当時の車のステアリングはけっこうクイックで、それだけでスッと私はセンターラインの内側へ戻る。やれ安心と思ったのも束の間、大塚さんはすでに〝外車〟であることを忘れて再び気持ちよく飛ばしだした。

「あのう……」

大先輩の機嫌を損ねてはいけない。遠慮がちに言うことにした。

「なに？」

大塚康生

31年生まれ。日本のアニメの創成期から第一線で活躍。『太陽の王子 ホルスの大冒険』『ルパン三世』などを手がけ、多くのアニメーターに影響を与えた。19年にはドキュメンタリー映画『飄々～拝啓、大塚康生様～』が公開された。

「またセンターラインが」

「ああ、そうだね……」と左へ戻すと、柔らかいサスペンションは揺り戻しがくる。

「あ……!!」

　懸命に足を突っ張る。当時はシートベルトなんてものはない（腹部だけのベルトが法制化されたのも何年か後、3点式になったのはさらに後のこと）。左手をダッシュボードに、右手で天井を支える。あまりあからさまにはできず、冷や汗が流れた。

「暑い？　三角窓を開けるといい風が入るよ」

「は、はい……（汗）」

　キュッとロックを外して開けるとすさまじい風。そうこうしているうちに谷原の交差点に差しかかる。真っ直ぐ行けば東映動画。そこを右折してきれいな舗装の道路に出る。当時、力の入っていた〝オリンピック〟道路だ。今や環八の一部となったこの道路は〝戸田ボートコース〟と都内を繋ぐために整備されて、舗装がよいので我々のテストコース代わりによく使われていた。話は外れるが、まだ開通していなかったブツ切れの〝新青梅街道〟がゼロヨンのテストコースでもあった。

　一気にアクセルを踏み込む大塚さん。二気筒エンジンがバイクのようにうなり、小さなタイヤが地面を蹴る。思ったよりうるさくはない。

「ほら、エンジン後ろだからね、リアエンジン、音はみんな後ろに抜けるから」

「はい……」

「もう少しで80キロいくからね！」と話すご本人の声も心なしか緊張していた。

「……！」

　80キロ！　ちなみにこれは間違いではない。当時、この小型車で80キロというのは大変なスピードである。倍の160キロ（100マイル）など出る国産車などまだ存在しなかった時代だ。エンジン回転が上がり、振動が高周波に近いビリビリ音に変わる。メーターが限界に達する。

「ほら、リアエンジンは説明したよね。リアエンジンってエンジンの重さが全部後輪にかかるから駆動力が無駄にならないんだ。ドイツ車はポルシェでもワーゲンでもこの方式なんだ。フィアットはイタリアだけど５００ｃｃでも80キロ出るんだよ」

「はい……（汗）」

「でもね、欠点もあるんだ。ここまで出すとね、ほとんどステアリングが効かないんだよ」

「え……？」

「ほら、ほら」

上機嫌で左右にステアリングを動かすと、前部の浮いたフィアットはそれでもかろうじて直進を続ける。〝でもそれって……！〟と言う間もなく、アクセルは踏みっぱなしで反応しないハンドルのデモンストレーションが続く。

「あ、あ、あ、あ～」

それでも車はなんとか直進した。ボートコースまでは行かず途中の宅地造成地でＵターン、強運の２人は無事５スタへと帰り着くと、戻っていたギッチャンが迎えてくれた。出﨑統もいた。ギッチャンが言う。「よかったねオクチン、外車に乗れて」。私は「はい……」と答え、ホッとして冷や汗が流れた。


お目当てのギッチャン、出﨑統の２人とフィアット５００を前に車談義が弾む大塚さんは、５スタに車の楽しさを教えた。気付けば５スタの庭を夕日が照らしガラス窓に反射する。水飲み場の影が長い。虫プロ第５スタジオ、多くの侍が集った思い出のスタジオだ。53年前……あの頃の夕日はことさらに鮮やかだった気がする。


数十年後、私はフィアット５００の話をブログに発表するため、大塚さんにメールを出し許可をいただいた。

「原稿拝見しました。面白いのですがアートフレッシュの歴史の方がもっと面白いですね。特に練馬の一軒家を借りていた頃、全員の裸体の写真が飾ってあったり。ムーミン、ルパンの頃よく行きましたが東映の堅い社風に慣れた僕にとって実に自由で新鮮でした、あの頃のこともお忘れなく！　大塚康生（原文ママ）」

80キロを超えると前部が浮く小さなリアエンジン車、フィアット５００は５スタに自動車に対する憧れを植え付けた。ギッチャンはすでに車を持っていた。オシャレな彼にふさわしい、真っ白な日野コンテッサクーペである。流麗なクーペスタイルの後部にエンジンを積んだフィアット500同様のリアエンジン車であったが安定して静粛な走りであった。続いて出﨑統が日野コンテッサ900の朱色を買った。中古で少し色あせしていたが仲間が車を買ったことが誇らしかった。やはりこの車もリアエンジンであった。

冬になっても手伝い仕事でお茶を濁していた我々は、暇を持て余し日向ぼっこをしていると、出﨑統が「軽井沢行こうか……」と思いついたように言った。

「何しに?」

「ドライブ」

宇田川、杉井興治、私の3人は「暇だしそれもいいな」と同調した。なぜか吉川は休みだった。4人が乗って走り出そうとすると近くに飯村一夫がいた。杉井が声をかける。

「飯村君、ギッチャンが入ったら、俺たち軽井沢へ行ったたって伝えてよ」

「軽井沢ですか?」

「うん、軽井沢。じゃあ行ってくるねー」

手を振ってスタジオを後にするコンテッサ900。後で出勤してきたギッチャンが聞く。

「飯村君、みんなどこにいるの?」

「軽井沢に行くって言ってました」

「それはダマされたんだよ。そのうち飯でも食って帰ってくるから」

しかし、待てど暮らせど我々は帰ってこなかったし、連絡すらしなかった。携帯電話のない時代である。一方、我々はひたすら国道を北へ向かって走っていた。我々大の男4人を乗せた、非力なコンテッサ900は懸命に走っていた。ナビのない時代に頼りは関東全図だけである。腹が減って峠の釜飯を食べた記憶はある。そこで陶製の釜(容器)を持って帰ると言い張る私は、「ケチくさい」とみんなに非難された。それでも私は4人分の釜を持って帰った。それがどうなったかの記憶はない。

「ところで、宿賃はどうするの?」と私が聞くと、出崎統が「みんな持ってるの集めればなんとかなるんじゃない」と気楽に答えたが、なんともならないことがすぐにわかる。1万円札を持っていたのは出崎統だけ。あとは千円札を数枚がいいところ。これではまともな旅館に泊まるのは絶望的だった。ま、なんとかなるさが若さの特権で走り続け、出崎統は一軒の豪華な旅館の駐車場へ入った。とにかく、どんな部屋でも泊めてさえもらえればありがたいといった気持ちだった。出崎統が持ち金を伝えて交渉すると、フロントの顔がこわばった。見ると、皇太子が泊まった宿と大きく掲げてある。確かにその値段では話にならないだろうと諦めかけたところで、「わかりました。その値段で承ります」と返事があり、ホッとした。宿の風呂は大きく、豪華な食事も出た。シーズンオフで客が一人もいないことが幸いしたらしい。食材などをムダにするよりはという意識が宿側にあったのかもしれないが、とにかくふかふかの布団にくるまってその夜は眠った。

　帰りは疲れも取れ快適なドライブを楽しんだ。浅間山を望む国道を走る車は我々の朱のコンテッサ900のみ。運転は免許を持っている出崎統のみ。偶然ラジオから「高原列車は行く」が流れ始める。なにかみんな浮かれて大きく甲州を回って東京にたどり着く。

軽井沢にて　左から　出崎統　宇田川一彦　杉井興治　撮影は筆者

しばらく後、5スタの仲間だった吉川が同じくリアエンジン車〝ルノー〟で大事故を起こしたこともあり、私はリアエンジンには懲りて普通にエンジンが前にあるクーペに憧れを持った。

坂口尚がホンダS800の赤のコンバーチブルを買った。出﨑統はトヨタS800赤と黒のツートーンに買い換えた。私は白のマツダファミリアクーペを買った。素晴らしいデザインでパワーも申し分なく気に入ったが、訳あってホンダS800の赤のクーペに乗り換えた。坂口尚のコンバーチブルと同じにならないように、当時珍しかったクーペを選んだのだ。どのくらい希少かといえば、都内に9台のクーペがあるだけで、2ヶ月走ってやっとすれ違うほど珍しい車だった。また、ホンダS800は運転の難しい車だった。レッドゾーンは13000回転とバイク並みの高回転で、満足なトルクが出るのは3000回転からだった。1000回転でのクラッチミートは下手をすればエンストを起こす。2000回転でのクラッチミートはエンストは起こさないものの、いきなり前へ飛び出す。坂であれば2000回転は必要になる。前の車との間隔が充分にないと接触の危険がある。その代わりレッドゾーンまで回せば当時はほとんど無敵だった。

私はローンのために頑張って働いた。しかし、ローンの返済は並大抵のものではなかった。当時の本給と同じぐらいの額だったから、給料だけでは足りない。だが、ありがたいことに仕事が均等なノルマ制になったのだ。ノルマ制になる経緯は根本的なアニメの作業形態に関係があり、現在でも制作の頭を悩ます問題である。アニメの原画には量と共に質の要素もある。例えばカット数で分けた場合には顔のみのカットとアクションのある原画枚数を伴うカットでは労力が数倍違う。また、上がった原画の質でも作画監督にかかる比重が違う。それゆえ公平な分配は内容的判断のできない制作では不可能である。この問題は現在でも制作管理の重要な問題だが、未だに解決せず、能力とギャラの不公平を生み出している。

当時、虫プロの制作だったマルタンはそれをタイムカードと作業伝票で管理しようとした。私はそれを嫌い、マルタンとかなりのやりとりがあった。虫プロ社員ではない我々アートフレッシュがタイムカードを押す必要はないと突っぱねたのだ。結果的にタイムカードについては認めてくれたが、彼も執拗に粘って伝票だけは付けてくれと言いだした。

前述の通り、原画は簡単に数値で評価できるものではないため、私はそれも拒否した。最終的に虫プロ原画スタッフと同じノルマをこなし、スケジュールは守るということで決着した。カット内容の評価は、山本、宮さんの2人の班長に任された。2人は比較的公平にカット内容を考え原画スタッフに振り分けた。内容的には動きの多いアクションシーンを吉川、奥田に割り振った。一見大変に思える内容だったが、動かすことの好きな我々はその振り分けを不満には思わず、ほぼ、2~3日で上げていた。余裕であった。虫プロ本社からの原画スタッフは真面目ではあったが、それまで手塚調以外描いたことがなく、癖のある悟空のキャラには不慣れで能率が悪く、1週間をフルに使って時間が足らず夜遅くまで頑張っていた。マルタンの出した条件は、結果的に余裕のあるスケジュールと収入となり、我々にとってありがたいものとなった。悟空のギャラだけで生活には充分だったが、その他にもバイトが入った。それも、本社公認のバイトだった。手塚先生作品の原画や、アトムで間に合わない原画の助っ人だ。私にはスケジュールが間に合わなくなった**『リボンの騎士』**の絵コンテ(演出)も入った。これは、『リボンの騎士』班の作画監督であった坂口が、「奥田さんはタツノコのコンテを描いているから描けるよね」と回してくれたものだ。当然、手塚調のキャラの方が描きやすく、苦もなく描き上がった。黄色いB4の虫プロコンテ用紙に絵コンテを描くことはとても誇らしいものだった。

これらのバイトは本社公認だから当然ギャラもいい。収入の余裕と時間の余裕。若い我々は楽しく時間を過ごした。

リボンの騎士
67年に放送開始された手塚治虫原作のヒロイックアニメ。

『マッハGoGoGo』

5スタ時代に『マッハGoGoGo』の絵コンテをタツノコプロから受けた。当時、私はタツノコプロのスタッフのような感じでもあった。タツノコプロはスタッフの資料が残っていない作品もあるのではっきりしないが、3分の1近いコンテを描いていたのではないかと記憶している。私以外では**落合正宗**（正道から改名していた）が多く描いていた。ウィキペディアで演出となっているのは社内スタッフの名前であり、絵コンテには関わっていない。私もバイトであったので公表されないことを選んだ。脚本は文芸の鳥海尽三自らが多くを書いた。弟子であった鈴木良武も多くを書いていた。また、**広瀬正**さんの脚本は車に対する知識の豊富さで他の脚本とは違う魅力があった。

遅れたシナリオのスケジュール合わせに、鳥海さん宅で徹夜作業に付き合わされたことがあった。上がった数枚ずつの原稿用紙から絵コンテを描く。そんな作業でよく辻褄が合ったものだと我ながら思い返して冷や汗が出る。徹夜明けの翌朝、玄関に現れた脚本家の広瀬さんを紹介された。その時はまだ広瀬さんがSF作家であるとは知らなかった。鳥海宅の応接間に飾ってあったスチールモデルのクラッシックカーの作者だと紹介された。お二方とももういない。特に広瀬さんは早くに人生を終えたが、SF作家として素晴らしい作品を残していた。

その広瀬さんの文庫「**マイナス・ゼロ**」が08年7月18日に復刊された。奇しくも『マッハGoGoGo』のアメリカ映画版『**スピードレーサー**』公開中にである。

『スピードレーサー』を立川シネマシティへ観に行った。ずっと観たいとは思っていたが、ハッと気付くと最終日だった。あまり話題になっていなかったようで失念していたのだ。予告のケバケバしさで私自身も正直馬鹿にしてもいた。立川の夕方の雑踏を急ぎ、ギリギリ最終回に間に合った。映画が始まると私はブッ飛んだ‼ これぞ正常進化版『マッハGoGoGo』完結編であった。流れるテーマ曲まで昔と同じ。イントロでレーサーを夢見る少年時代の主人公が、

落合正宗
『ミクロイドS』『マジンガーZ』など多数の作品で作画監督を担当。

広瀬正
24年生まれ。ジャズバンドを経て小説家デビュー。『宇宙エース』などアニメ作品の脚本も手がけた。

マイナス・ゼロ
65年、「宇宙塵」に連載されたタイムトラベル作品で広瀬正の代表作。

スピードレーサー
08年に公開されたアメリカ映画。

授業に身が入らずノートのパラパラ漫画に熱中するあたりで、この作品が『マッハGoGoGo』へのオマージュであることがはっきりする。物語は極めて単純で、主人公で天才的ドライバーのスピード・レーサー（エミール・ハーシュ）がレース中に命を落とした兄、レックス・レーサーの幻を追ってレース界の頂点を目指す。スピードの愛車はマッハ5。それを作った父と家族、恋人トリクシィ（クリスティーナ・リッチ）と共に巨大企業に立ち向かう。権力者達はあの手この手でスピード・レーサーの行く手を阻み、奇怪なレーサーたちが個性的なマシンで闘いを挑む。危機に陥った時にそれを助けるのは正体不明の覆面レーサーのレーサーX（マシュー・フォックス）だ。氷の洞窟レースの危機を脱して、スピード・レーサーはゴールを目指す。この氷の洞窟レースは私が描いた記憶がある。懐かしい。

これはもう当時の文芸だった鳥海尽三さんの世界だと思った。キャラクターもこれほど似させるのかと思うほどのサービス。主人公のエミール・ハーシュの前髪や、父親役のジョン・グッドマンは生き写しだし、母親役のスーザン・サランドンはいつもと違い控えめの芝居でこれもそっくり。クリスティーナ・リッチはアニメキャラになりきっていた。クリ坊も三平もイメージ通り。

当時、キャラクターデザインの九里一平さんにはアメリカンコミックに対する憧れがあり、タツノコプロのキャラクターには、そのバタ臭さがつきまとっていた。それが虫プロや東映、TCJと違ったタツノコプロの持ち味で、そのバタ臭さがアメリカで受け入れられオマージュとして里帰りしてきたのだった。ウォシャウスキー兄弟の思い入れは半端ではなかった。高度なVFXを駆使しているにもかかわらず、マシンの爆発には当時の手描きのイメージがうかがえた。登場キャラも当時のタツノコプロのイメージだ。脈絡もなくかっこよくスカーフをなびかせる女巫女、暗殺者集団の忍者、ギャングキャラ、どれをとってもタツノコキャラだ。スピード・レーサーを中心にスピンするマッハ5はよく使い回しした定番演出で、やたらに使うワイプ処理と、どれもジャパンアニメの苦肉の策の手法だ。クリ坊、三平のアクションでは流動パンまで見せてくれた。がっしりと腕を組んだお父さんに敵がぶつかるカットは昔描いた気がする。マッハ5の秘密兵器はオリジナルのままだし、エンディングは笹川さんのイメージのままだった。ただ、惜しむらくは最後のレースで盛り上がる曲が原作のテーマではなかったことだ。

私は広瀬さんの小説「マイナス・ゼロ」の作中人物になって昭和を生き続けているような気がした……。これだから人生は面白い。アニメーションは面白い。

『マッハGoGoGo』の絵コンテ作業が終わり、徹夜明けの帰宅途中、練馬駅前交差点で眠りこけクラクションで起こされたことがあった。朝日が眩しかった。

出﨑統の結婚

出﨑統とはホッチキス事件があって以来、「オサムちゃん」「オクチン」と気軽に呼び合える仲になった。その頃、彼の結婚式があった。オシャレな彼らしく、パーティには生のバンドが入り、虫プロの若い連中がここぞとばかりはしゃいだ。式の最後にドラムが叩かれた。タンタンタタンタターン。『鉄腕アトム』の前奏が始まる。みんな、歌いつつ輪になって前の仲間の肩に手を乗せバンドの周りを回り始める。「行くぞ～アトム～」と歌いながらジャンプする！　ジャンプする！　回りながらジャンプする。私が虫プロの、彼らの仲間になれた青春の一瞬だった。

新婚の出﨑統は富士見台のアパートから清瀬の一軒家に引っ越した。新婚とは名ばかりで、すぐに彼はスケジュールに追われる毎日となった。テレビの『悟空の大冒険』の演出にダブって、虫プロ商事の月刊誌「**COM**」で『悟空の大冒険』のコミカライズ版の連載が始まったのだ。コミカライズ版のアシスタントは私である。彼の画力に驚き感動しつつ、斜線、タッチ、集中線などを慣れないGペンで引く。同人誌で自分の作品のペン入れはしていたが、プロ連載のア

COM
67年、虫プロ商事から発刊された漫画雑誌。手塚治虫の「火の鳥」を中心に、「章太郎のファンタジーワールド・ジュン」「漫画家残酷物語」など人気作品が連載され、諸星大二郎、西岸良平など多数の漫画家を輩出した。

シスタントは初めてで、彼の圧倒的な画力を引き立てる集中線などを入れるのは緊張を必要とした。気さくで明るく魅力的だった彼の新妻・由希子が、ベタを担当した。

麻雀の好きな出﨑統の元へ、夜になると様々な人間が集まり出﨑邸は賑わった。出﨑統の兄・哲、**長浜忠夫**、後に麻雀劇画で売れる**北野英明**などなど、様々なメンバーが雀卓を囲んだ。出﨑統が雀卓にいる間、麻雀に興味のない私は黙々と漫画の斜線や集中線を引いた。出﨑統の漫画はスクリーントーンなど使わず、全てが手仕事だった。

アシスタント料として、彼は私の昼間の原画としてのギャラを基準に払ってくれた。その結果、彼の原稿料のほとんどは私に流れた。それでも彼は気にしなかった。なぜなら彼の収入も絵コンテと原画を合わせるとかなり高額で、漫画の原稿料は当てにしていなかったからだ。

息抜きに彼のトヨタ800と私のホンダS800クーペが深夜の所沢街道を疾走する。ホンダS800クーペの水冷DOHCエンジンの10000回転を超えたエキゾーストノート、トヨタ800空冷エンジンの乾いた排気音が奇妙に共鳴した……。

5スタの生活は続き、青春の日々は永遠に続くかに思えた。そんな日々の中、5スタに運命の日がきた。『**黄金バット**』放映の日である。

『悟空の大冒険』はその日まで視聴率30％を超え順風満帆だったが、突如、『黄金バット』嵐が吹き荒れ、5スタは荒海に投げ出された。『黄金バット』に25パーセントを取られ、『悟空の大冒険』は20パーセント台に落ち込んでしまったのだった。

視聴率20パーセント台は低い視聴率ではなかったが、それまでの勢いを考えると裏にきたアニメに負けたというのが、虫プロにとってもショックだった。作画の主立ったスタッフは、責任を取ると言って集団で床屋へ行き丸坊主となった。普段このような行動には逆らうはずの吉川も珍しく従順に、否、なにか思うところがあってか丸坊主組に与した。私は視聴率に責任があるとは思わず、

長浜忠夫
32年生まれ。人形劇団ひとみ座の演出部に所属し、人形劇『ひょっこりひょうたん島』などの演出を担当。『巨人の星』『ど根性ガエル』など多数の作品で演出や監督を担当し、監督作の『超電磁ロボ コン・バトラーV』『超電磁マシーン ボルテスV』『闘将ダイモス』は長浜ロマンロボシリーズとも呼ばれ多くのファンを得た。80年没。

北野英明
41年生まれ。『どろろ』『あしたのジョー』などの作画監督や演出を担当。『麻雀放浪記』など麻雀漫画の第一人者として知られる。

黄金バット
67年から放送開始された独特の雰囲気を放つアクションアニメ。昭和初期の紙芝居で人気だった作品を第一動画がアニメ化し、大ヒットした。

社員ではないとの矜持もあったので丸坊主には参加しなかった。もっとも、私の性格はみんなも知っているので、無理強いもされなかった。5スタから本社の試写室へ向かう10人ほどの丸坊主集団は異様なものがあった。視聴率対策と称して内容の変更が行われた。ギャグ路線からシリアス路線に、物語もアクション主体へと変更された。我々はその変更自体も楽しみ、アクション路線となった演出に沿った作画を描き続けた。それはそれなりに楽しかったし、色々と原画の実験、自分なりのアクションの工夫を行ったが、一度下がった視聴率は再び上がることはなかった。『悟空の大冒険』はその夏の終わりと共に終わり、それと共に5スタに集った若者達の熱気も消えた。

アートフレッシュ　練馬スタジオ時代

67年、『悟空の大冒険』が終わって、アートフレッシュは再び独立プロに戻り、虫プロの5スタを離れて練馬の大きな家を借りた。江古田の一軒家の倍はあろうかという古い豪邸で、家主はお金持ちで羽田の新しいマンションに移ったとのことだった。ここからが、練馬スタジオ時代の始まりである。

玄関を入ると八畳の板の間。そこの隅に事務机を置いて福島信行が経理事務をする。真ん中にはテーブルとソファーを置いて打ち合わせができるようにした。その左には台所が四畳半。キッチンと呼ぶには昔風の造りの台所である。我々はそこで自炊を始める。風呂も檜造りの大きなものだったが私は入った記憶がない。生け垣に囲まれた庭には石灯籠が立ち、裏庭には小さいが池があった。1階はその他に十二畳の板敷きの応接室と畳の部屋が3部屋あり、いずれも六畳、八畳でそれぞれに押し入れがあり、脇を廊下が取りまいている贅沢さだった。2階は六畳二間。ここには5スタから一緒に来たメンバーである仕上げ班の女性陣が入った。不思議なことに美人揃いだった。動画班にもアートフレッシュの技術に憧れた4人が入ることとなった。その頃のアートフレッシュにはまだオーラが残っていた。

十二畳の応接室を会議室として会議テー

ブル代わりに卓球台を置く。発想が自由だった。映写室代わりにするため、会議室の窓は全て黒ビロードのカーテンで覆った。映写効果を高めるためのこだわりである。

劇場用パイロットと**『どろろ』**制作までは時間があり、そのカーテンのビロードを敷いてヌード写真を撮った。全裸で股間をその頃流行ったグロテスクマスクで隠す。あまり羞恥心を持たない面々はそれぞれにグラビア写真を真似てポーズを取った。吉川が現像し、引き延ばして応接室の天井近くに並べて飾ったのは壮観であった。これを、前述の大塚さんが喜んでくれたが、女性達には不人気だった。

家は大きく、その周囲を好奇心いっぱいの吉川と2人で探検する。不動産屋からの青焼きの地図と外回りが違い、一部不明の空間があった。それを調べようと押し入れのふすまを開ける。中は押し入れではなく板張りでドアがひとつあり、恐る恐る開けると中は二畳ほどの和室。物置かと思ったが、人の背の高さほどに明かり取りの引き違いの窓がある。我々はその部屋を勝手に「折檻部屋」と名付けて色々妄想を膨らませたが、真実はわからなかった。「折檻部屋」はその後、カーテンで遮光ができるようにして8ミリの撮影室になった。コマ撮りで自分たちの作品を作るためだ。宇田川を巨大怪獣に見立てた冗談フィルムを作って遊んだりもしたが、あくまでアニメに前向きな青春時代で、8ミリカメラとフィルムが買えるほど金銭的にも余裕があった。

真夏の夜に来た男

大きな家にも慣れ、何本かのパイロットフィルムを作った。ヘラルドで予定していた長編用ものは**宇野亜喜良**のキャラクターを採用し、吉川が作画監督として頑張り、虫プロ長編映画最後の作品だった**『哀しみのベラドンナ』**のイメージを超えるパイロットができた。しかし、長編映画に対する市場の反応は回復していなかったので、結局、決まったのは手塚治虫作品の『どろろ』のみだった。

どろろ
69年から放送開始された手塚治虫原作の怪奇時代劇アニメ。第14話より『どろろと百鬼丸』と改題された。

宇野亜喜良
34年生まれ。画家、グラフィックデザイナー。寺山修司の舞台や宣伝美術でも知られる。

哀しみのベラドンナ
73年に公開された虫プロ制作の劇場用アニメ。『千夜一夜物語』『クレオパトラ』と続いた虫プロダクション制作の劇場用大人向けアニメシリーズの3作目。

そんなある日、台風の余波か東京は豪雨だった。夕食も終わって一息ついた頃、訪問者があった。タクシーの運転手が番地を訪ねてやって来た。番地は確かに練馬のこの家の番地だった。玄関で対応した私に運転手は、「この人を横須賀から乗せてきたんですが、料金をいただいてないんで払っていただけますか?」と告げた。横須賀からとはバカに遠い。運転手の後ろから30歳ほどの男性が顔を出す。着ている白いシャツは雨に濡れて肌に張り付いている。「ここは私の家です。あなたは誰ですか?」と、怪訝そうにこちらを見て尋ねる。「誰といっても、この家を借りている者です」と、私も訳がわからずこう答えるしかなかった。しかし、見つめる青年の目がキラキラと美しい。何の悩みもなく、澄みきっている。〝もしかして……?〟。あの「折檻部屋」が記憶から浮かび上がる。運転手に「横須賀で乗せたのはどんな場所ですか?」と尋ねると、横須賀の幹線道路に面した大きな病院の門の前でずぶ濡れになって立っていたと答えた。思い当たって経理の福島に事情を話し、ギッチャンに家主へ電話を入れてもらう。家主からの電話に運転手は不満気だったが、しばらくやりとりをして「お父さんが払ってくれるとのことですから羽田まで送ります」と青年を促した。青年は玄関から家の中をしばらく眺めていたが、後ろ髪を引かれるように豪雨の中へ消えていった。その瞳は変わらずにキラキラしていた。

彼が育った家には他人がいた。病院を脱出してたどり着いた我が家である。どのような思いでいるのか、想像もつかないほどの悲しみがあったろう。

この夜の事件は練馬のアートフレッシュの思い出に鮮明な記憶を残した。

『どろろ』から『ムーミン』へ

アートフレッシュはプロダクションとしての自立がなかなかできず、製作会社から**グロスの下請け**を行うようになった。

アートフレッシュがパイロットを作った『どろろ』も、作品が少なくなっていた虫プ

グロスの下請け
演出、作画、仕上げ、撮影までをまとめて受ける下請け形態を指す。

ロ本社制作となり、監督はギッチャン、文芸は鈴木良武だったが、作画監督は本社の北野英明が担当。アートフレッシュは演出からのグロス請けの立場に下がった。出﨑統が演出した第1話の絵コンテは素晴らしかったが、物語は彼らしくあまりにも暗かった。合戦シーンやその他の表現は、後のシリーズ表現に影響を与えた。

エンディングの絵コンテと原画は全て私が描いた。動画はアートフレッシュ社内で作画した。新人だった**四分一節子**もエンディング動画に参加していた。どろろと犬のノタと百鬼丸が畑道を歩くだけのエンディングであったが、曲に合わせて様々に芝居をした。長いブック背景を使い、凝ったフォローパンだったので撮影からクレームが出た。現在のデジタルであれば苦もなくできることだったが、当時の手引き撮影技術では大変手間がかかったからだ。

オープニング、エンディングだけでタイトルが出る特別扱いの現在とは違い、当時は原画のついでに作る程度の評価だった。当然、そこに私の名前は残っていない。

この頃、原画の4人それぞれに作業量の差が大きく出始めた。仕事が好きだった吉川と私は作業量に比べ少ない給料に不満を持ったが、理想主義のギッチャンは頑として給料に差を付けることには反対したのだった。「それぞれが新人で、ただ研鑽に明け暮れた時代だったらともかく、生き方や仕事に取り組む姿勢に差が出始めた今、平等な収入はないでしょう」と、私は言った。

「それでは仕方ないね……」

夢のようなアートフレッシュに別れを告げる時がきた。それは寂しいことだったが、自分の選んだ道だった。ただ、アートフレッシュの仕事は優先して受けることが辞める時の条件だった。しばらくして吉川も辞めて、演出への道を歩き始めることとなった。

作画室ではない会議室に机を置いて、『どろろ』の原画と絵コンテを続けた。隣の机には先輩の**岡迫亘弘**がいた。原画1本を2人で受けて半分ずつ受け持ち、動画はアートフレッシュ内部で作業した。

岡迫亘弘は先輩の特権でアップ、ロパクのカットを先に取ってから2等分した。当

四分一節子
44年生まれ。『うる星やつら』などの作画監督や『ワンダービートスクランブル』『扉を開けて』などのキャラクターデザインを担当。

岡迫亘弘
42年生まれ。『赤き血のイレブン』など多数の作品で監督、作画監督、キャラクターデザインを担当。アニメ以外にも特撮作品のキャラクターデザインも担当している。

14、23話
14話「妖怪かじりんこん」、23話「人食い大木」。

巨人の星
68年から放送開始された梶原一騎原作のスポ根アニメ。ダイナミックな作風でスポ根ブームを巻き起こし、社会現象となった作品。

ファイトだ!! ピュー太
68年から放送開始されたSFギャグアニメ。「地獄

然、私には動きが多いカットが回ってきてギャラが等分というのは不公平だったが、そのおかげで勉強になり、ずいぶん難しいカットもこなせるようになった。ただ、さすがにその分け方は評判が悪く、途中から前後半で分けることになった。それでも面倒なカットの多い後半は常に私がやらされた。ただ、原画を月に半パート作画していたので、車のローンの支払いも楽であった。**14、23**話のように絵コンテと原画を描くこともあった。

『どろろ』の前後に関わった作品としては、**『巨人の星』**や**『ファイトだ!! ピュー太』**などがある。『黄金バット』の後番組で、東京ムービーと**Aプロ**が制作の『巨人の星』は数カット描いてみたが、作画監督の**楠部大吉郎**の泥臭い絵には拒否反応があり、それ以上描くことができなかった。『ファイトだ!! ピュー太』の原画も試したが、これも自分には向いていないことがわかった。やはり、泥臭さに拒否反応があったのだ。

やがて、私は『どろろ』の後に続いて始まった**『ムーミン』**の原画に参加することになった。作画監督が大塚康生、**芝山努**、**小林治**というハードルは高かったが、ここでは気持ちよく作画ができた。監督の**大隅正秋**は人形劇団出身とのことで論が立ち、『巨人の星』の長浜忠夫監督と共にアニメ界以外から入ってきた、今までのアニメ監督にはいないタイプであった。この東京ムービーの2人の監督の作風は違ったが、虫プロや東映とは違った演出方法をテレビアニメにもたらした。作画監督の大塚さんとは5スタ時代からの顔なじみで気安かったが、助手の芝山、小林の2人とは初めての出会いだった。実質この2人が作画修正をしていた。大塚さんの力は知っていたがこの2人の力は初めて知った。凄い実力で、再び自分の力に不安を持った。だが、自分が思うほど、ひどい評価は受けていなかったようである。

後にフリーになったアニメーターの**小田部羊一**さんに大塚さんが言ったそうだ。

「小田部君、若手でもかなり才能のある連中もいるからね。特に虫プロから来た**矢沢**

くん」「パビリオン地獄」などで知られるムロタニ・ツネ象の「ドクター・ツルリ」が原案。

Aプロ
65年に設立したアニメ制作会社。現シンエイ動画。

楠部大吉郎
34年生まれ。シンエイ動画の創設者。『少年忍者風のフジ丸』などでキャラクターデザインや作画監督を担当した。05年没。

ムーミン
69年から放送開始され大ヒットしたアニメ。本作以降も何度もアニメ化されている。

芝山努
41年生まれ。『ムーミン』『天才バカボン』『ど根性ガエル』など数々の名作の作画監督や演出、映画版『ドラえもん』などの監督を担当。

（**則夫**）君と奥田君はかなり描けるよ」

そんなありがたい評価をもらっているとは知らず、私は怯えながら作画を描いていた。後に『**ど根性ガエル**』で再び芝山、小林の元で作画を担当するが、ほとんど無修正でチェックを通っていた。全直しというプロダクションもあったので、自分で考えていたより作画の実力はあったのかも知れない。皮肉なものである。しかし、それを知らなかった私は、より有利と考えて作画の道を離れ、絵コンテ、監督への道を選んだのだった。

72年版の『ムーミン』の「ふしぎな家なき子」では、前シリーズ監督の大隅正秋が言っていた、「オクダ、観る側を泣かせるのにキャラクターを泣かせるのは嫌なんだ。笑いながら泣かせてみろよ」を考えに入れてコンテを描いた。元々、『**昆虫物語 みなしごハッチ**』のようにベタにキャラに泣かせる手法には疑問を抱いていたので、シナリオを多少変更して笑顔での別れを作ってみたのだ。放映後間もなく出崎統から電話があり、「オクチン、今日放送のムーミン、たまたま観たんだけどよかったよ」と褒めてくれた。とても嬉しかった。出崎統が作品を褒めることは滅多になかったからだ。

フリーとなって、今までバイトでやっていた絵コンテが本業となった。例えば、タツノコプロの『**紅三四郎**』は3本に1本のペースで描いた。スケジュールが厳しかったため、正月2日に絵コンテの回収に来たのを覚えている。また、虫プロの『**千夜一夜物語**』では、出崎統が描いた絵コンテのアクションシーンの原画を、彼のリクエストで描いた。剣での戦いや馬の走りなど難しかったが、虫プロ本社制作の長編だったためギャラもよく、車のローンの支払いが楽になった記憶がある。この当時の私は仕事に迷いがあり、スケジュールを守らないことで有名だった。とはいえ、私以外にもスケジュールを守らないアニメ関係者は多かったが……。

小林治
45年生まれ。『まんが日本昔ばなし』など多数の作品で演出、作画監督を担当。また、『魔法の天使クリィミーマミ』『きまぐれオレンジ☆ロード』などでは監督を担当した。

大隅正秋
34年生まれ。『怪物くん』『ルパン三世』などの演出を担当。現在の表記はおすみ正秋。

小田部羊一
36年生まれ。『アルプスの少女ハイジ』『母をたずねて三千里』などのキャラクターデザインや作画監督を担当。

矢沢則夫
41年生まれ。『スプーンおばさん』『愛少女ポリアンナ物語』などの絵コンテを担当。

[51] 第52話　史上最大のレース　（前篇）
(1968/3/17)
[52] 第52話（最終回）　史上最大のレース　（後篇）
(1968/3/24)
（註）第6、38話は現存絵コンテより記載。その他の回は奥田誠治の記憶をもとに補足

【TV】冒険少年　シャダー
(1967/9/18～1968/3/16)
＊演出（＋絵コンテ）（非表示・本数不詳）

❖1968年

【TV】リボンの騎士
(1967/4/2～1968/4/7)
＊演出（＋絵コンテ）（1本）
[43] 才43回　ワナにかかったサファイヤ
(1968/1/28)

【TV】アニマル1 (1968/4/1～1968/9/30)
＊原画（本数不詳）

【TV】ファイトだ!!　ピュー太
(1968/4/6～1968/9/28)
＊作画（＝原画）（2本）※「奥田誠司」表記
[5] ゲラゲラ銃　ゲリラ作戦 (1968/5/4)
[9] 荒野の　毛はえ薬 (1968/6/1)

【TV】おらぁ　グズラ　だど
(1967/10/7～1968/9/25)
＊絵コンテ（2本以上）※「奥田誠二」表記
[35A] グズラ　ガンマン　の巻 (1968/5/29)
[37A] 会いたい　会いたい　の巻 (1968/6/12)

【映】九尾の狐と　飛丸 (1968/10/19)
＊原画（非表示）

【TV】ジョニーサイファー [合作]
(1968/10/21～1969/3/29)
＊絵コンテ（表示内容不詳・1本）
＊原画（表示内容不詳・本数不詳）

❖1967年

【TV】悟空の　大冒険
(1967/1/7～1967/9/30)
＊原画（8本）
[4] 才4話　宝の地図はペケペケ (1967/1/28)
[6] 才6話　銀糸仙人 (1967/2/11)
[10] 才10話　ハートで　いただき (1967/3/11)
[11] 才11話　どっちも　どっち！(1967/3/18)
[13] 才13話　王様は　ユウレイ (1967/4/1)
[14] 才14話　カジババと　40にんの盗賊
(1967/4/8)
[31] 才31話　かげろう　の谷 (1967/8/5)
[35] 才35話　霊感大王 (1967/9/2)

【TV】かみなり坊や　ピッカリ★ビー
(1967/4/1～1968/3/30)
＊原画（本数不詳）

【TV】マッハ　GoGoGo
(1967/4/2～1968/3/31)
＊絵コンテ（12本以上）
[3] 第3話　謎の覆面レーサー　（前篇）
(1967/4/16)
[4] 第4話　謎の覆面レーサー　（后篇）
(1967/4/23)
[5] 第5話　クラシックカーの秘密　（前篇）
(1967/4/30)
[6] 第6話　クラシックカーの秘密　（后篇）
(1967/5/7)
[16] 第16話　インカ地底レース　（前篇）
(1967/7/16)
[17] 第17話　インカ地底レース　（后篇）
(1967/7/23)
[24] 第24話　チビッ子グランプリ　（前篇）
(1967/9/10)
[25] 第25話　チビッ子グランプリ　（后篇）
(1967/9/17)
[38] 第38話　秘密情報部員No9　（前篇）
(1967/12/17)
[39] 第39話　秘密情報部員No9　（后篇）
(1967/12/24)

ど根性ガエル
72年から放送開始された吉沢やすみ原作の人情ギャグアニメ。

昆虫物語 みなしごハッチ
70年から放送開始されたメルヘンアニメ。昆虫の世界を舞台に、普遍的な親子の愛情を描いた作品。

紅三四郎
69年から放送開始されたスポーツアクションアニメ。ロードムービー的要素もあり、イタリアやフランスでは現在でも大きな人気を誇っている。

千夜一夜物語
69年に公開された虫プロ制作の長編劇場用アニメ。『千夜一夜物語』を翻案した大人向けアニメとして大ヒットした。

奥田誠治の青春時代が甦る虫プロ時代の貴重すぎる資料を掲載！

絵コンテ

『悟空の大冒険』で原画を担当したパートの絵コンテ。絵コンテは出﨑統が担当

第6話「銀糸仙人」絵コンテ

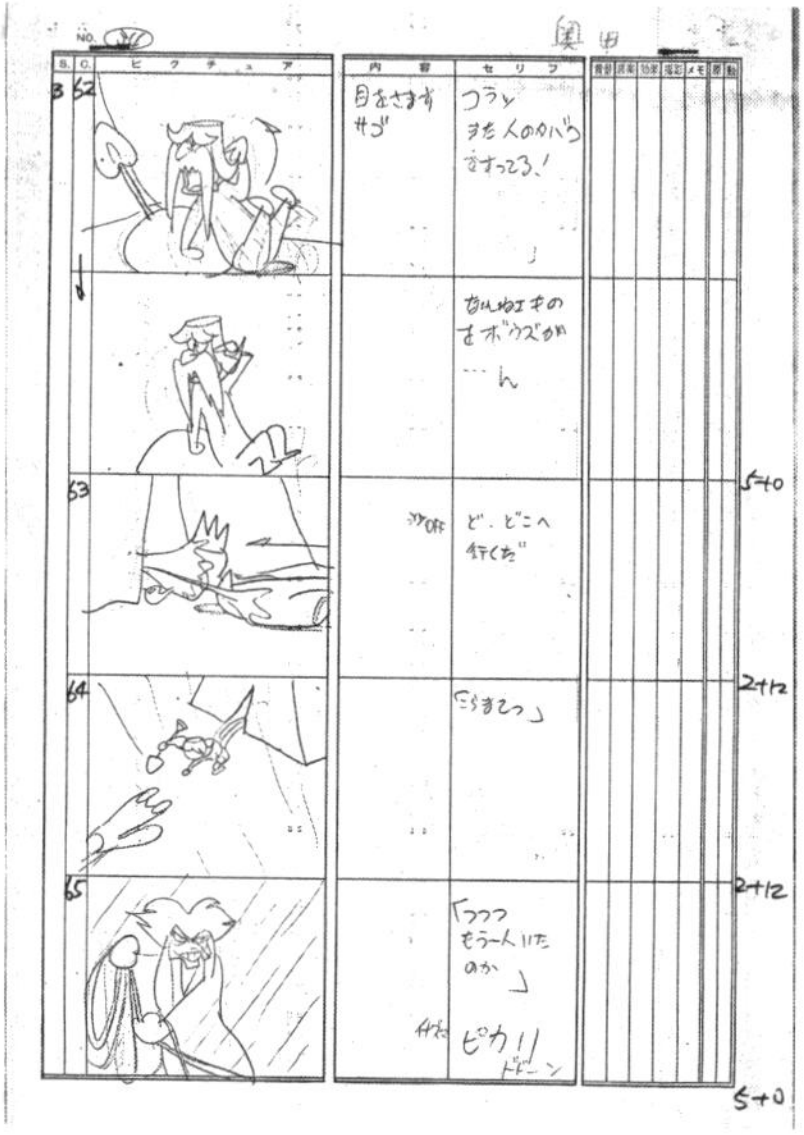

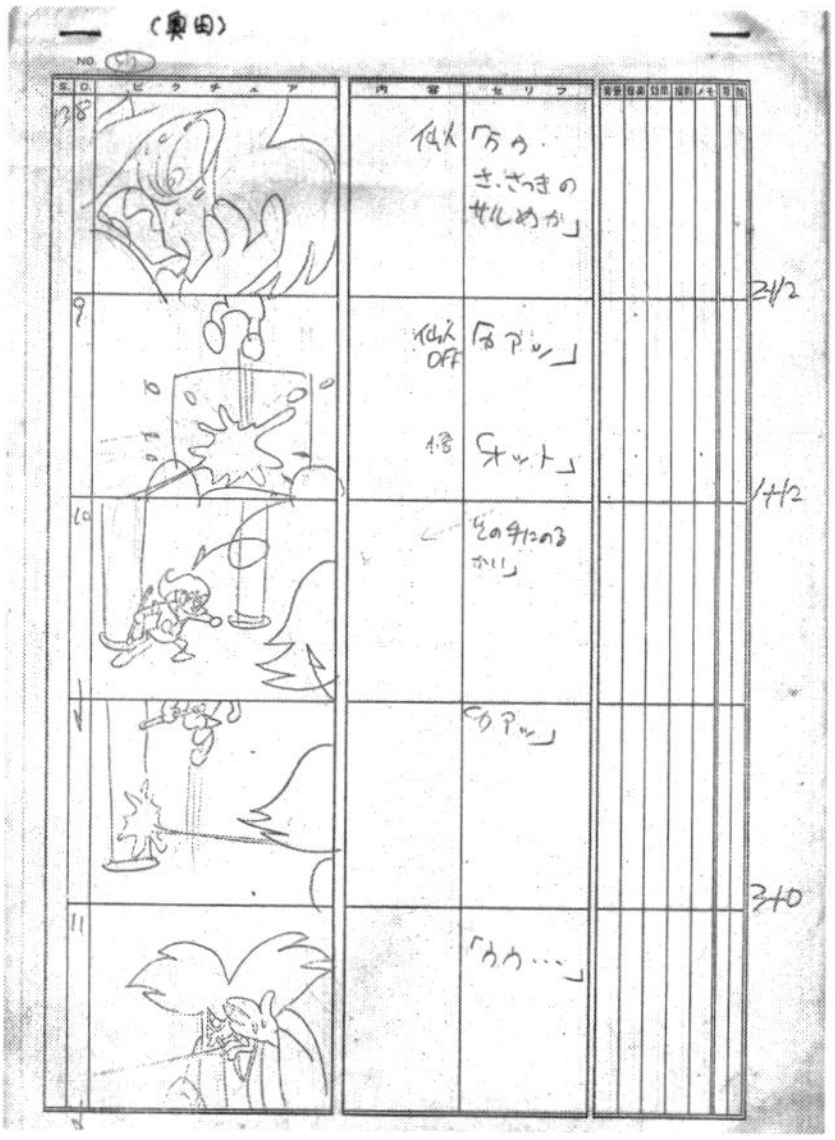

原画

奥田誠治が動画を担当したパートの出﨑統による『鉄腕アトム』の原画

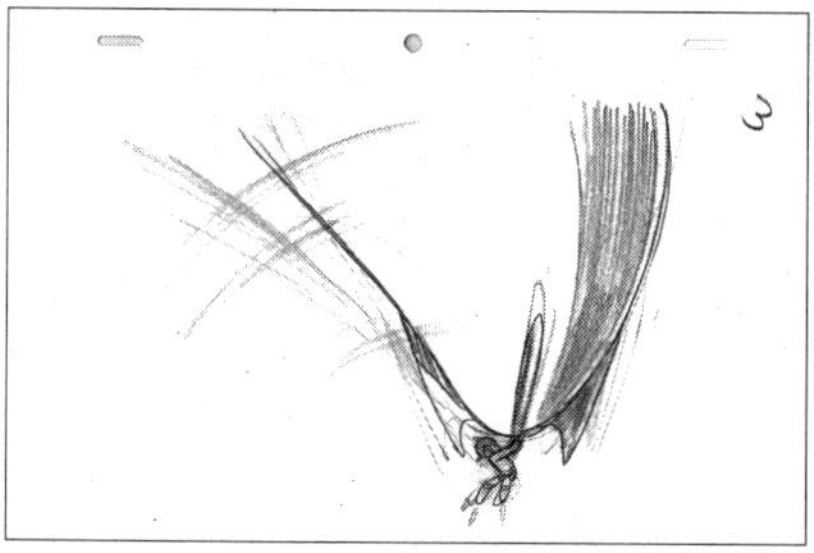

第137話「小さなクーリィの巻」より

第106話「宇宙から来た少年の巻」より

第132話「ルイ王子の巻」より

第175話「ロボット大戦争の巻　前編」より

No. p63-79

CUT	PICTURE	ACTION	MUSIC/SE	TIME

第4章

一国一城の城主

自分の仕事場を持つ

69年、中村橋の千川通りに面した印刷所倉庫の2階に仕事部屋を借りた。四畳半と六畳の畳部屋に動画机を4台置いただけの仕事部屋で、ダンプが走ると大きく揺れる部屋だったが一国一城の城主となった気持ちだった。なにより自由に仕事ができる環境が嬉しかった。

尾崎正善とアートフレッシュから飯村一夫が合流して、まとまった作画と絵コンテを受けた。主に東京ムービーの『ど根性ガエル』の作画、絵コンテを受けていた。その後、**日下部光雄**が加わり、これが後のスタジオ・ザインの前身になる。

夏にエアコンのない部屋での作画作業は厳しい。動画用紙が汗で湿って描けなくなるため、日中を避けて夜中に仕事をする。この頃、東京も夜になれば涼風が吹いてしのぎやすくなり、仕事は夜8時から明け方と決まっていた。涼しいうちに帰宅して昼間寝る。ひばりヶ丘の小さな家は林の中にあり、窓から風が通って涼しかった。

逆に、冬の寒さの方が仕事の能率は上がる。印刷屋の大家との約束で、電気ストーブがあるのみ。石油ストーブは危険なので使わない契約だった。だから、逆に冬は暖かい昼間のみの仕事だった。まれに夜中の作業となると毛布と屋台のラーメン屋が頼りとなる。腹が減ってくる9時頃に千川通りの富士見台寄りに屋台が出る。当時の東京の屋台としては珍しい〝豚骨ラーメン〟で、脂が浮いてしつこかったが身体が冷えて空腹の我々としては美味いといえる一杯だった。だが、味の当たり外れがあった。仕込んだ時にはまだダシが出ておらず、時間が経つと美味くなる。だから客が何人か食べた後の方が当然美味い。客の数を見るために時折窓から様子をうかがって、タイミングを計って食べに出た。もうひとつ困ったのは、この店主、小金が貯まると休んで競輪へ行ってしまう。当たれば当たったで、その金が尽きるまで屋台を引かない。だから美味いラーメンにありつける確率は極めて低かったといえる。

尾崎正善
アニメーター、演出家として『ど根性ガエル』『少年アシベ GO!GO!ゴマちゃん』などを担当。

日下部光雄
45年生まれ。アニメーター、演出家として『GALACTIC PATROL レンズマン』『下級生』などを担当。

あしたのジョー
70年に放送開始された梶原一騎原作、ちばてつや作画のボクシングスポ根アニメ作品。主人公・ジョーやライバルの力石の生き様に影響された若者を中心に人気が爆発した。

斉藤博
36年生まれ。アニメーター、演出家、脚本家、監督として『小さなバイキングビッケ』『楽しいムーミン一家 ムーミン谷の彗星』などを担当。

もっぱら、食費を浮かすために自炊をしていた。カレーや惣菜屋のコロッケなどが主な食事だった。スーパーのレジのおばちゃんとも顔見知りになり、夏のある日、「夏休み、実家に帰らないの?」と声をかけられた。どうやら貧乏学生と勘違いされていたようだ。

パチンコ屋の開店には3人で並んだ。目当ては缶詰を取ること。パチンコに関しては私が2人より上手だったが、3人だと元以上は取れて、その缶詰が食事の足しになった。

中村橋の駅前通りにレストランが開店した時には初日に行った。我々3人の食べっぷりにマスターが感動。よほど嬉しかったのか、顔を出す度に他の客より一品多く盛り付けてくれるサービスまで。キャンセルされたステーキも出された時は嬉しかった。当時は常に飢えていた気がする。そして、みんな作画が上手くなるために頑張っていた。描けるようになれば未来がくると信じていた。それだけで毎日が幸せで、母もそれを喜んでいてくれた。

アートフレッシュ時代から動画で頑張ってきた飯村は、ある日突然、嘘のように開眼して見事なレイアウトと原画を描き始めた。尾崎は絵の才能より管理や経理に優れていて、私が抜けた後、ザインを有限会社として有能な新人を育てた。日下部も演出、監督として今に至る。

中村橋には若者達の夢の記憶が残る。

『あしたのジョー』

中村橋の仕事場で作画や絵コンテの仕事を続けるうちに、出﨑統が『**あしたのジョー**』を始めることとなった。パイロットフィルムが2本あり、それぞれ演出は**斉藤博**と出﨑統が担当していた。私は斉藤版もちばてつやの原作にイメージが近く好きだったが、出﨑版は新しいイメージがあると感じた。出﨑統に呼ばれて第3話のシナリオを渡された。彼と演出打ち合わせをしたのはこれが初めてだった。どんな打ち合わせをするのか興味深かったが、簡単に「好きなように描いてよ」と言われて拍子抜けしたが、描き始めると迷った。この時期、まだ出﨑

杉野昭夫
44年生まれ。アニメーター、キャラクターデザイナー、作画監督。『あしたのジョー』『宝島』など多数の作品でコンビを組んだ出﨑統とは、「アニメ界の黄金コンビ」と称された。

荒木伸吾
38年生まれ。アニメーター、キャラクターデザイナー、作画監督として『キューティーハニー』『魔女っ子メグちゃん』『聖闘士星矢』などを担当。多くの美形キャラで人気を博した。11年没。

金山明博
39年生まれ。アニメーター、キャラクターデザイナー、作画監督として『超電磁マシーン ボルテスV』『闘将ダイモス』『未来ロボダルタニアス』などを担当。

森田浩光
アニメーター、作画監督、チーフディレクターとして『ムーミン』『まんが日本昔ばなし』『サザエさん』などを担当。

調といわれる演出スタイルは確立されていなかったからだ。迷った末に描いた第3話は平凡な絵コンテだった。それでもOKが出た。その後、彼が私に望んでいたのは絵コンテではなく作画であることがわかった。その時期、演出にシフトしようとしていた私に、その望みは不満だった。しかも作画監督の**杉野昭夫**、**荒木伸吾**、**金山明博**や作画の**森田浩光**の描く絵は骨太で、私にはとても付いていけない。今さら作画で努力するエネルギーは残っていなかった私は、仕方なく『あしたのジョー』から離れた。出﨑統とも多少のシコリを残して疎遠になってしまった。

『ルパン三世』

71年、『**ルパン三世**』ファーストシーズンが始まって大隅監督から声がかかり、シリーズ最初から絵コンテへ参加することになった。1話が吉川（高橋和美名義）、2話が私、3話が出﨑統（斉九洋名義）、4話が**石黒昇**という豪華な布陣であった。私の第2話は脚本が大和屋竺でアングラ的作風の作品を得意としていて、通常のテレビシリーズのライターとは趣が異なっていた。大隅作品だということで気負っていた感もある私は、スケジュールを大幅にオーバーし最後は東京ムービーに呼ばれ徹夜作業で絵コンテを上げた。夜食に寿司の出前を取ってくれたことが記憶に残っている。

吉川も第1話で苦労していたが、最後には4時間で一気に描き上げた。レースシーンが素晴らしい出来で、放映された映像はそれまでのテレビアニメには見られなかった映画的でテンポのいいものだった。アニメ演出がワンランク上がった記念碑的作品といえるだろう。

ルパンの絵コンテも含めてムービー系のタイトルでは〝奥田誠二〟となっている。何度申し入れても〝誠二〟となってしまう。ルパンに関してもかなりの絵コンテを描き上げたが、その都度〝誠二〟となってしまった。他の制作会社でも〝誠司〟や〝誠次〟など、バリエーションは豊富だったが、その間違いは気にならなかった。自分に自信があった

ルパン三世
71年に放送開始されたモンキー・パンチ原作のハードボイルドアクションアニメ作品。第1シーズンでは視聴率が振るわなかったが、何度もの再放送によりシリーズ化。世界中で多くのファンを持つ人気作品。

石黒昇
38年生まれ。アニメーター、演出家、監督などとして『宇宙戦艦ヤマト』『超時空要塞マクロス』などを担当。78年に設立したアートランドからは、美樹本晴彦、平野俊弘(現・平野俊貴)など多くの才能が輩出された。

もう一方の奥田誠治氏
56年生まれ。ジブリ映画や実写映画などでプロデューサーを務める。

宮崎駿
41年生まれ。アニメーター、監督などとして『未来少年コナン』『風の谷のナウシカ』など数々の名作を世に

からだ。ただ、**もう一方の奥田誠治氏**がアニメのタイトルに出現してからは、間違いのないように制作会社に申し入れた。私は私だからだ。

ここで出崎統コンテの修正に関して述べておきたい。出崎統とその『ルパン三世』の絵コンテについてネットに情報があった。

引用「出崎が絵コンテマンとして制作した絵コンテが他者によって改変された事例もいくつか存在する。『ルパン三世』（テレビ第1作）第13話「タイムマシンに気をつけろ！」では、**宮崎駿**と**高畑勲**による改変を受けた。もっとも、同作の作画監督を務めた大塚康生によると、宮崎と高畑は基本的に「出崎の絵コンテのままでも面白いから放っておこう」とのスタンスだったらしく、絵コンテ自体はあまり変えずに作画段階でニュアンスを変更した部分が大きかったという」（原文ママ）

以上が出崎統の熱狂的ファンのサイトに記されていた。この情報がどこから得られたものかはわからないが間違いである。ルパンの絵コンテ改変作業は、私が大隅正秋監督から引き継いだ高畑勲監督の指示で行った事実がある。ルパンの転換期に、それまで上がっていた絵コンテ全てを改変するために私が東京ムービーへ呼ばれ（何故呼ばれたかの理由は記憶にない。多分フラットな絵コンテを描く私を選んだのであろう）、Aプロの一室でその作業に就いた。「魔術師と呼ばれた男」などを担当し、大隅路線を是としていた私には不本意な作業ではあったが、当時は低迷する視聴率へのテコ入れと称して監督交代はありがちなことであったので、仕事として割り切って引き受けた。

絵コンテの改変作業は徹夜作業となった。何本かはそれほどの指示もなく簡単だったが、出崎統コンテに関してはとんがった表現をスタンダードな表現に変えるよう高畑監督に指示を受けており手間がかかった記憶がある。友人の、それもシャープな表現が魅力である出崎統のコンテを改変するのは遠慮もあり、思いのほか手間がかかったのだ。絵コンテを切り貼りや加筆訂正し、インパクト重視の出崎統のコンテを平易な手

送り出し、世界的に高い評価を得ている。

高畑勲
35年生まれ。演出家、監督などとして『太陽の王子ホルスの大冒険』『じゃりン子チエ』など数々の名作を世に送り出した。18年没。

アルプスの少女ハイジ
74年に放送開始されたスイスの作家、ヨハンナ・スピリの同名小説が原作の名作アニメ作品。アルプスの大自然を舞台にした、心温まるハイジの物語は多くの子供達に感動を与えた。

母をたずねて三千里
76年に放送開始されたイタリアの作家、エドモンド・デ・アミーチスの「クオーレ」の挿話短編「アペニーノ山脈からアンデス山脈まで」が原作の名作アニメ作品。母を探す少年マルコの物語。

法に置き換えわかりやすくした。彼の意図したところは守りたかった。だが、それが視聴率につながったわけでもなく、只のスポンサーや代理店への対策でしかなかった。後々の歴史を眺めてもルパンはファーストシーズンが一番であると評価が高かった。私にとってはルパンの絵コンテ直しがきっかけで、それまであまり縁のなかった高畑（勲）、宮崎（駿）、小田部グループとの出会いとなり、**『アルプスの少女ハイジ』『母をたずねて三千里』『赤毛のアン』**の絵コンテへ参加するきっかけとなった。

川内康範氏と出会う

岡迫亘弘が監督をしていた縁で、私はアニメ版の月光仮面、『正義を愛する者 月光仮面』を手伝うことになった。先輩後輩の繋がりで、スケジュールが破綻したりすると私が呼ばれた。ある意味便利屋であり、原画から絵コンテ、連載漫画までをやらされた記憶があるが、本数などは全く記憶に残っていない。

『正義を愛する者 月光仮面』が終わった後、**ナック**の**西野（聖市）社長**より**川内康範**氏の所へ行ってくれと言われた。赤坂見附駅を降り、ホテルニュージャパン最上階の事務所兼仕事場を訪ねた。呼ばれた理由は、キャラクターデザインの依頼であった。小柄で頬がそげ、目ばかりギラギラする康範氏になぜか威圧される。いきなりドスのきいた声で、「お前なんか芸大を出てなんの苦労もせず生きてきたかも知れないが、俺は中学も出ないでここまでやってきた」と、のっけから言われた。私は、〝誰が言ったか知らないが、芸大なんて出てないし、苦労もそれなりにしているし……〟と、腹の中で呟いたが、この大物に反論しても仕方ないので、そのまま素直に話を聞いた。また、**九州の炭鉱争議**の話を生々しくご本人から聞いた。これは、滅多にないことでありがたいことだった。ひとしきり話し終えると、やっとキャラクターの話になった。新しいヒーロー、**ダイヤモンド・アイ**である。そのヒーロー像の話が説明される。月光仮面やこれまでの川内作品同様の勧善懲悪ヒーローで、代

赤毛のアン
79年に放送開始されたカナダの作家、L・M・モンゴメリの同名小説が原作の名作アニメ作品。孤児院出身の空想好きの少女アンの成長物語。

ナック
67年に設立されたアニメーション制作会社。『アストロガンガー』『ドン・チャック物語』『グロイザーX』『チャージマン研！』など、今ではカルト的人気を誇る作品を世に放った。

西野聖市
虫プロ文芸部に所属後、仲間とともにナックを設立。18年、ナックの設立日と同じ9月25日没。

川内康範
20年生まれ。作詞家、作家など。原作を担当した『月光仮面』『レインボーマン』などのヒーローは子供達に夢を与え、「恍惚のブルース」「おふくろさん」な

わり映えもしないと思ったが、キャラを変えてイメージが変わればそれもいいかと大人しく説明を聞く。ターバンとマントは必須であった。終わって次回打ち合わせ日を告げられ、それまでにラフを描く約束をする。解放されると思いホッとするも、「じゃ、飯にするか」とラウンジまで降りて和風レストランへ入る。川内康範氏は注文をせず、私にメニューの中で最上級のすき焼き御膳を注文してくれた。滅多に食せない豪華な昼飯である。私が食べる間も自らの立志伝を語ってくれたのだが、私は息詰まる思いで食事を進める。ホテルニュージャパンから出るとすでに夕刻で、サラリーマンと共に池袋経由で帰宅した。

翌日からデザインに入った私は、数日後、デザインを持ってニュージャパン最上階を訪ねた。

「ちゃんと聞いていたのか？〝ダイヤモンド・アイ〞だぞ」

「はあ……？」

私の描いて持っていったキャラは、額にダイヤモンドが輝いていた。

「芸大出ててもそんなものか！」

芸大は出てないのだが、なぜかそこを突かれる。

「〝ダイヤモンド・アイ〞だ。目が〝ダイヤ〞なんだ」

「はあ……」

私が不承不承持っていったスケッチブックに、目がダイヤの〝ダイヤモンド・アイ〞を描くと川内康範氏は納得した。それが終わるとまた、レストランで食事をおごってもらい、人生論を聞かされる。大人しく相づちを打っている限り機嫌がいい。

目がダイヤの『ダイヤモンド・アイ』に関して、「週刊アスキー」11年2月26日号のコラムに「～オーケン、川内康範氏のデザインを語る」という囲み記事があった。オーケンこと**大槻ケンヂ**が、「根本的にデザイン失敗じゃね？」と語っていた。だが、康範氏を前にオーケンはそれを言えたろうか？あの**森進一**ですらひたすら謝るしかなかった絶対的な力を持った川内康範氏に対して。

私が若手にこの話をした時、その中の一

ど多数のヒット曲の作詞家として活躍。政財界との繋がりも深く、常に日本の現状を憂え、世界平和を考えていた憂国の士。08年没。

九州の炭鉱争議
三井三池炭鉱で発生した労働争議のこと。

ダイヤモンド・アイ
73年に放送開始された特撮ヒーロー番組の主人公。雷甲太郎の指輪から現れるダイヤの神。

大槻ケンヂ
66年生まれ。筋肉少女帯、特撮のヴォーカリスト。『グミ・チョコレート・パイン』など小説家、コラムニストとしても活躍している。

森進一
47年生まれ。独特のハスキーボイスで知られる歌手。「おふくろさん」の歌詞を川内康範の許可なしに改変したとして「おふくろさん騒動」が起こった。

人が、「奥田さん、食事をおごってもらえるからって説教を聞くのって惨めじゃないですか?」と聞いてきた。確かにその通りである。だが、日本の闇社会に君臨する川内康範氏を前にして逆らうほど私は愚かではない。

また、有益な話も聞けた。75年にスタートした**『まんが日本昔ばなし』**の制作費が東南アジアのODA資金で作られていたということだ。東南アジアに日本文化を伝えるのが目的だと聞いた。放映で利益を上げるということは考える必要がなかったのだ。あの大ヒットは個々の作り手の努力が生み出したものだったが、その恩恵は現場にはもたらされてはいない。この話はグループタックの幹部も知らないことだった。

『正義を愛する者 月光仮面』は狛江のスタジオで制作されていた。相変わらず作画監督の岡迫亘弘は、スケジュールが厳しくなると私を手伝いに呼んだ。絵コンテもずいぶん描いたが記録には残っていない。まだ新人アニメーターだった尾崎正善も呼ばれて、なにかと手伝わされていた。学年誌の連載はセル画を要求されたので、私がネームとレイアウトを描き、飯村一夫が原画、尾崎が清書して仕上げに回して着色していた。

サンライズと日本アニメ

アニメ製作会社には少なからずお家騒動がある。単なるシステム改変の場合もあるが、権力闘争の場合もある。また、権利関係が全て譲渡される場合もある。いずれにせよ、それは作り手にはなんの利益も生み出さず、上の方々の利益に消えるだけである。

この時期、**ズイヨー映像**から**日本アニメーション**、**創映社**から日本サンライズと変遷した時代であった。その日本サンライズが、**『ゼロテスター』**などの制作を始めて勢いをつけ始めた。『ゼロテスター』の監督は**高橋良輔**だったが、同年代の気安さで、打ち合わせはサンライズへは出向かず、ほとんどがひばりヶ丘の喫茶店で行われた。この作品は地味ではあったが、後のサンライズ、中でもメカ物路線の基本技術が確立されて

まんが日本昔ばなし
75年に放送開始された日本各地の昔話を基にしたアニメ作品。市原悦子と常田富士男が一人で何役もの声を使い分ける独特の語りも本作の特徴。

ズイヨー映像
72年に設立されたアニメーション制作会社。『山ねずみロッキーチャック』『アルプスの少女ハイジ』などを制作。

日本アニメーション
ズイヨー映像が改組され、75年に設立されたアニメーション制作会社。『ちびまる子ちゃん』など多数のヒット作を制作している。

創映社
東北新車の出資により、72年に設立された製作会社。アニメ製作部門としてサンライズスタジオが併設され、これが77年に日本サンライズとして独立。

いった。
　アナログでのメカ物撮影には様々な制約があった。まず、暗いシーンの撮影ではセル傷が光り、本当に深黒の宇宙空間は表現できない。そのため、ややブルーがかった宇宙空が使われる。ロケットが遠ざかるような単純な合成も、マスク制作にコストがかかりできない。引きセル（スライディング）やクロス引き（異なった方向にセルを引く技術）なども不可能で、制約が多かった。その他、多くの制約の中でサンライズのスタッフは知恵を使って新しいメカ物の表現方法を開発した。それが将来の〝**ガンダム**〟に繋がっていったのだ。
　サンライズ創立時にすでに参加していた出﨑統が急遽、東京ムービー作品に転出するため、その後釜で監督をやらないかという誘いがあった。だが、当時、作画グループを始めていた私は、その仕事を辞退した。結果、サンライズでは高橋良輔、**富野喜幸**の後塵を拝することとなってしまったのだが……。テレビシリーズの監督に挑戦するのは、83年の『**サイコアーマー ゴーバリアン**』まで待たなければならなかった。あの時に引き受けていたら、メカ物や、アニメシリーズの流れが変わっていたかも知れないと思うことがある。だが、そうなっていたら日本アニメの名作シリーズにも参加できず、プレイステーション、**JCGL**にも参加できなかった。「ｉｆ」という言葉は人生にはない。残るのは結果だけである。
　ズイヨー映像から日本アニメーションに繋がる付き合いは『**山ねずみロッキーチャック**』から始まった。『ドラえもん』（一期）の制作だった**遠藤重夫**に声をかけられ、プロデューサーに**佐藤昭司**もいたため、私は作画と絵コンテを受けた。『ハイジ』の頃には、打ち合わせも車でなければとてもたどり着けない多摩丘陵の上という遠方に移転したが、この頃は高円寺にスタジオがあった。キャラクターは可愛いものの、動物キャラの数が多く面倒な感じがあった。もうひとつ面倒なことがあった。監督の**遠藤政治**は画描きとしては優秀であったが、酒癖が悪かった。いつでも一升瓶を離さず酒臭かった。ソ

ゼロテスター
73年に放送開始されたSFメカアニメ作品。途中、40話より『ゼロテスター 地球を守れ！』に番組タイトルが変更された。

高橋良輔
43年生まれ。演出家、脚本家、監督などとして『太陽の牙ダグラム』『装甲騎兵ボトムズ』など多数の作品を担当。ハードなリアルロボットSF作品からギャグ、ほのぼの作品まで幅広いジャンルで活躍している。

ガンダム
79年に放送開始されたSFロボットアニメ作品。社会現象を巻き起こすほどの人気を誇るロボットアニメの代名詞的作品のひとつ。

富野喜幸
41年生まれ。演出家、脚本家、監督などとして『機動戦士ガンダム』『伝説巨神イデオン』など多数のヒット作品を生み出した。現・由悠季。

ファーに浅く座り、打ち合わせ用の低いテーブルに横柄に足を乗せて打ち合わせを始めた。ムカッとした私もテーブルに足を乗せて打ち合わせした。遠藤政治はそのような態度に出た相手は初めてだったらしく戸惑っていた。私たちは一触即発の状態で、プロデューサーの佐藤はいつでも飛び出していけるようにとドアの陰で待機していた。

若気の至りだが評判の悪かった彼を殴ってしまうのも一興かと待ち構えていたが、そこまでには至らず、その打ち合わせは終わった。上がった原画にはクレームはつかなかった。次回からの打ち合わせは、シラフの彼か温厚な斉藤博が代役を務めた。日に日にスケジュールは厳しくなり、半パートを15日で作画したこともあった。

次作の『アルプスの少女ハイジ』では、しばらくお声がかからなかった。私は東京ムービーでルパン時は大隅派と見なされていたので、高畑一派からは敬遠されているものだと思って気にはしていなかった。そのうちスケジュールが厳しくなってかお呼びがかかった私は、初めて高畑作品の絵コンテに関わることになった。それまでのハイジの出来がよかったので、緊張して打ち合わせに臨んだ。シリーズに途中から参加するのは、どんな作品でも面倒なものである。それまでに構築された世界観を頭に入れなければならない。そのクオリティが高ければ高いほど難しいものがある。ハイジは特にレイアウトが宮崎駿、作画監督が小田部羊一という布陣である。気が抜けない。シナリオをもらい、「この話数は4週後に放映です」と伝えられた。心臓が縮んだ。逆算すると絵コンテにかけられる時間は1週間もない。1日遅れただけでアウトである。そこまでスケジュールは切迫していた。

私は「さようならおばあさま」からの参加だった。シナリオをもらって驚いた。脚本は**佐々木守**が担当。それ以前に私が絵コンテで参加した**『男どアホウ！甲子園』**の時とは文字まで違い繊細で、今まで出会ったアニメの脚本とは違い、素直にイメージが出てきた。

おばあさんがハイジとクララに心を残し

サイコアーマーゴーバリアン
83年に放送開始された永井豪原作のサイキックロボットアニメ作品。詳しくは96ページ参照。

ＪＣＧＬ
85ページ参照。

山ねずみロッキーチャック
73年に放送開始されたアメリカの作家、ソーントン・バージェスの連作動物物語「動物ものがたり」が原作の名作アニメ作品。

遠藤重夫
49年生まれ。『未来少年コナン』『ちびまる子ちゃん』などのプロデューサーを担当。

佐藤昭司
38年生まれ。プロデューサーとして『宇宙船サジタリウス』『ちびまる子ちゃん』など数々の名作を担当。

てお屋敷を去る時に階段でジャンケン遊びをする。

「じゃんけんぽん」

「わーい、私の勝ちね。いち、に、さん」

勝った分だけ階段を上がるゲームだ。それがおばあさんとハイジの台詞だけで明るく進む。その間に、〝見上げるクララ〟の一行が入る。もちろん車椅子に乗っての姿だ。大きな階段を見上げる寂しそうなクララの姿が、俯瞰のカメラに浮かび上がる。絵コンテを描きつつ目頭が熱くなる。シナリオを読んでこんな経験は初めてのことだ。

後に高畑監督に聞いた話だが、佐々木守は自分のダイナミックな文字が、絵コンテの描き手に影響を与えないように、奥様にリライトを頼んでいたとのことだった。そこまでの気遣いに感動した。

録音監督の**浦上靖夫**も、記憶に残っている一人だ。クララが初めて自分の力で立ち上がるシーンでのことだ。ハイジもクララもペーターの声優さんもアフレコ台本を読んだ時点でクララが立つことはわかっている。その期待感が、立つ前からそれぞれの声に滲み出てしまう。「わかっていない芝居をしてほしい」との指示を出したという話を聞いて、私は〝これはプロの仕事だ〟と思った。

また、制作進行も優秀だった。ハイジはそれまでのテレビシリーズとは違い、毎話6000枚ほどの動画枚数を使って表現した。これは通常の3倍の枚数で、作画監督の小田部羊一のこだわりであった。これを1週間、いや、4〜5日で上げるキャパがあった。松戸、遠藤、根来の3人はノルマを苦もなくこなしていた。

裏方も頑張っていた。トレスマシンに動画を入れてセルに転写する作業も6000回繰り返すわけである。アフレコが色のついた状態で行われることはない。いわゆる線撮りである。線撮りに使ったセルに彩色して撮影し、放映に間に合わせる。セルに傷が入らないようにトレスマシンに通す、そのスピードと丁寧さにその担当進行のことを〝マシンの帝王〟とみな呼んでいた。

ハイジに続く『フランダースの犬』で、**黒田昌郎**監督に出会うこととなる。彼のこ

遠藤政治
33年生まれ。貸本漫画でデビュー後、アニメの世界に入る。監督、キャラクターデザイン、演出として『山ねずみロッキーチャック』『あらいぐまラスカル』などを担当。

佐々木守
36年生まれ。脚本家として『アルプスの少女ハイジ』などを担当。実写映画やドラマの脚本を多数手がけている。06年没。

男どアホウ！甲子園
70年に放送開始された水島新司原作の熱血ど根性野球アニメ作品。

浦上靖夫
43年生まれ。音響監督として『海のトリトン』『伝説巨神イデオン』などを担当。

黒田昌郎
36年生まれ。演出家として『家族ロビンソン漂流記 ふしぎな島のフローネ』などを担当。

とはよくは知らず、先に仕事をしていた**アベ正己**にそれとなく聞くと、「黒田さんね……恥かいちゃったよ」と答えた。順を追って聞くと、彼は打ち合わせ前に将棋自慢の日本アニメーションの制作進行と将棋を指したが負けてしまったらしい。「脇にいた冴えないおっさんがいて、将棋が終わったらアベさんですねと聞いてきたんだ。その人が黒田さんだったんだ」。その後、彼が負けたところまで逆に駒を動かし、負けに至った手を教えてくれたとのこと。かなりの腕前である。アベ正己は警戒しつつ、『フランダースの犬』の打ち合わせに臨んだそうだ。

　黒田監督の演出は確かに理詰めだが、何本か進むとその理詰めが馴染んだ。理詰めであっても話数ごとに自由さがあったのだ。シナリオもそれに沿って直してあった。私も仕事を続けていくと、ネロの生きる環境が頭に入り、村の地図が設定を見ることなく浮かぶようになっただけでなく、位置関係、距離感が全て浮かんでくるようになった。シナリオを読んで打ち合わせをする時には全て映像化されていた。ある意味では将棋の勝負に似ている。盤面ではないが、ドラマの世界でネロやパトラッシュを効果的に動かす。それは心地よい勝負であった。黒田監督は高畑監督同様に記憶力がよく、打ち合わせの内容は一言一句を覚えているため、言った言わないのトラブルが全くなかった。制作進行もハイジに引き続いて手際のいい面々だったためストレスにならなかった。この作品で自分でも驚くシリーズ39本の絵コンテを描くことになった。この年、他にも『**ラ・セーヌの星**』も14本、他のメカ物にも参加していて、驚くべき本数の絵コンテを描くこととなった。しかし、体力的には全く無理はしていない。5時間労働で土日は休んでいた。

　私にとって名作路線は素晴らしい経験となった。後に形骸化して行く名作路線は寂しいものがあった。

『一休さん』

　私がキャラクターデザインをやった作品に『**一休さん**』がある。70年頃の正月明け

アベ正己
アニメーター、作画監督として『うる星やつら』『妖怪ウォッチ』など多数の作品を担当。

ラ・セーヌの星
75年に放送開始されたフランス革命の頃のパリを舞台に美少女剣士の活躍を描いたアニメ作品。

一休さん
75年から放送開始された一休宗純をモデルにした小坊主・一休が頓知を使って様々な問題を解決する時代劇アニメ作品。

笹川良一
1899年生まれ。日本船舶振興会会長、政治家など様々な顔を持つ。95年没。

早々にナックの西野社長とプロデューサーの西条（克麿）が、運転する車がひばりヶ丘の我が家にやって来た。企画会議に出てくれとのことで、そのまま銀座の電通に連れて行かれると、『一休さん』の企画書とキャラクターが欲しいという依頼を受けた。スタジオ・ザインのスタッフと数日で企画書をまとめ、着色したキャラと手書きのＡ４数枚の企画書（当時、ワープロはまだなかった）を渡す。忘れた頃、15万円が企画料として振り込まれた。サラリーマンの平均年収が約87万円の当時、15万円は破格である。〝渋いナックがなぜ？〟と疑問はあったが、もらえるものはもらっておこうと、そのまま疑問もなくいただいた。しばらく経って、東映動画製作の『一休さん』が放映された。それでも私の企画とは全く関係のないことと思い込んでいた。しかし、後にこのような真実がわかった。

日本船舶振興会の**笹川（良一）**会長に出す企画を電通が求めていて、ナックにも声をかけた。有望な企画多数を上に置き、古くさい『一休さん』は一番下に置いたという。数を増やすだけの当て馬企画だったのだ。だが、有望な企画は新しすぎて笹川会長のお眼鏡にかなわず、一番下のナック企画が取り上げられた。それが『一休さん』である。企画は決まったが、〝この作品はナックには荷が重い〟と考えた電通は、結果、東映動画に任せることとなった。そこでデザインを直したのが**我妻宏**であった。

噂では移籍料としてナックには３００万円が払われたと聞く。私に払われた15万円が高いか安いかは今となってはわからない。

『ヤッターマン』

アニメルーム経由で『**ヤッターマン**』の絵コンテを受ける。**タイムボカンシリーズ**でも『ヤッターマン』の人気は際立って高い。私は絵コンテを合計30本描いたが、他にも30本を描いた者がいた。後に**ぴえろ**の創業社長となる**布川ゆうじ**である。彼も描くのが速い。

笹川ひろし監督のアイディアは奇抜で秀逸、絵コンテも自由に描かせてくれた。た

我妻宏
41年生まれ。作画監督、キャラクターデザイナーとして『海賊王子』『ひみつのアッコちゃん』など多数の作品を担当。17年没。

ヤッターマン
77年から放送開始され絶大な人気を誇ったSFギャグアニメ作品。何度かリメイクや新シリーズが放送され、実写映画化もされたが、本項では77年に放送されたものを指す。

タイムボカンシリーズ
75年に放送開始された『タイムボカン』を第一作とするタツノコプロ制作によるSFギャグアニメシリーズの総称。

ぴえろ
77年に設立されたアニメ制作会社。『ニルスのふしぎな旅』『うる星やつら』『魔法の天使クリィミーマミ』など数々の名作を生み出したことで知られる。

だ心がけたことがある。それは、ギャグをシナリオより増やすこと。ライターのギャグセンスは映像的なものではない。それをいかに映像的なギャグにしつつ増やすかが、『ヤッターマン』の絵コンテのやりがいだった。私が手がけたタイムボカンシリーズはこれだけだったが、『ヤッターマン』の評価はタイムボカンシリーズの中でも特に高かった。当時、アニメルームにはタツノコプロの本社なみの有能な作画スタッフが揃っており、若手の演助（演出助手）も有能だった。私の放っておいても面白いものが上がった。私の絵コンテの力だけとはいえないが、多少なりとも『ヤッターマン』に貢献したことは確かである。

絵コンテによってテレビシリーズを作ることの面白さに参加することはできる。ただし本数が大切である。少数ではシリーズに影響を与えることはできない。1、2本描いただけでは、なんの影響も及ぼさないからだ。

布川ゆうじ
47年生まれ。アニメーター、演出家、プロデューサーとして『新造人間キャシャーン』『うる星やつら』など多数の作品を担当。

❖1969年

【TV】ドカチン (1968/10/2 ～ 1969/3/26)
＊絵コンテ（1本以上）
[19B] ドカドカ　原始人　の巻 (1969/2/5)
＊原画（本数不詳）

【TV】海底少年マリン (1969/1/13 ～ 1969/9/22)
＊原画（非表示・本数不詳）

【TV】紅三四郎 (1969/4/2 ～ 1969/9/24)
＊演出（2本以上）
[5] 第5話　荒野の暴れん坊 (1969/4/30)
[8] 第8話　魔の超人マシン (1969/5/21)

【映】千夜一夜物語 (1969/6/14)
＊原画

【TV】どろろ　と　百鬼丸 (1969/7/6 ～ 1969/9/28)
＊演出（+絵コンテ）（2本）
[14] 妖怪かじりんこん (1969/7/6)
[23] 人食い大木 (1969/9/7)
＊原画（非表示・本数不詳）
＊ED 絵コンテ・原画（非表示）

【TV】ムーミン (1969/10/5 ～ 1970/12/27)
＊原画（9本）
[1] シルクハットのひみつ (1969/10/5)
[3] 雨だ！あらしだ!! 洪水だ!!! (1969/10/19)
[6] かえってきたノンノン (1969/11/9)
[8] ノンノンがあぶない！(1969/11/23)
[9] ムーミン谷の列車大強盗 (1969/11/30)
[10] ふしぎなこびと (1969/12/7)
[16] 謎のグノース博士 (1970/1/18)
[18] 乞食になりたい (1970/2/1)
[21] ふしぎな家なき子 (1970/2/22)
＊コンテ（1本）
[21] ふしぎな家なき子 (1970/2/22)
＊演出（+絵コンテ）（5本）
[33] おくびょうな豆泥棒 (1970/5/17)
[37] 小さなみにくいペット (1970/6/14)
[43] あらしの怪獣島 (1970/7/26)
[51] 秋はおセンチに (1970/9/20)
[59] 手品にはタネがある (1970/11/15)

❖1970年

【TV】ハクション大魔王 (1969/10/5 ～ 1970/9/27)
＊絵コンテ（3本）
[20B] ごめんね　仔ブタちゃん　の話 (1970/2/15)
[24B] 月征服　かなわんよ　の話 (1970/3/15)
[34B] メタメタ　魔法テスト　の 話 (1970/5/24)
＊原画（本数不詳）

【TV】あしたのジョー (1970/4/1 ～ 1971/9/29)
＊演出（+絵コンテ）（1本）
[3] 第3話　けものよ牙をむけ！(1970/4/15)

【TV】赤き血のイレブン (1970/4/13 ～ 1971/4/5)
＊絵コンテ（7本）※第42話までは「奥田清治」表記
[6] 俺が､太陽だ (1970/5/18)
[14] シュートをするな！(1970/7/13)
[23] フオーク シュート　山形豪十郎 (1970/9/14)
[32] 空手の滝隼人 (1970/11/16)
[36] 執念の　竜巻きシュート (1970/12/14)
[42] 黒豹の　殺人シュート (1971/1/25)
[46] よみがえる右足 (1971/2/22)
＊原画（3本）　※第42話までは「奥田清治」表記
[36] 執念の　竜巻きシュート (1970/12/14)
[42] 黒豹の　殺人シュート (1971/1/25)
[46] よみがえる右足 (1971/2/22)

❖1973年

【TV】ドラえもん［日本テレビ動画版］
(1973/4/1～1973/9/30)
＊絵コンテ（本数不詳）

【TV】山ねずみ　ロッキーチャック
(1973/1/7～1973/12/30)
＊作画（1本以上）
[39] がんばれチャタラー(1973/9/30)
※ほかに絵コンテ（非表示・本数不詳）

【TV】0テスター
(1973/10/1～1974/6/24)
＊コンテ（6本）
※第10、18話は「奥田誠二」表記
[10] 地球は燃える(1973/12/3)
[18] 宇宙クラゲ　ポリープ(1974/1/28)
[24] 宇宙幽霊がでた!!(1974/3/11)
[27] 秘密テスター機 Z-1(1974/4/1)
[34] キャプテン　決死の大反撃
(1974/5/20)
[38] ゼロロボット登場(1974/6/17)

【TV】空手バカ一代
(1973/10/3～1974/9/25)
＊原画（非表示・本数不詳）

❖1974年

【TV】エースをねらえ！
(1973/10/5～1974/3/29)
＊作画（＝原画）（2本）
[18] 第18回　黒いスパイを叩け！
(1974/2/1)
[24] 第24回　コートに舞うラブレター
(1974/3/15)

【TV】星の子　チョビン
(1974/4/5～1974/9/27)
＊絵コンテ（2本）
[6] 悪魔の木を倒せ！(1974/5/10)
[11] 空をとんだぞ！(1974/6/14)

【TV】ダメおやじ
(1974/4/2～1974/10/9)
＊演出（＋絵コンテ）（3本以上）
※「奥本清治」表記
[2A] 三ツの願い(1974/4/9)
[3B] 悲しいくやしい月給日(1974/4/16)
[4B] 恐妻カウンセラー(1974/4/23)
＊原画（非表示・本数不詳）
※1AB、6AB、8B、14回以降は未確認

【TV】侍　ジャイアンツ
(1973/10/7～1974/9/29)
＊コンテ（1本）
[28] 対決！魔球対スクリュー打法
(1974/4/14)

【TV】0テスター　地球を守れ！
(1974/7/1～1974/12/30)
＊コンテ（4本）
[43] 強烈！アシュランガー
(1974/7/22)
[51] 透明ガロスの罠(1974/9/16)
[55] ガロス超特急を撃て(1974/10/14)
[59] 爆弾島を脱出せよ(1974/11/11)

【TV】ルパン三世
(1971/10/24～1972/3/26)
＊コンテ（1本）※「奥田誠二」表記
[2] 魔術師と　呼ばれた男(1971/10/31)
＊絵コンテ（2本）※「奥田誠二」表記
[8] 全員集合　トランプ作戦
(1971/12/12)
[9] 殺し屋は　ブルースを歌う
(1971/12/19)

【TV】アンデルセン　物語
(1971/1/3～1971/12/26)
＊演出（＋絵コンテ）（1本）
[45] 野の白鳥　★呪われたお城★
(1971/11/7)

❖1972年

【TV】正義を愛する者　月光仮面
(1972/1/10～1972/10/2)
＊絵コンテ（非表示・本数不詳）

【TV】国松さまの　お通りだい
(1971/10/6～1972/9/25)
＊演出（＋絵コンテ）（1本）
[36] すごーい野郎が　やって来た
(1972/6/5)

**【TV】アニメ・ドキュメント
ミュンヘンへの道**
(1972/4/23～1972/8/20)
＊コンテ（1本）、原画（非表示・1本）
[14] 見せろ！男の心意気(1972/7/30)

【TV】ど根性　ガエル
(1972/10/7～1974/9/28)
＊コンテ（5本）
[2A] ひろしの　デートの巻
(1972/10/14)
[9A] おフロで　決闘の巻
(1972/12/2)
[11A] かあちゃんの　涙の巻
(1972/12/16)
[26A] 雨ふり　バンザイの巻
(1973/4/7)
[29A] それ行け　ピョン吉の巻
(1973/4/28)
＊原画（13本）
[2B] おとこ涙の　サングラスの巻
(1972/10/14)
[10A] かわいい　あの子の巻
(1972/12/9)
[13A] かぜかぜ　ムンムンの巻
(1972/12/30)
[20A] かあちゃん　ショックの巻
(1973/2/24)
[21A] 華麗なる　変身の巻
(1973/3/3)
[26A] 雨ふり　バンザイの巻
(1973/4/7)
[29A] それ行け　ピョン吉の巻
(1973/4/28)
[33B] あいつに　恋してるの巻
(1973/5/26)
[42A] 呪いの　宿直室の巻
(1973/7/28)
[50A] ナイター・　バースデーの巻
(1973/9/22)
[58B] 赤ちゃんのおしっこの
仕方教えますの巻(1973/11/17)
[63A] 結婚式を　ぶっつぶせの巻
(1973/12/22)
[68B] ピョン吉の人質救出　大作戦の巻
(1974/1/26)

【TV】男どアホウ！　甲子園
(1970/9/28～1971/3/27)
＊絵コンテ（非表示・本数不詳）

【TV】いじわるばあさん
(1970/10/3～1971/8/18)
＊絵コンテ（非表示・本数不詳）

【TV】いなかっぺ大将
(1970/10/4～1972/9/24)
＊絵コンテ（非表示・本数不詳）

❖1971年

【TV】カバ　トット
(1971/1/1～1972/9/30)
＊絵コンテ（非表示・1本）
＊原画（非表示・1本）

【TV】巨人の星
(1968/3/30～1971/9/18)
＊演出（＋絵コンテ）（1本）
[171] かえってきたオズマ(1971/7/3)
＊コンテ（1本）
[179] 青白き炎の挑戦状(1971/8/28)

【TV】新　オバケのQ太郎
(1971/9/1～1972/12/27)
＊コンテ（4本）
[2A] お手伝いがしたい　の巻
(1971/9/8)
[5B] 夢であいましょう　の巻
(1971/9/29)
[9A] パパ、ペコペコするな！　の巻
(1971/10/27)
[65] 「不思議の国の大冒険」
(1972/11/22)

【TV】天才　バカボン
(1971/9/25～1972/6/24)
＊コンテ（1本）
[2B] コニャニャチハ　赤ちゃん
(1971/10/2)
＊原画（13本）
[3A] 赤ちゃんは　ハジメちゃんなのだ
(1971/10/9)
[8A] アッホ ヤッホー　山へいこう
(1971/11/13)
[10A] バカは日本製が　いいのだ
(1971/11/27)
[12A] 物置きみたいな　人なのだ
(1971/12/11)
[19B] クツミガキは　こどもがいいのだ
(1972/1/29)
[20A] 運動会は　パパにまかせろ
(1972/2/5)
[23B] バカボンの　ひなまつりなのだ
(1972/2/26)
[26B] パパは　男のなかの男なのだ
(1972/3/18)
[29B] 別れは　つらいものなのだ
(1972/4/8)
[33B] パパの巣箱は　大きいのだ
(1972/5/6)
[35B] パパとママが　けんかをしたのだ
(1972/5/20)
[38B] パパのデベソは　100円玉なのだ
(1972/6/10)
[40] バカボン一家が　サヨウナラ
(1972/6/24)

❖1976年

【TV】母をたずねて三千里
(1976/1/4 ～ 1976/12/26)
＊絵コンテ (18本)
[9] ごめんなさいおとうさん (1976/2/29)
[11] おかあさんの手紙 (1976/3/14)
[15] すすめフォルゴーレ号(1976/4/11)
[18] リオの移民船 (1976/5/2)
[21] ラプラタ川は銀の川(1976/5/23)
[24] 待っててくれたフィオリーナ (1976/6/13)
[27] フィオリーナの涙 (1976/7/4)
[30] 老ガウチョ カルロス(1976/7/25)
[32] さようならといえたら (1976/8/8)
[34] ジェノバに帰りたい (1976/8/22)
[37] はてしない旅へ (1976/9/12)
[38] かあさんだってつらいのに (1976/9/19)
[41] かあさんと帰れたら… (1976/10/10)
[43] この街のどこかに (1976/10/24)
[45] はるかな北へ (1976/11/7)
[47] あの山の麓にかあさんが (1976/11/21)
[49] かあさんが呼んでいる (1976/12/5)
[51] とうとうかあさんに (1976/12/19)

【TV】超電磁ロボ　コン・バトラーV
(1976/4/17 ～ 1977/5/28)
＊絵コンテ (1本)
[1] 出撃!　どれい獣を倒せ (1976/4/17)

【TV】マシンハヤブサ
(1976/4/2 ～ 1976/9/17)
＊演出 (＋絵コンテ) (2本)
[7] カリブ海　黒ダイヤサーキット (1976/5/21)
[14] レースの道は剣の道(1976/7/26)

【TV】ピノキオより　ピコリーノの冒険
(1976/4/27 ～ 1977/5/31)
＊絵コンテ (14本)
[8] ふしぎの野原 (1976/6/15)
[13] 夜遊びは楽しいな (1976/8/3)
[15] ピコリーノ番犬になる　後編 (1976/8/17)
[19] 空から落ちたジーナ (1976/9/14)
[23] のら犬のアリドーロ(1976/10/19)
[25] 泥棒退治 (1976/11/2)
[28] ピコリーノのマラソン大会 (1976/11/23)
[32] 不思議なカタツムリ(1976/12/21)
[34] ピコリーノがカカシになった (1977/1/4)
[37] ロメオという少年 (1977/1/25)
[39] 素晴しいおもちゃの国 (1977/2/8)
[42] ジーナの宝物 (1977/3/1)
[45] おばあさんの息子 (1977/3/29)
[48] リスの親子 (1977/4/26)

【TV】ろぼっ子　ビートン
(1976/10/12 ～ 1977/9/27)
＊絵コンテ (4本)
[2A] 決戦ガラクタ広場 (1976/10/19)
[2B] あの子にドキドキ (1976/10/19)
[6A] 学校行き大レース (1976/11/16)
[7B] 泣くな! ロボくん (1976/11/23)

【TV】ラ・セーヌの星
(1975/4/4 ～ 1975/12/26)
＊絵コンテ (14本)
[2] ベルサイユへの道 (1975/4/11)
[4] サン・ファの黒バラ (1975/4/25)
[7] シモーヌの秘密 (1975/5/16)
[8] ベルサイユの美女 (1975/5/23)
[11] オルゴールの秘密 (1975/6/13)
[12] 消え去ったメロディ (1975/6/20)
[13] ベルサイユの舞踏会(1975/6/27)
[15] 飛べよ気球　パリの空へ (1975/7/11)
[18] アルプスの老騎士 (1975/8/1)
[21] 国境に燃えた　サファーデ (1975/8/22)
[26] 帰って来たロベール (1975/9/26)
[29] 自由へのたたかい (1975/10/17)
[36] 運命の信任状 (1975/12/5)
[38] 愛 と 誇 り (1975/12/19)

【TV】勇者ライディーン
(1975/4/4 ～ 1976/3/26)
＊絵コンテ (1本)
[4] 大マドン東京全滅 (1975/4/25)

【TV】ドン・チャック物語 [第1期]
(1975/4/5 ～ 1975/9/27)
＊絵コンテ (本数不詳)

【TV】UFO戦士　ダイアポロン
(1976/4/6 ～ 1976/9/28)
＊演出 (＋絵コンテ) (8本)
[5] 鉄騎兵+円盤鉄人　= 破壊軍団 (1975/5/4)
[6] なぜだ?　合身出来ない!! (1975/5/11)
[9] 少年の笛に　巨獣が泣いた (1975/6/1)
[14] どうする!?　氷結.絶対絶命!! (1975/7/6)
[18] 処刑3秒前!　決死の救出作戦!! (1975/8/3)
[19] UFO 22!　秘密 改造計画 完了!! (1975/8/10)
[21] がんばれ!　黒い太陽は13分だ!! (1975/8/24)
[24] 幻の母は　鋼鉄獣にいた!! (1975/9/14)

【TV】アンデス少年　ペペロの冒険
(1975/10/6 ～ 1976/3/29)
＊絵コンテ (8本)
[1] エルドラドへの旅立ち(1975/10/6)
[7] コンドルのいる白い峰(1975/11/17)
[9] 消えたカピタ 神殿 (1975/12/1)
[10] 幻の白馬 ジュピター(1975/12/8)
[11] 謎のナルーアの宝 (1975/12/15)
[13] さようなら チチカカ(1975/12/29)
[19] よみがえれ太陽の都 (1976/2/9)
[21] 女だけのアマゾン族(1976/2/23)

【TV】草原の少女ローラ
(1975/10/7 ～ 1976/3/30)
＊絵コンテ (本数不詳)

【TV】アルプスの少女ハイジ
(1974/1/6 ～ 1974/12/29)
＊絵コンテ (7本)
[31] さようならおばあさま (1974/8/4)
[39] がんばれペーター (1974/9/29)
[43] クララの願い (1974/10/27)
[45] 山の子たち (1974/11/10)
[48] 小さな希望 (1974/12/1)
[50] 立ってごらん (1974/12/15)
[52] また会う日まで (1974/12/29)

【TV】ゲッター　ロボ
(1974/4/4 ～ 1975/5/8)
＊演出 (＋絵コンテ) (3本)
[36] 要塞撃滅!　トロイ作戦 (1974/12/5)
[42] 北極に進路をとれ! (1975/3/6)
[46] 恐るべき　氷竜族の侵略 (1975/4/3)

❖1975年

【TV】フランダースの犬
(1975/1/5 ～ 1975/12/28)
＊絵コンテ (39本)
[5] パトラッシユ (1975/2/2)
[7] スープをおのみ (1975/2/16)
[9] おもいでの鈴 (1975/3/2)
[10] アロアのブローチ (1975/3/9)
[12] おじいさんの小さな壺 (1975/3/23)
[13] ナポレオン時代の風車 (1975/3/30)
[14] 夜空に描いた絵 (1975/4/6)
[16] 10サンチームの写生帳 (1975/4/20)
[17] 丘の上の木の下で (1975/4/27)
[19] 金物屋が村に (1975/5/11)
[20] どこまでも (1975/5/18)
[21] 船で来たお客さま (1975/5/25)
[22] イギリスからの贈物 (1975/6/1)
[23] アロアの誕生日 (1975/6/8)
[24] アロアの絵 (1975/6/15)
[25] アロアがいない (1975/6/22)
[26] さようならアロア (1975/6/29)
[27] アロアのいないクリスマス (1975/7/6)
[28] 親切な貴婦人 (1975/7/13)
[29] ルーベンスの2枚の絵 (1975/7/20)
[30] 雪の中の約束 (1975/7/27)
[31] ネロの決意 (1975/8/3)
[33] こころの手紙 (1975/8/17)
[34] ヌレットおばさん (1975/8/24)
[35] お帰りアロア (1975/8/31)
[38] ネロの大きな夢 (1975/9/21)
[39] 心をつなぐ二つの旗(1975/9/28)
[40] おじいさんの口笛 (1975/10/5)
[41] なつかしい長い道 (1975/10/12)
[43] アロアのおてつだい (1975/10/26)
[44] おじいさんへのおみやげ (1975/11/2)
[45] ひとりぼっちのネロ (1975/11/9)
[46] おじいさんの顔 (1975/11/16)
[47] 風車小屋の火事 (1975/11/23)
[48] なくなった仕事 (1975/11/30)
[49] 描けたよ おじいさん(1975/12/7)
[50] 発表の日 (1975/12/14)
[51] 二千フランの金貨 (1975/12/21)
[52] 天使たちの絵 (1975/12/28)

[22] かえってきた山 (1977/11/8)
[23] もえるタラク山 (1977/11/15)
[25] 大きくなった熊 (1977/11/29)
[26]はるかなるタラク山へ(1977/12/6)

【TV】おれは鉄兵
(1977/9/12 ～ 1978/3/27)
*コンテ (1本)
[4] 桜ノ木学園の対決 (1977/10/3)

【TV】風船少女 テンプル ちゃん
(1977/10/1 ～ 1978/3/25)
*演出 (=絵コンテ) (4本)
[2] 雨の中の 友情 (1977/10/8)
[5] オオカミの 森 (1977/10/29)
[7] タクトよ心を つなげ (1977/11/12)
[17] ジプシーの うらない
(1978/1/21)

【TV】ルパン三世 [新]
(1977/10/3 ～ 1980/10/6)
*コンテ (7本) ※「奥田誠二」表記
[6] ピサの斜塔は 立っているか
(1977/11/7)
[10] ファイルM 123を盗め
(1977/12/5)
[20] 追いつめられた ルパン
(1978/2/20)
[23] 第4次元の 魔女 (1978/3/13)
[26] バラと ピストル (1978/4/3)
[27] シンデレラの切手は どこへいった
(1978/4/10)
[31] 白夜に 向かって撃て (1978/5/8)
*絵コンテ (7本)
[37] ジンギスカン の埋蔵金
(1978/6/19)
[62] ルパンを呼ぶ 悪魔の鐘の音
(1978/12/11)
[67] ルパンの 大西遊記 (1979/1/22)
[68] カジノ島・ 逆転また逆転
(1979/1/29)
[72] スケートボード 殺人事件
(1979/2/26)
[73] 花も嵐も 泥棒レース (1979/3/5)
[84] 復讐はルパン に まかせろ
(1979/5/21)

❖1978年

【TV】まんが日本絵巻
(1977/10/5 ～ 1978/9/27)
*絵コンテ (5本)
[16A] この子らに愛を 聖母細川ガラシャ
(1978/1/25)
[20A] 武蔵坊弁慶 (1978/2/22)
[31A] 逆襲!! 敵は本能寺 明智光秀
(1978/5/31)
[33A] 幕末の美剣士 沖田総司
(1978/6/14)
[42A] 最後に笑った男 徳川家康
(1978/8/30)

【TV】未来少年 コナン
(1978/4/4 ～ 1978/10/31)
*絵コンテ (2本)
[5] インダストリア (1978/5/9)
[6] ダイスの反逆 (1978/5/16)

【TV】あしたへアタック!
(1977/4/4 ～ 1977/9/5)
*絵コンテ (1本)
[1] バレー部を廃止せよ! (1977/4/4)

【TV】ドカベン
(1976/10/6 ～ 1979/12/26)
*絵コンテ (23本)
※第100話までは「山谷光和」表記
[27] ああ! 明訓野球新入部員
(1977/4/6)
[33] 恐打雲竜! ドラゴンキルたい
(1977/5/18)
[39] 大阪通天閣の阪田三吉や
(1977/6/29)
[46] 準決勝! 里中対土佐丸作戦
(1977/8/17)
[50] 雨! 里中復調決勝のマウンドへ
(1977/9/14)
[58] ほほえみ野球! 三太郎登場
(1977/11/9)
[64] 激投不知火! ひるむな明訓
(1977/12/21)
[68] 代打里中! 山田をかえせ!
(1978/1/18)
[74] 走れ山田! ホームはそこだ!
(1978/3/1)
[79] 出場辞退? 嵐の中の土井垣
(1978/4/5)
[86] 砲丸投法! 重いその差1点
(1978/5/24)
[92] 返った優勝旗! かえらぬ記憶
(1978/7/12)
[100] スイッチ投手! わび助登場
(1978/9/6)
[109] 明訓苦戦! 荒れ狂う甲子園
(1978/11/15)
[111] 山田対「中」! 二本足のカカシ
(1978/11/29)
[112] 土井垣作戦! 満塁に敬遠はない!
(1978/12/6)
[118] 明訓・土佐丸! 再度の決戦
(1979/1/17)
[122] 殺人野球! 里中再起不能か?
(1979/2/14)
[123] 特別代走! 時間よ止まれ
(1979/2/21)
[128] ㊙執念! 殿馬ファイトの謎
(1979/3/28)
[133] 見たか渚 ! ミットの謎
(1979/5/2)
[138] 痛い! ドカベン山田大ピンチ
(1979/6/13)
[140] ネット裏! 立ち上った小さな巨人
(1979/7/4)

【TV】シートン動物記 くまの子 ジャッキー
(1977/6/7 ～ 1977/12/6)
*絵コンテ (17本)
[1] はじめてのともだち (1977/6/7)
[2] 森のきけん (1977/6/14)
[3] かわいい名付親 (1977/6/21)
[4] 強いおかあさん (1977/6/28)
[6] おかあさんはどこ (1977/7/12)
[7] 山でのたたかい (1977/7/19)
[9] 大変なお母さん役 (1977/8/2)
[10] 山小屋の大そうどう (1977/8/9)
[12] 危険がいっぱい (1977/8/23)
[13] すずめはらのわな (1977/8/30)
[16] 大変なもてなし (1977/9/27)
[18] つらい別れ (1977/10/11)
[20] 新しい飼い主 (1977/10/25)

❖1977年

【TV】あらいぐま ラスカル
(1977/1/2 ～ 1977/12/25)
*絵コンテ (1本)
[1] 黒いマスクの可愛いやつ
(1977/1/2)

【TV】タイムボカンシリーズ ヤッター マン
(1977/1/1 ～ 1979/1/27)
*演出 (=絵コンテ) (30本)
※第85話以降は「山谷光和」表記
[2] ブジィプト の 水売り娘 だ コロン
(1977/1/8)
[4] 北極海の アザラシ だ コロン
(1977/1/22)
[8] イマラヤの 雪男 だ コロン
(1977/2/19)
[12] トースター島 の 秘密 だ コロン
(1977/3/19)
[20] 暗黒街の カッポレ だ コロン
(1977/5/14)
[21] 燃えよ! レッド スリー だ コロン
(1977/5/21)
[23] フラダースの猫 だ コロン
(1977/6/4)
[24] ナイチンガールは 天使だ コロン
(1977/6/11)
[29] ソーケー牧場 の 決闘 だ コロン
(1977/7/16)
[32] 南極点の ドクロだ コロン
(1977/8/6)
[34] 謎の ヘンクツ王 だ コロン
(1977/8/20)
[36] ハルメン カスバに帰る コロン
(1977/9/3)
[38] 忍者サスケ は 男だ コロン
(1977/9/17)
[41] ピノッキン は 良い子 だ コロン
(1977/10/8)
[42] 国際列車 パニック だ コロン
(1977/10/15)
[43] 白鳥の王子 だ コロン
(1977/10/22)
[45] 雪女の秘 密 だ コロン
(1977/11/5)
[47] 家あり子の冒険だ コロン
(1977/11/19)
[49] オニエ山の スッテン童子だ コロン
(1977/12/3)
[50] 柿太郎の 鬼退治だ コロン
(1977/12/10)
[51] カエルの王子様だ コロン
(1977/12/17)
[53] 怪力 ヘラクレスだ コロン
(1977/12/31)
[56] ピンクペア の ベルト だ コロン
(1978/1/21)
[57] カッパ河原の 決戦だ コロン
(1978/1/28)
[61] マンジュと スシ王だ コロン
(1978/2/25)
[85] 人魚姫 だ コロン (1978/8/19)
[95] ユメノパトラだ コロン
(1978/10/28)
[99] アーサー王の剣だ コロン
(1978/11/25)
[101] アレキサンダー 大王だ コロン
(1978/12/9)
[104] イヤ王だ コロン (1978/12/30)

本文にもある第5スタジオ時代の恐怖体験を自らコミカライズ。貴重な漫画作品を全ページ掲載！

後半は94 ページに掲載。

No. p81-93

CUT | PICTURE | ACTION | MUSIC/SE | TIME

第5章

合作と名作シリーズ、そしてコンピューター

初の合作『ユリシーズ31』

長浜忠夫監督に頼まれてフランスとの合作『**ユリシーズ31**』の絵コンテに参加することになった。それまで長浜作品は避けるようにしていた。なぜなら、『巨人の星』など力業の演出が嫌いだったからだ。それ以前も出崎統の家での麻雀にやって来る常連だったから、顔見知りではあった。長浜作品ではそれまでに『巨人の星』の絵コンテを2本描いた。その2本は吉川が受けるはずの話数だったが、彼はすでに『巨人の星』に飽きていて、「オクチン描いてよ」と電話してきたのだ。彼には、『**アンデルセン物語**』の「野の白鳥」などを肩代わりしてもらった借りがあったので仕方なく描くことにした。

私が担当したのは『**超電磁ロボ コン・バトラーV**』の第1話で、長浜監督はかなり力を入れていた。吉川が受けて前半を描いたが、あまりの要求の多さにあきれ果てて投げ出し、私にお鉢が回ってきたのだ。その電話を受けている最中に、我が家の外で長浜監督の車のエンジン音が響いていた。そして、そのまま我が家に乱入して打ち合わせを始めたのだ。畳の部屋でメカアクションの振り付けを行う彼を、我が母は唖然として眺めていた。

私が絵コンテを描いたその話は密度の高いメカアクションで、吉川が描いた前半のスタイルに合わせつつ後半のアクションを描いた。アクションの密度やアイディアは長編並みに入れ、枚数は通常のテレビシリーズの1.5倍ほどあったが、数日で上げて渡した。完成した映像も評価が高く、それがその後の〝コンV〟のスタイルとなった。長浜監督はそれに味をしめ、その後も面倒な仕事を私に振ってきた。

『ユリシーズ31』もそんな仕事のひとつだった。共同演出のフランス人ディレクター、ベルナールに引き合わせるからと、宿泊先の日本閣へ連れて行かれた。ベルナールは2人目のディレクターで、最初のディレクターは長浜監督と喧嘩し、〝ジャップに侮辱された〟

ユリシーズ31
81年からフランスで放送開始されたSFアニメ作品。86年からビデオ発売、88年からテレビ放送が行われた。

アンデルセン物語
71年から放送開始されたデンマークの作家、ハンス・クリスチャン・アンデルセンの著作を原作としたアニメ作品。

超電磁ロボ コン・バトラーV
76年から放送開始された巨大合体ロボットアニメ作品。

ことがショックで精神に異常をきたし、ニースで療養中とのことだった。デッキチェアーで1日中、海を眺めていると聞かされた。このあたりから、〝神を描いた〟この作品は呪われているとの噂がフランスのDICで流れているといわれていた。

討ち入りと称する宴会があった。この時、自己紹介を兼ねてお酌に来た女性ライターがいた（当時は絵コンテライターのステイタスは今よりずっと高かった。絵コンテが作品を左右するとの認識が、監督や制作者側にあったからだ）。話を聞くと、この女性ライターの作品にかける意気込みが伝わってきた。だが、このライターとはこれっきりだった。なぜなら、彼女は翌年春、雪解けの大雪山から遺体で見つかったからだ。自殺と見られていたが、失踪してすぐに彼女の友人に深夜に無言電話がかかってきた。友人は察して、「〇〇さんでしょ⁉ 返事して！」と話すも返事はなく、受話器から息遣いだけが聞こえていたとのことだ。そして、他の友人にも同様の電話があったという。友人同士の繋がりはなかったため、何人かの友人に電話があったことは後まで判らなかったそうだ。ただ、電話があった時は彼女がすでに雪に埋もれていた頃といわれている。

話を戻すと、合作のシステムは面倒だった。ベルナールがOKを出すと長浜監督が気に入らない。第1話の絵コンテは何度も描き直しを受けた。彼らは高額で契約しており、なんの痛痒も感じないが、こちらは1本当たりいくらの契約であるからダイレクトに生活に影響する。ギャラの交渉の方が絵コンテを描く時間よりも長かった記憶がある。その中で私は、〝この2人はドラマというよりは、見た目でインパクトを与えればOKが出やすい〟と気付き、不必要に大判のコマやカメラの回り込みを増やした。この見た目のインパクトというのは、今でも一部のコンテを読めない局プロなどには有効である。また、効果音の手描き文字も見た目が派手で熱意のように錯覚される。それに気付いてからは作業が進んだ。しかし、それでも長浜監督とのトラブルは多かった。お互い口げんかほどのものは常にあった。お互い頑固だったからだろう。

DIC
71年に設立されたフランスのアニメ制作会社。

いつものように長浜監督と土曜日に言い合って、私はそのまま当時は吉祥寺にあったザインへ帰った。そして月曜日の昼頃に電話が鳴り、それを尾崎が取った。

「ムービーから電話だよ」

「用件だけ聞いて。後でかけ直すから」

私は面倒だから出たくなくて、居留守を使うつもりだった。

「長浜さんのことだって」

「ええ、またか……」

渋々電話に出ると知らない制作の声だ。

「長浜さんが亡くなられて……そのお知らせを」

声が出なかった。前々日まで罵り合った私としては苦いものが残った。

長浜監督は老けて見えたが実際は若かった。48才はこれからという年齢である。根性物、ギャグ物、メカ物となんでもこなしていた。不器用だったが、気力と力業で作品を面白くした。後世、評論家達が「映画理論を現場に押しつけて」といったことを書いているが、そんなことは全くなく、理論無視でひたすら押しまくる演出に徹していた。また、時代がそのような作品を望んでいたのだ。演出らしきものが必要とされるのは、さらに時代が進んでからだ。だが、長浜監督が早世しなければ、あの〝富野ガンダム〟は誕生しなかったかも知れない。

居心地がよかったビジュアル80

それまで、あまり縁のなかった**ビジュアル80**からの連絡があった。『名犬ジョリイ』の監督、**早川啓二**が病で倒れて代役を探しているとのことだった。私のアニメルーム時代に親しくしていた**北島信幸**の友人であり、演助を手伝ってくれていたベテランである。早速、荻窪の病院へ見舞いに行く。病気というよりは心にダメージがあった。ストレスから目が見えなくなっていたのだ。

彼が復帰することを考えて、私は監督は辞退し、〝企画設定〟という全部に関する決定を出せるポジションを作り、シナリオ、絵コンテ、編集、アフレコダビングに立ち会った。名前はともかく私は実質監督代行であった。それは復帰することを前提の処置だっ

ビジュアル80
80年に設立されたアニメーション制作会社。『走れメロス』『名犬ジョリィ』『楽しいムーミン一家』などを制作。93年に倒産。

早川啓二
50年生まれ。監督、演出家として『スプーンおばさん』『キテレツ大百科』など多数の作品を担当。08年没。

北島信幸
作画監督として『SF新世紀 レンズマン』『ああっ女神さまっ』などを担当。

たが、彼は最後まで監督に復帰することはなかった。しかし、各話の演出家としての彼は優秀で、またその方が彼にとってもストレスがなく、病気が再発することはなかった。そのため、私はそのまま監督代行の〝企画設定〟を続けた。

音響監督の浦上靖夫は虫プロ時代からの顔見知りで、その意味では『**超獣機神ダンクーガ**』で一緒だった**松浦典良**と同じルーツで、私としては仕事がしやすかった。当時は編集や設定制作からの音響監督への転身が多かった。人当たりがよく、アニメをよく理解していたからだ。浦上は会社を創ったばかりで、決まった録音スタジオを持たなかった。そのため、『名犬ジョリィ』の録音スタジオは何本かごとに変わった。狭いＣＭ用スタジオから広い東宝の映画用スタジオを使うこともあった。最後には**オーディオ・プランニング・ユー**（ＡＰＵ）が渋谷に作った自社スタジオに落ち着いた。その後、ＡＰＵは大きく発展を遂げる。

ビジュアル80社長のフジテレビ出身のプロデューサー・金子満社長は切れ者で、全てに目を行き届かせなければ満足しない完全主義者だった。今までのナックなどとは格が違った組織であり、資金も潤沢だった。その代わり要求も厳しいものだったが、私には居心地がよかった。

『名犬ジョリィ』が終わる頃、別のプロジェクトが持ち上がった。ジャパンコンピュータグラフィックラボ（以下、ＪＣＧＬ）の立ち上げであり、元々、金子満が温めていたＣＧを使ってアニメを制作しようという野望であった。また、ニューヨーク工科大学（以下、ＮＹＩＴ）で開発されたばかりの技術で、ＣＧに対する見通しも全くなかった頃である。さらに、ウィンドウズもＭａｃもまだ存在せず、パーソナルコンピュータという言葉すらなかった時代に、それはまだ野望ともいうべき発想だったのだ。

そのプロジェクトに私が誘われた。私自身、自分の才能に迷いを感じていた時期である。40歳に差しかかって、アニメ人生最大の壁が立ちはだかっていた。まず、原画マンとしての自分の才能に疑問を持っていた。原画マン、演出家としてそれなりに先

超獣機神ダンクーガ
85年から放送開始されたロボットアニメ。詳しくは103ページ参照。

松浦典良
43年生まれ。音響監督として『ワンワン三銃士』『幻夢戦記レダ』など多数の作品を担当。05年没。

オーディオ・プランニング・ユー
72年に設立された音響制作会社。『ドラえもん』『クレヨンしんちゃん』などを手がける。現在の社名は英語表記。

頭を走ってきたつもりだったが、若手の台頭もあり、また我々の世代の天才達の力量を考えると自分の才能の限界も見えてくる。もちろん、絵コンテを描くことには自信があったが、それ以上に自分の生き方に迷いを感じていた。CGによるアニメ制作は時代の最先端である。十分に魅力的に感じたし、これに自分の人生を賭けてみようと思った。金子社長の素晴らしい能力の高さも魅力だった。CGを使ったアニメ制作と彼の能力の高さに賭けてみようと私は本気で思ったのだ。

だが、組織に属することがどのようなことか、この時、私はまだ理解していなかった。

やがて、CGで作る作品として、『**子鹿物語**』が企画され、監督に大隅正秋が決まった。『ルパン三世』ファーストシーズンの監督であり、センスには定評があった。また、私自身も尊敬していた。まずはパイロットフィルムを作った。大隅監督から手書きでプロットが書かれたA４の紙を1枚だけ渡され、それを頼りに2日ほどでパイロット用の絵コンテを描き下ろした。その中に要求されたCG画面を入れた（CGと称してはいるが、技術の進んだ現在から見ると単なるデジタル処理である）。それは、自分のこれまでの絵コンテにおいても上位に属するものと自負している。撮影はアニメには珍しく贅沢な35ミリフィルムを使用した。スケジュールはギリギリだったが、なんとか試写に間に合わせた。東宝、講談社、フジテレビが参加したプロジェクトの試写会で上映したこのパイロットフィルムは、それなりに感動を与えたと思っている。

こうして『子鹿物語』第1話の制作に入ることになった。

ジャパンコンピュータグラフィックラボ

平行して渋谷区南平台に、JCGLの素晴らしいスタジオが完成した。高級住宅地の南平台に忽然と出現した西海岸風のスタジオは、内部も西海岸風のインテリアに統一

子鹿物語
83年に放送開始されたアメリカの作家、マージョリー・キナン・ローリングスの児童文学小説が原作の名作アニメ。

し、とにかくオシャレだった。玄関前にはテラスと広々とした駐車場があり、そこには社長のベンツとマネージャーのポルシェが並んでいて、みんなの憧れのスタジオであった。

そこへNYITのスタッフJ・J（愛称しか覚えていない）を筆頭に、数人が入れ替わり立ち替わりやって来た。半地下のコンピュータールームには見たこともないハードが並んで冷却ファンの音を響かせていた。ハードディスク装置も大きかった。上部にハードディスクがセットされていて、セラミック製の文字通りハードディスクは10インチほどの直径で磁性体がコーティングされたものだった。当時公開された映画『**トロン**』の中でフリスビーのように投げ合った円盤、あれが正にハードディスクであった。しかし、これがたびたび壊れた。

後でわかったことだが、このマシンはVAX-11（ヴァックス-イレブン）という名前の中型コンピューターで、後の湾岸戦争の迎撃ミサイル制御用にも使われたものであった。当時としてはずば抜けた速さを誇っていたが、ただ、頻繁に止まった。冷却能力が低かったからだ。基盤のバグも作業中に多数見つかったし、交換も簡単にはいかなかった。軍事用でもあったVAX-11は、成田空港でアメリカから送ってきた代替え品と一対一で交換しなければならず、マシンの不安定さは後の作業に大きな影響を与えた。

プログラムはなんと、全て開発したJ・Jの頭の中に入っているとのことで、深夜に一人、キーボードを叩く彼の指先がVAX-11に命を吹き込んでいるようだった。

ここでJ・Jの説明をしなければならない。NYITを17歳で卒業した天才の彼は、知能の高さだけでなく美貌も兼ね備えていた。190センチに近い身長、スリムな身体には黒でまとめた絹のアラビア風衣装、髪はプラチナ、瞳はグレー、その上、菜食主義者。おわかりだろうか？　正に少女漫画のキャラクターそのものだった。J・Jはニューヨーク工科大のチームの中でも別格の存在だった。

私の肩書きはチーフオペレーターで、正社員として給与が保証されていた。ただし

トロン
82年に公開されたSF映画。全面的にコンピューターグラフィックを取り入れた映画として話題となった。

中間管理職であり、後に新規採用のオペレーター20名の養成を行い『子鹿物語』を制作する立場だった。もう一人、美術の養成を行うチーフに吉原一輔が採用された。彼は虫プロ5スタの『悟空の大冒険』の美術スタッフであった。その才能は評価が高かったが、CGに興味のなかった彼は早々に離脱することになった。プロデューサーの立場で日本アニメの制作だった細田伸明も参加した。彼はこの後、スケジュールなどでことごとく私と対立した。

まず20人の採用試験を行った。日本で初めてのCGラボである。興味をひかないわけはなく、多数の応募者が集まった。芸大、武蔵美、多摩美、造形大など大学や専門学校からも応募があり、さすがに優秀な学生が集まった。私がTCJに応募した時とは違って漫画家くずれはおらず、私はそこに時代を感じた。後に私の手伝いをした**渡辺純央**や、絵が抜群に光っていた井上典子など個性的な者もいた。ちなみに井上典子は後に漫画家デビューをすることとなる。

まず、アニメの基礎から教えつつNYITスタッフから、キーボードの扱いとタブレット入力をレクチャーされ、その脇で私もそれを学ぶ。断っておくが、当時、一般には家庭用パソコンが普及していない時代である。全員、手探りでコンピューターの基礎から学んだ。当然、私より若い彼らが習得する方が早い。私はそれでもなんとか追いつこうと、学びながらアニメを基礎から教えた。動画の基礎を教えるといっても、それは大変なことである。プロダクションで実際の動画経験を積んでも1年や2年はかかる。それも才能があってのことで、コンピューターを学びながら、2～3ヶ月で全てを理解するのは無理な話である。だが、会社トップはそれを理解しない。

なんとかマスターさせて『子鹿物語』の映像作りに入るように急かす。私の仕事は正に激務であった。朝、出勤すると昨日の仕事のレポートを20人のオペレーター達から受け取り、その内容に関するレポートを私がA4用紙2枚ほどにまとめる。その内容にはNYITスタッフから受けたレクチャーも含まれる。日を追うにつれ作業は

渡辺純央
アニメーター、演出家、監督として『銀河戦国群雄伝ライ』『ワイルド7 another ―謀略運河―』など多数の作品を担当。

厳しくなった。多少なりと慣れてオペレーターが入力するもののデータが壊れる。主な原因はハードディスクが壊れやすいことにある。当時としては最新鋭の記憶装置だったが、10インチのディスクはセラミック（いや、ガラスだったか……記憶がない）で割れやすく、傷が付きやすくてデータはそのたびに失なわれた。その結果をレポートすると社長は不機嫌になる。取り巻きのイエスマンは私のせいだと吹き込む。フリーで生きてきた身には縁のない言葉だったが、自分がその立場になってやっと中間管理職という立場を思い知ったのだった。オフレコで側近に話したことが、翌朝には全て社長の耳に入っており、すぐに叱責されるのは思った以上のストレスだった。期待に応えるべく頑張るが、素人同然のオペレーター、バグばかりのハード、隙あらば責任転嫁しようと狙う社長側近達ばかりで、彼らに事態打開の前向きな発想は全くない。ただ時間ばかりが過ぎる。そして、社長の存在がスタッフに重くのしかかる。

社長が箱根町の自宅に帰るのは土曜の夜から日曜日。その間は社長のプライベートな時間で、完全に連絡がなくなる。この時間だけがスタッフにとっても心の安まる時間であった。車載用の携帯電話（当時珍しかった）が箱根を越えると繋がらなくなる。それがスタッフの楽しみになるほどの緊張感があったのだ。

私は、ひばりヶ丘から池袋経由で渋谷に通っていたが、朝のラッシュと夜のラッシュを通過しなければならず負担が大きかった。考えた末、吉祥寺まで車で行き、自分のスタジオの駐車場へ停めて井の頭線で三鷹台から神泉駅へ出て道玄坂まで歩く。帰りは井の頭線終電で三鷹台まで戻り車で帰宅する。これがいちばんストレスのない通勤方法だった。日曜日は昼頃に車で出て、井の頭道路を真っ直ぐ道玄坂まで抜けて、深夜、車が空いた頃に帰宅する。こんな日々を続け、休みは皆無だった。

これを書いていて、〝過労死〟の言葉がニュースを賑わす現在、「よく生きていられたな……」と感慨が深い。生きていたからこの文章を書いているのだが……。

だが、当時はそれが当たり前のことであった。私と幹部達は残業代などない。ひたすら働きＣＧの未来を作るという使命に燃えていた。

そのころＮＹＩＴスタッフが、機器のレクチャーを終えて帰国することになった。ペイント担当の女性スタッフが最後の挨拶を終えると、私に近づきハグをして頬にキスをしてくれた。一瞬、初めてのことで呆然となったが、私の頑張りが彼女に届いていたことが伝わり嬉しく感じた。Ｊ・Ｊもソフトのバグを修正して帰国することになった。別れの挨拶に行くと向こうから、「オクダさん、ありがとう」と言われ握手を求められた。握手してＪ・Ｊを見つめると、グレーの瞳が見つめ返してきた。少女漫画から抜け出てきたような美形である。男性の私でも背中が震えるほどの感動を覚えた。

翌朝、仕事にならないほど放心状態の女性オペレーターが３人いた。原因はＪ・Ｊへの片想いである。誤解があるといけないので記しておくが、Ｊ・Ｊにそんな気は全くなかった。あくまで、真面目な天才であった。

ＮＹＩＴスタッフが帰国して、我々が自ら作業をしなければならなくなった。しかし、それにも難関があった。テレビまでデジタルとなった今では考えられない事実。それは、まずレンダリングをして映像となったデータをフィルムレコーディングしなければならず、またそれを再びビデオ映像に変換して、初めて納品ができる。ずいぶん無駄な過程を経てやっとテレビ画面で観ることができるようになるのだ。フィルムからビデオに変換を行うため、当然、画質が劣化する。最初にディスプレイ（液晶ではなくブラウン管）で観た鮮明な映像はそこにはない。全てフィルムの狭いラチチェードに収まってしまう。ＣＭ用の映像もテレビ画面に出た時には、ぼやけたものになってしまう。時代がまだデジタルになっていなかったからだ。

もうひとつ問題があった。動画の中割をするシステムとして鳴り物入りで導入されたＴｗｉｎ（ツイン）システムである。ベクター形式でタブレットから入力された図形（原画）を自動的に中割りさせて動画を生成するアプリである。同様のものが現在、アドビ・フラッシュの機能としてあるが、今日のマシンパワーであっても完全には動画にはなり得ない。キャラを３Ｄ画像として、その外線を抽出する方法でそれらしく見せる方法もあるが、２Ｄ動画の中割は未だに無理なことである。

我々はその２つの問題を抱えつつ『子鹿物語』の映像を進め、それ以外に、ＮＨＫ青年部で制作する教育用の映像やＣＭ映像を作り続けた。青年部プロデューサーだった浅野加寿子さんはギリギリまでスケジュールを待ってくれたが、それでもいい結果は望めなかった。代理店は３ＤＣＧへのクライアントの憧れを先取りして仕事を回してくれた。だが、基本的には３ＤＣＧではない。苦肉の策でＮＹＩＴの試作イメージで対応した。これは好評だったが、前述のフィルムレコーディングを挟むシステムとアナログテレビでは、鮮明な映像を出すことができなかった。

その中でハードの弱点が様々に表面化した。また、それに対応すべく無理をしたオペレーターの健康にも影響が出て、体調を崩し入院する者、ストレスで１日かかって入力したデータを一晩かけて無意識に消去する者もいた。様々なトラブルでさらにスケジュールが遅れた。その原因としてハードの欠点をレポートで社長に上げるが戻ってきた結果は、「オクちゃんは悲観論者ですね。もっと前向きに考えて下さい」との社長の言葉だった。取り巻き達はハードやデジタル、アニメそのものを理解していない。希望的観測のみを社長に吹き込む。〝もう無理かな……？〟。マシンの問題、人間関係、全てに自信がなくなった。私は契約の１年はすでに満たしていたので辞表を出した。一応は円満退社だった。

退社はしたものの、私はストレスで心を病んでいた。三鷹の大学病院で診察を受け、地元の精神科のクリニックを紹介されて２年ほど通った。精神安定剤が処方されていた。〝双極性障害〟、当時は単に〝躁うつ病〟と呼ばれていた。あれほど好きだった絵コンテも思うように描けない。不整脈も出るし、精神安定剤の副作用も出始める。通院も長引き、なんとかならないかと医者に相談しても、ラチがあきそうにない。バブル期に入りかけた当時、モーレツ社員も心を病むことが多く、こんな一例を紹介された。それは、有能な商社の幹部が、ガソリンスタンドの店員になってストレスを減らしたところ完治したとのことだった。

だが、私がアニメを辞めては何も残らない。悩んだ末、「**リーダーズ・ダイジェスト**」の禁煙特集に解決のヒントがあった。〝禁煙をしようとするとタバコを吸うことに「意味」ができてしまい、その「意味」が禁煙することを妨げてしまう〟とのことだった。元々タバコを吸わない私にはよく理解できた。そこで私は、ストレスに対する発想を変えることにした。ストレスを避けようとするから、ストレスに意味ができてしまう。そのためストレスを味方に付けようとした。「アニメの仕事は好きなストレス。嫌いな仕事は受けなければいい」と決めたのだ。〝ストレスは友だち〟。そう決めた途端、スーッと心が楽になり、世の中の見方が変わった。JCGLでのことも自分で選んだ結果だし、どんな仕事も好きでやるんだ。そう考えると全ての負担が消え、これから先の人生が明るく見えてきた。

JCGLはその後、縮小して池袋に移り、そして消滅した。何年か後、その場所を訪れたが、取り壊され更地になった空き地には夏草が生い茂っていた。

その風景を見て私は、芭蕉の句を思い出した。「夏草や　兵（つわもの）どもが　夢の跡」。

リーダーズ・ダイジェスト
22年にアメリカで創刊された ファミリー雑誌。46年から日本版が発行されるようになった。

【TV】怪物くん［新］（1980/9/2～1982/9/28）
＊絵コンテ（11本）
［2A］怪物くん ゆうかいされる（1980/9/9）
［6B］怪物くんとガブロとゴリラキング（1980/10/26）
［7A］ドラキュラマントがないざます（1980/11/4）
［8A］蠟人形の館（1980/11/18）
［9B］根須湖の大怪獣（1980/11/25）
［13A］怪物そっくりでショー（1980/12/23）
［15A］空飛ぶ木馬と魔法のじゅうたん（1981/1/13）
［17A］ハッスルしようぜモンスターズ（1981/1/27）
［21B］ネムール きたぞ（1981/2/24）
［23A］ほんとに恐竜はいるのかい（1981/3/10）
［特B］怪物は怪物学校に入学せよ（1981/3/31）

【TV】鉄腕アトム［新］（1980/10/1～1981/12/23）
＊絵コンテ（7本）※「山谷光和」表記
［4］クラスメートを救え！（1980/10/22）
［9］アトム対アトラス 3　砂漠のクリスタル（1980/11/26）
［14］ウランはおてんば娘（1981/1/7）
［18］アトム対アトラス 4　恐怖のすい星（1981/2/4）
［29］アトム対アトラス 6　氷の中の帝王（1981/5/6）
［35］ミツバチ島の秘密（1981/7/15）
［44］宇宙ヒョウ（1981/10/28）

❖1981年

【TV】家族ロビンソン漂流記　ふしぎな島の　フローネ（1981/1/4～1981/12/27）
＊絵コンテ（5本）
［2］旅立ち（1981/1/11）
［4］オーストラリアめざして（1981/1/25）
［6］こわい嵐（1981/2/8）
［8］島をめざして（1981/2/22）
［10］かなしみの再会（1981/3/8）

【TV】名犬ジョリィ（1981/4/7～1982/6/22）
＊企画設定（全話）、絵コンテ（18本）
［1］走れ！　ピレネーに向かって（1981/4/7）
［4］運命の大跳躍（1981/4/28）
［5］密輸小屋からの脱出（1981/5/5）
［7］犬嫌いの刑事（1981/5/26）
［8］夕日の大滝下り（1981/6/2）
［11］崩れ古城の大冒険（1981/6/23）
［13］星空のシャンデリア（1981/7/7）
［14］勇気ある捜索（1981/7/14）
［15］銀行ギャングの友情（1981/7/21）
［18］逃げ出せ初航海（1981/8/18）
［19］幽霊の棲む古城（1981/9/1）
［28］小さな親方大活躍（1981/11/24）
［30］くさりのままの逃亡（1981/12/1）
［31］濁流をこえて（1981/12/8）
［32］ママの写真（1981/12/15）
［35］鬼警部と美人飛行士（1982/1/26）
［37］飛べ！ 希望の空へ（1982/2/9）
［43］ピレネー超特急（1982/4/13）

❖1979年

【TV】宇宙戦艦　ヤマト2（1978/10/14～1979/4/7）
＊絵コンテ（1本）※「奥田正治」表記
［13］猛攻！ テレザート上陸作戦（1979/1/6）

【TV】赤毛のアン（1979/1/7～1979/12/30）
＊絵コンテ（7本）
［7］第7章　レイチェル夫人恐れをなす（1979/2/18）
［11］第11話　マリラ・ブローチをなくす（1979/3/18）
［13］第13章　アン・学校へ行く（1979/4/1）
［14］第14章　教室騒動（1979/4/8）
［16］第16章　ダイアナをお茶に招く（1979/4/22）
［18］第18章　アン、ミニー・メイを救う（1979/5/6）
［26］第26章　コンサートの計画（1979/7/8）

【TV】シートン動物記　りすのバナー（1979/4/7～1979/9/29）
＊絵コンテ（17本）
［1］ねこの子は りす（1979/4/7）
［2］森のなかま（1979/4/14）
［3］バナーのマイホーム（1979/4/21）
［4］おかしなどろぼう（1979/4/28）
［9］引っ越し祝い（1979/6/2）
［11］バラの茂みのうさぎ（1979/6/16）
［13］きのこのゆうわく（1979/6/30）
［14］逃げるがかち（1979/7/7）
［15］さすらいのヤマアラシ（1979/7/14）
［18］みのりの秋（1979/8/4）
［19］ひろったオルゴール（1979/8/11）
［20］ミミズクの死（1979/8/18）
［21］ヒッコリーの森よ さらば（1979/8/25）
［22］新しい森をめざして（1979/9/1）
［23］きけんな仲たがい（1979/9/8）
［25］冬の旅（1979/9/22）
［26］新しい森で（1979/9/29）

【TV】ザ・ウルトラマン（1979/4/4～1980/3/26）
＊絵コンテ（2本）
［18］謎のモンスター島（1979/8/1）
［24］ふたりのムツミ隊員（1979/9/12）

❖1980年

**【TV】メーテルリンクの青い鳥
チルチルミチルの冒険旅行**（1980/1/9～1980/7/9）
＊絵コンテ（非表示・本数不詳）

【TV】ドラえもん［新・帯シリーズ］（1979/4/2～1981/9/17）
＊絵コンテ（3本）
［269］アリガタミ ワカリ機（1980/2/14）
［301］おはなしバッジ（1980/3/22）
［480］もも太郎印のきびだんご（1980/12/10）

本作は『サスペリア』（秋田書店・刊／1994年）に掲載された。

No. p95-117

CUT PICTURE ACTION MUSIC/SE TIME

第6章

やってやるぜ！
初監督からオリジナルビデオアニメの時代へ

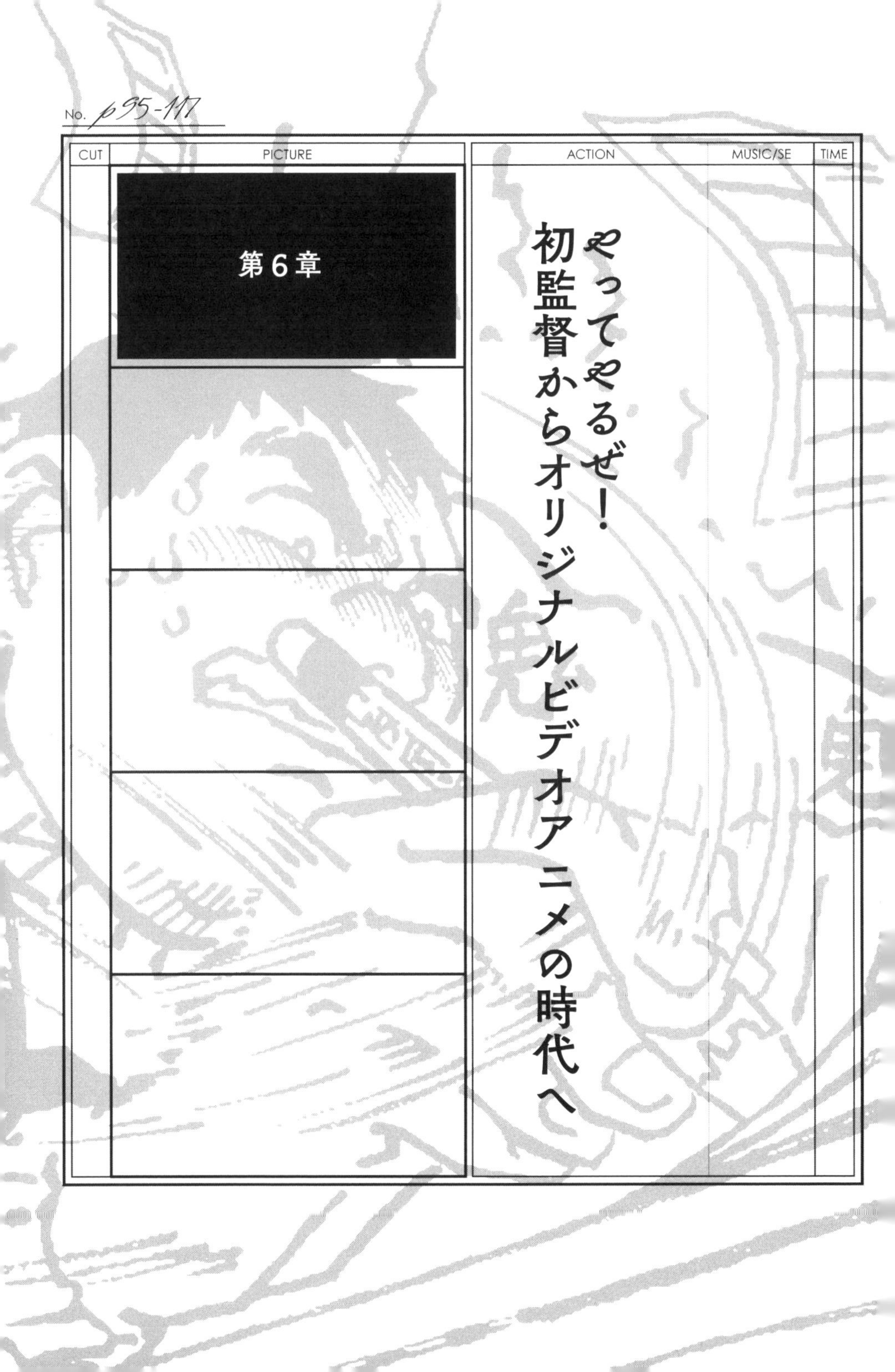

『サイコアーマー ゴーバリアン』

ＪＣＧＬを辞めて時間を持てあましていると、アニメルーム時代に制作をしていた外崎清から〝ナックで新企画をやるので監督を頼みたい〟と連絡してきた。『名犬ジョリイ』で監督代行をやったことで、監督の面白さは十分に知っていた私は興味を持った。

ナックは元虫プロで制作をしていた西野聖市が社長を務める癖の強い会社で、発想は面白いが低予算のため主流にはなれない作品を多く作っていた。だが、関わった人間は安彦良和、坂口尚など、才能溢れる連中も参加していた。しかし、彼らもどちらかといえば虫プロ主流から弾かれたような顔ぶれだ。やがて彼らはナックを去るが、私は西野聖市とは意外と仲がよく、彼は私のことを〝オクちゃん〟と呼んで友人扱いしていた。しかし、ナックから受ける仕事は、スケジュールに破綻があり、助っ人が必要な時にのみ呼び出される急ぎのものばかりであった。

当時、ナックはアニメ制作会社としては珍しく自社ビルを持っており、武蔵関からのバス通りに面して駐車場があった。なので、私のひばりヶ丘にあった家からは、車で10分ほどで行けたので苦にはならなかった。

電話で呼ばれて行くと、いきなり漫画家の**永井豪**さんのスタジオへ連れて行かれ、企画の話になった。企画当初のタイトルは〝バーバリアン〟だったが、放映時には永井豪の〝ゴー〟に忖度したネーミングの〝ゴーバリアン〟に変わった。また、「超能力メカ物を狙って欲しい」「ガンダム的にシリアスに」とも要求された。それは土台無理な話だったが、私中心の体制は興味深く、引き受けることにしたのだ。しかし、それが後にとんでもないことになるとは、その時には気付くことはなかった。

ライターにガンダム経験者の**荒木芳久**と新人の**園田英樹**が参加。私を含めた3人で構成からオリジナルで話を創り上げた。作画監督は**福田皖**と**木下ゆうき**に依頼したが、木下はスケジュールに難があり、後に各話作監に変更となった。

永井豪
45年生まれ。漫画家。『デビルマン』『マジンガーZ』など代表作多数。

荒木芳久
39年生まれ。脚本家として『ひみつのアッコちゃん』『機動戦士ガンダム』など数々の作品を担当。『祭ばやしが聞こえる』『スターウルフ』など実写作品でも脚本を担当している。

園田英樹
57年生まれ。脚本家、演出家として『マシンロボ クロノスの大逆襲』『ポケットモンスター』など多数の人気作品を担当。ドラマの脚本も担当し、小説家としての顔も持つ。

福田皖
作画監督、キャラクターデザイナー、演出家として『どんべえ物語』『太陽の牙ダグラム』などを担当。

作画に関しては思うように作業が進まなかった。特に当時、メカ物はサンライズのスタッフ以外に得意とする者は皆無で、スケジュールは遅れに遅れた。もっとも当時それが当たり前だったが、金で解決できることではないため、厳しいものがあった。

なんとかアフレコにこぎ着け、私は赤坂見附のプロセンスタジオへ向かった。すると録音チーフの相原正之が調整卓の中央の席を指した。

「そこが監督の席です」

「……？」

中央の席、当然そこは音響監督（録音監督ともいう）の席なので戸惑う私。説明を聞くとナックの場合、低予算で音響監督がおらず、監督自らが音響監督を務めるということだった。そんなことを聞いていなかった私は困惑した。音響監督の役割は理解していたが、自らがそれをやるには不安がある。相原が私の不安を察して、「大丈夫ですよオクダさん。私がフォローしますから」と声をかけてくれた。私はその言葉を頼りに冷や汗もののにわか録音監督を始めた。声優さんへの演技付けやリテーク出し、演技指導も慣れない私は声が上ずるし用語も間違った。すると、録音ブースから声優達の失笑がもれる。しかし、録音チーフの相原がその都度的確な指示をくれて、時間はかかったもののなんとか1話は形になった。

やがて、1週目はともかく、徐々に慣れてくると音響監督の面白さが見えてきた。ダビングで映像に音楽と台詞、エフェクトを付けるのは面白く創造的な仕事だ。キャスティングはオフィス央の声優兼マネージャーでベテランの**たてかべ和也**さんが仕切ってくれた。苦しいスケジュールだったがプロデューサーの外崎も頑張ってくれて、私は26話を全うすることができた。

この『サイコアーマー　ゴーバリアン』では、後の運命に様々な影響を与える出会いがあった。外崎、相原は『**ドリームハンター麗夢**』へと続き、ナックの**戸井田博史**はDICでのフランス行きに関わってくる。声優のたてかべ和也はその後の私のキャスティングに影響を与えた。

木下ゆうき
作画監督、キャラクターデザイナー、演出家として『シートン動物記』『真ゲッターロボ 世界最後の日』などを担当。

たてかべ和也
34年生まれ。声優として『ドラえもん』のジャイアンや『ど根性ガエル』のゴリライモなどを担当。15年没。

ドリームハンター麗夢
85年に発売されたアダルト版が大ヒットし、一般ヴァージョンがシリーズ化した80年代オリジナルビデオアニメを代表する作品の一つ。詳細は本文参照。

戸井田博史
プロデューサーとして『サイボットロボッチ』『まんが水戸黄門』などを担当。

最後に、失念していたがナックではもう1本、監督をしていた。97年から13本放送された『**ドリトル先生物語**』がそれだが、途中、ギャラの支払いが遅れ、音響の立ち会いまではしなかったものの、いつの間にか作品は出来上がり、私が監督と記されていたのだ。

オリジナルビデオアニメへの道

熱が出て〝風邪かな？〟と思っているうちに、夕方には40度近くまで熱が上がり、そのまま立てなくなってしまった。慌てて三鷹の**イージー・フィルム**近くの病院に入院。診断の結果は肺炎で、1週間ほど高熱が出てほとんど意識がなかった。そこからはエアコンを効かせたブースで裸にされ、水枕と両の脇の下に氷嚢を挟まれた状態で点滴が続いた。やがて熱が引き退院。入院生活は15日に及んだ。

退屈な入院中、『サイコアーマー ゴーバリアン』で音響担当をしてくれたプロセンスタジオのチーフ・相原正之とプロデューサーの外崎清が訪ねてきた。2人からなるべく低予算で大人向けの漫画週刊誌で連載した作品を**アダルトアニメ**として制作して欲しいという提案を受け、退屈していた私はその依頼を受けることにした。このサイ・エンタープライズから出た作品が私にとってオリジナルビデオアニメ（以下、OVA）制作に関わるスタートになったのだ。

しばらくしてプロセンスタジオへ打ち合わせに行く。当時、ひばりヶ丘に住んでいた私は、池袋で乗り換えて丸ノ内線の赤坂見附まではそれほど苦にはならない距離だったし、お洒落な赤坂見附へ行くのも嬉しかった。私はスタジオのテーブルに積まれた数冊のエロコミックに目を通す。どれも粗い内容だったが、アイディアは面白かった。シナリオなしで絵コンテを描き下ろし、フォーマットさえ守ればどのような表現や、止め絵でも動かしても何本かで採算が取れれば問題はないとのことで、自由な裁量で作品を作ることができた。ただ、原作がコミックであるため、私は当然、絵の魅力を前面に出すことにした。

ドリトル先生物語
84年にアメリカで放送開始され、日本では90年にビデオ発売、97年にBSで放送された、アメリカの作家・ヒュー・ロフティングの児童文学を原作とした海洋冒険ギャグアニメ。

イージー・フィルム
88年に設立されたアニメ制作会社。

アダルトアニメ
成人向けに作られたアニメ。奥田はSuper Adult Animationシリーズとして『青い体験』『ザ・サティスファクション』『堕天使たちの狂宴』『直子のトロピックエンジェル』『青い体験2聖女隊ロストバージン』の5作品に加えて『ドリームハンター麗夢』に関わった。これらは好セールスを記録作画スタッフが問題だったが、エロが好きな描き手はそれなりにいる。ちなみに現在でもアダルトアニメは隆盛だ。ただし、当時の規制は現在より厳しく、アダルトアニメといっても、今のように巷に溢れているかなりえげつないレベルの作品ではなくソフトなものだった。

　また、この作品は当時デビューを望んでいた若い声優達の登竜門となった。オーディションは各プロダクションの若手新人女性の色っぽい声を聞かされることになった。が、これはこれで楽しかった。当時の新人たちは今やすでにベテランとなり、夢を叶えた者も、去っていった者も、それぞれの人生ドラマを生きたことだろう。当時より巨大化した現在のアニメ産業は数多くの声優プロダクションを生み、多くの専門学校には声優志望の若者たちが集まる。このシリーズはその先駆けだったのかもしれない。

　このアダルトアニメでは〝隈崎悟〟名義で監督をした。まだ外部に発注できる制作費はなかったので、脚本や絵コンテも全て自分でこなし、原作コミックのイメージを重視した作品作りを心がけた。また、映像的実験もでき、録音チーフの相原正之やそのスタッフとの付き合いも楽しかった。録音助手には今や売れっ子音響監督の**岩浪美和**もいたし、打ち上げの宴会に参加して座を盛り上げてくれた**堀内賢雄**も今やベテランである。

　物珍しさからか、エロ路線はヒットした。それも作れば作るだけヒットし、サイ・エンタープライズは収益を上げた。当然、私のギャラも上がった。

　そんな中、83年にＪＣＧＬに構いきりで迷惑をかけたスタジオ・ザインを離れ、クリエイターとしての一歩を歩み始めた。一方、スタジオ・ザインは有限会社として尾崎が社長となり独自の道を歩む。

『ドリームハンター麗夢』とプロジェクトチーム永久機関

　83年、プロデューサーをやってくれていた外崎と共に吉祥寺で事務所を借りた。サンロード近くに新しくできたダイアパレス吉

し、メイキングドキュメンタリー風の実写作品『青い体験』（写真）まで作られた。

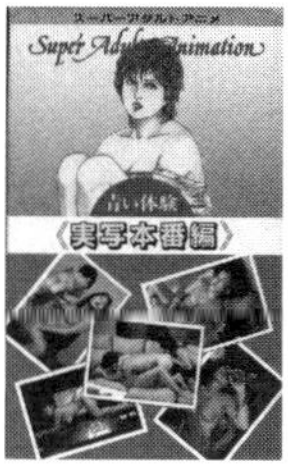

岩浪美和
62年生まれ。音響監督として『ダッシュ！四駆郎』『ニンジャバットマン』など多数の作品を担当。実写作品やラジオドラマなど多数の作品で音響を担当している。

堀内賢雄
57年生まれ。声優として『機動戦士ガンダムＺＺ』のマシュマー・セロ、『グイン・サーガ』のグインなどを担当。

祥寺というビルの一室に、有限会社プロジェクトチーム永久機関を作った。〃永久機関〃というシステムは、中学時代からの私の夢だった。

サイ・エンタープライズは約束通り私のオリジナル作品を作らせてくれた。これがアダルト版の『ドリームハンター麗夢』であった。嬉しくて1週間で絵コンテを書き下ろす。極めてエロは少なくソフトな内容。アイディアはそれまで温めていたものを全て吐き出した。**高木彬光**作品へのオマージュ〃死神博士〃も敵役としてキャラクター化した。**アニメアール**の中堅数人に美少女探偵のキャラクターデザインのオーディションを頼むが、結局、バランスが取れて世界観のあった**毛利和昭**のキャラに決まる。脇役はアニメアールリーダーの谷口守泰が描き上げてくれた。

そのアダルト版『ドリームハンター麗夢』がヒットした。それは当時のアニメマニアが待ち望んでいた内容であった。私も外崎も相原も喜んだ。だが、まだエロコミック原作のシリーズを作るつもりだった。しかし、ある日、相原から赤坂のスタジオへ呼び出された。「奥田さん、これ見て下さい」と相原が示した事務机の上には溢れんばかりのハガキがあった。ビデオに同封してあったアンケートハガキである。そこに書かれているほとんどが、「面白かった」「今までにないものだ」「頑張ってください」というファンの声だった。そして一様に、「エロでない麗夢シリーズを希望します」とあったのだ。それは異例のことだった。その晩の宴会でノーマル版『ドリームハンター麗夢』の製作が決定した。

『ドリームハンター麗夢』は怪奇事件の解決を請け負う探偵・綾小路麗夢が、事件やその被害者達と向き合いながら元凶である悪夢の中に入り、夢魔と戦う。SF・ホラー・バトル・美少女・ミステリーなどなど様々な要素を併せ持つ複合的エンターテイメント作品だ。

85年5月に発売された第1弾「惨夢、甦る死神博士」を皮切りに、OVAでは世界初のドルビーサラウンド方式の立体音響を

高木彬光
20年生まれ。推理小説家として神津恭介や大前田英策など人気キャラクターを生み出した。95年没。

アニメアール
78年に大阪で設立されたアニメ制作会社。『太陽の牙ダグラム』『装甲騎兵ボトムズ』など多数の作品を制作。

毛利和昭
57年生まれ。アニメーター、演出家などとして『ミスター味っ子』『地球防衛家族』などを担当。

採用。第2作「聖美神女学園の妖夢」ではキングレコードのヒット賞を受賞した。その後も数多くのコミック、ゲーム、フィギュア、ドラマCDが制作された。アニメイトでもカンペンケース、カセットテープ再生機、フルサイズカレンダーなどが発売された。今やメジャー企業となった**海洋堂**の最初の美少女フィギュアでもあった。

吉祥寺に事務所を構えて36年になる。その最初の名前が〝プロジェクトチーム永久機関〟だった。OVAを中心に私の企画を制作する有限会社だった。短い期間だったが私が社長だった時代だ。

ダイアパレス吉祥寺は当時としては珍しいナンバーロック式の入り口だったが、塾が入るようになってナンバーは秘密でもなんでもなく、しまいには玄関の入り口は開け放ってあった。ここで3年過ごしたが、駐車するのに不便で移転を考えていた時、費用を出すので移転して欲しいとバブル景気に乗じて転売を考えた大家から依頼があった。渡りに船で話に乗った私は、移転先として駅からは遠くなるが、井の頭通り沿いに古いが広い部屋を見つけた。大きなマンションの2階、角部屋、ワンフロア二十四畳、トイレ、給湯設備は共用だったがスタッフと2人の部屋としては嬉しいほど広い。エアコンの効きは弱かったので私の机を置いた窓辺には窓用エアコンを付けた。多少うるさいが換気もできたので快適だった。サンロードと違って短時間なら路上駐車も可能だった。裏から脇道へ出ると5分ほどで井の頭公園に着き、木陰でアイディアを練るにはもってこいのロケーションだった。この頃が吉祥寺時代の絶頂期だった。車もサバンナロータリーからランクアップしてトヨタソアラとなった。車検時にスーパーチャージャーの白いクラウンに代え、その時にはガソリンスタンドで「土禁ですか?」と質問を受け戸惑ったこともあった。〝土禁〟とは〝土足禁止〟の意であり、ヤンキー達が高級車を持った時には、わざわざ土足を脱いで別の靴、あるいはスリッパに履き替え運転するという風習があった。私にその風習はなく、

海洋堂
世界屈指の造形で知られる模型会社。

ヤンキーほどに車を磨く時間もなかった。

この頃はこれ以上ないほど仕事が面白かった。企画は出せば決まった。『ドリームハンター麗夢』はそのままいけばテレビシリーズも夢ではなかった。事務所の下の階にはコンビニが入り、快適に暮らせるようになった。近くに越してきた**スタジオディーン**の**長谷川（洋）**社長も遊びに訪れて企画の仕事の話もした。私の企画は様々な会社に受け入れられた。キングレコード、TDK、クラウンレコード、ソニー、アニメイトなどメジャーレーベルばかりだった。

『**トゥインクルハート 銀河系までとどかない**』は、それまでの付き合いで**寺田憲史**に原作を書き下ろしてもらい、コミックも発売された。『**禁断の黙示録 クリスタル・トライアングル**』は『超獣機神ダンクーガ』のリベンジの意味も込めて、ソニーとアニメイトが出資してくれて作ることができた。**スタジオ・ライブ**とアニメアールと、当時の有能なアニメーターが集まっていたプロダクションの協力も得た。

これらの作品以外にも様々なOVAの企画を立てた。これ以上ない環境だった。思い上がっていたのかも知れない。それは、後にならなければわからないことだったが、脇が甘くなっていたのだろう。

アメリカとの合作『マイティ・オーボッツ』

『**マイティ・オーボッツ**』が合作のため、要求が厳しくスケジュールが難航しているとの噂は聞いていた。しばらく経って東京ムービーに呼ばれ絵コンテの依頼を受けた。久しぶりの出﨑統の監督作品への参加だったが、彼はロスにいたので顔を合わせることはなく、翻訳されたシナリオを渡されただけであった。

アメリカへファックスで送るため、コントラストが低いと綺麗に送れないとの理由で初めてボールペンで絵コンテを描く。当時のファックスは性能が低く、また国際電話回線の通信料も高額であった。絵コンテ料は破格の1本30万円。サラリーマンの平均年

スタジオディーン
75年に設立されたアニメ制作会社。『めぞん一刻』『スーパーヅガン』など多数の作品を制作。

長谷川洋
51年生まれ。プロデューサーとして『天使のたまご』『しずかなあやしい午後に』などを担当。

トゥインクルハート 銀河系までとどかない
86年に発売されたオリジナルビデオアニメ作品。

寺田憲史
52年生まれ。脚本家として『バビ・ストック』『よろしくメカドック』などを担当。「ファイナルファンタジー」などゲームのシナリオも手がけている。

禁断の黙示録 クリスタル・トライアングル
87年に発売されたオリジナルビデオアニメ作品。

収が約３５０万円だった当時、１本描くだけで充分生活できたが、月２本担当することとなった。

出﨑統はそれまでのスタッフ、特にアメリカサイドの絵コンテが不満であり、私が１本テストで描いたのを見て、以降全部の絵コンテを描いて欲しいと言ってきた。結果、全13本中の後半４本の『マイティ・オーボッツ』の絵コンテを描いた。絵コンテ１本はＡ４用紙１００枚ほどの分量になる。勢い込んで描き始めたが、ボールペンでの下描きなしの一発描きは緊張と共に高い筆圧が必要で、手首に負担がかかりすぎ、１週間で１００枚を描き終える頃には腱鞘炎になりかけたが、30万円の魅力には勝てずに描き上げたのだった。

１本描き上げると新品ボールペン１本のインクがなくなった。ボールペンのインク全てを短期間で使い切る経験は初めてで、ボールペン１本のインクがコンテ１００ページ描くことでなくなるという事実にその時、気付いた。

後に知らされたが、１本分のファックスの通信費は30万円であったとのこと。私がロスへ行って描いたほうがよかったかも……と考えた。東京ムービーはその後も合作を続けるのであった。

『超獣機神ダンクーガ』最悪の環境で最大の情熱

85年の春、吉祥寺の事務所で麗夢の作業を進めていると、**葦プロ**の制作・**梅原勝**に電話で呼ばれた。葦プロとは数本の絵コンテの縁があり梅原はアニメルーム以来の付き合いだった。当時の葦プロのスタジオは、杉並区桃井にあった普通の2階建てプレハブ住宅。当時はそのようなプロダクションが多かった。現在みたいに洒落たビルのフロアを借りているようなアニメスタジオなどまだなかった時代だ。１階の応接室が経理兼打ち合わせルームで、社長の兄の専務と経理の女性がいた。私は何も判らないまま応接セットのソファーに座って出されたお茶に手を伸ばす。プロデューサーの加藤博が重い物をテーブルの上にゴトンと載せる。

スタジオ・ライブ
76年に設立されたアニメ制作会社。

マイティ・オーボッツ
84年にアメリカで放送開始され、日本では85年にビデオ発売、00年にＢＳで放送されたロボットアニメ作品。

葦プロ
75年に佐藤俊彦、加藤博らが設立したアニメ制作会社。『超獣機神ダンクーガ』を始め、『戦国魔神ゴーショーグン』『魔法のプリンセス ミンキーモモ』など根強いファンを持つ作品を制作。

梅原勝
制作として『アイ　シティ』などを担当。

「これなんですがね、なんとかなりませんか?」

すでに着色された30センチほどの重量感のある完成品超合金の合体ロボットだ。

「え、これですか?　名前は……」

「それが名前も何も決まっていないんですよ。企画っていってもこれがあるだけで……なんとかなりますか?」

「えーそんなのありですか?」

「やってもらえれば、これから企画作って」

「決まってるの?　放映は」

「ほとんど決まってるんですよテレビの枠も」

「局はどこなの?」

「TBS」

「あれ、珍しいねロボットアニメがTBSとは」

「それだけじゃなくて音楽はエピックソニーで、歌手もエピックの新人で決まってるんです」

私はこの作品の制作に、ものすごく興味が湧いてきた。こんな珍しいことはない。これはチャンスだ引き受けるべきだと。ただ大きな問題がある。この合体ロボットが〝象さん〟〝鷲さん〟〝ライオンさん〟〝黒豹さん〟の猛獣合体なのだ。少し前に流行った動物合体シリーズは幼児向けにシンプルに勧善懲悪を見せるだけのシリーズだった。今ひとつ乗りにくい……と思いながらも、初めからなにも決まっていないところから創り上げる魅力に負けて承諾をするが、〝さあ、なにをやったらいいのか……?〟超合金ロボットを前に途方に暮れた。

〝象さん〟〝鷲さん〟〝ライオンさん〟〝黒豹さん〟……?　ああ、どうすればいいんだ。リアルな世界観を持ったガンダムという大ヒットが出た後で、これをどう料理すればいいのだ……?　悩んだ末、私は友人の吉川に相談した。彼は**コンラート・ローレンツ**の「攻撃 悪の自然誌」を貸してくれた。ローレンツの「攻撃」は比較行動学から脊椎動物における攻撃本能において、同一種族間に行なわれる攻撃はそれ自体は悪ではなく、種を保存する働きを持ち、さらに攻撃本能は儀式化の過程を経て攻撃本能を抑制する役割を演じ、責任ある道徳に従っている人

コンラート・ローレンツ
03年生まれ。オーストリアの動物行動学者。89年没。

藤川桂介
34年生まれ。脚本家として『マジンガーZ』『鋼鉄ジーグ』など多数の人気作を担当。また、『ウルトラマン』シリーズや『宇宙猿人ゴリ』など特撮ドラマや『部長刑事』『柔道一代』など実写ドラマの脚本も数多く担当。小説家としても顔も持つ。

武上純希
55年生まれ。脚本家として『戦国魔神ゴーショーグン』『プラレス3四郎』など多数の人気作を担当。また、『電脳警察サイバーコップ』『ウルトラマンティガ』など特撮ドラマの脚本も数多く担当。

アミノテツロー
55年生まれ。演出家、監督として『機甲戦記ドラグナー』『アイドル天使ようこそようこ』など多数の作

間の行動様式と似てくるとの説だった。

決まりきった動物ロボット合体アクションをやりたくなかったこともあり、強引に人間の自己犠牲をテーマとすることに決めた。屁理屈だが、メカの進化も登場人物の自己犠牲も種保存の本能として捉えることにしたのだ。

後日、ライターとの会議がもたれた。チーフライターの**藤川桂介**さんは言わずと知れた大御所だ。寺田憲史は彼が早稲田の学生時代からの付き合いで気心は知れている。**武上純希**は初対面だったがオタクの化身そのものの熱意があった。会議は延々と続き、タイトルで躓いた。動物合体メカのタイトルはあらかた出尽くしていてこれはというものが出なかったが、最終的に〝バンダイ〟提供だからそれをもじったタイトルにしようということになった。今でいう〝忖度〟である。打ち合わせ時の冗談が〝ダンクーガ〟を生み出した。〝超獣機神〟は後に漢字タイトルを連発した武上純希発案だった気がする。この作品で武上純希の才能は迸った。寺田憲史は青春物をメカ物に取り入れた。青春物のコンテを得意とする**アミノテツロー**も参加してくれた。メカ設定は合体原型をデザインした**平井寿**。彼は後に多くのメカ物で活躍するが、当時は内気で寡黙な青年だった。打ち合わせ時に言葉を交わしたことも、目を合わせた記憶もないほどだ。

登場人物のキャラは友人で江古田にあったスタジオ・ライブ社長の**芦田豊雄**に相談した。当時のスタジオ・ライブは錚々たる若手が揃っていた。拙作『ドリームハンター麗夢』で付き合うようになったアニメアールとは、「西のアール、東のライブ」と呼ばれ競い合っていた。まだ、**スタジオジブリ**などが存在しない時代だ。

キャラクターそれぞれの性格や体型などを説明するため、前もって漫画週刊誌などからイメージに合ったキャラを抜粋して持っていった。芦田の考えはこうだった。

「奥田さん、絵描きってなにか具体的なイメージがないと、真っ白から創り出すのは難しいんだよ」

絵描きでもある私には彼の考え方が痛い

品を担当。

平井寿（久司）
アニメーター、キャラクターデザイナーなどとして『無限のリヴァイアス』『蒼穹のファフナー』などを担当。漫画家、イラストレーターとしても活躍。

芦田豊雄
44年生まれ。『銀河漂流バイファム』『魔神英雄伝ワタル』など多数の作品でキャラクターデザイン、作画監督を担当。76年にスタジオ・ライブを設立し、多くの若い才能を発掘し日本のアニメ界に寄与した。11年没。

スタジオジブリ
85年に設立されたアニメ制作会社。

ほどわかる。どちらかというと動画や原画を得意とする私はキャラクターデザインが苦手だった。同人誌の時代には得意としていたが、アニメの世界に入ってからはキャラクターを創ることはなかった。アニメーターのタイプには2つあり、動きや芝居が得意でもキャラクターは苦手とするタイプと、苦もなくキャラクターを生み出せるタイプだ。芦田は生み出せるタイプだった。また、彼が率いるライブの若手にもそのような教育をしていた。

「女の子のキャラは若手の女の子に描かせてみる。その方が今風のものが出る気がする」という芦田の考えに異論はなかった。そして紹介されたのが**只野和子**。後に『美少女戦士セーラームーン』などの美少女キャラで一世を風靡する女性だ。当時はまだあどけない小柄な少女だった。その時、ライブ内にできたのがチーム〝いんどり小屋〟だった。オヤジキャラは芦田が自ら創ってくれた。

ウィキペディアにある『超獣機神ダンクーガ』のページで、のっけから「全38話。放送開始当初は全52話4クールを予定していたが、商業的に振るわず3クールで打ち切りとなった」とあるが、それは事実ではなかった。後に中国広州で当時のバンダイを知る人物に出会い、その真実を聞いた。

ダンクーガ放映の年となる85年、アメリカで超合金ブームが起きた。それに向けて静岡の港から超合金の在庫（種類はなんでもよかったらしい）を全て船積みしアメリカへ送った。その結果、ダンクーガは日本での年末商戦に売る品物がなく、放映をする意味がなくなって38話で打ち切りとなったとのことだった。無用な波代は払いたくないとのドライな対応というべきであろう。アメリカでの超合金ブームはその後意外な方向へ向かう。超合金ロボットを売り出すために制作されたアニメ『戦え！超ロボット生命体トランスフォーマー』がアメリカ国内でシリーズ化されるほどの大ヒットを記録し、それを幼少期に観たハリウッドのクリエイター達が手がけて大ヒットしたのが映画のトランスフォーマーシリーズである。

只野和子
アニメーター、キャラクターデザイナーとして『きんぎょ注意報！』『美少女戦士セーラームーン』など多数の作品を担当。

沼津の港から積み出された超合金ロボットが思わぬところで役立ったわけである。TBSもエピックソニーも視聴率（実際、当時のメカ物の視聴率は全般的に低かった）に不満のない状況であったから、私が疑問に思っていた打ち切り事件の原因はこの証言で納得することができた。それも、遠い広州での巡り合いで情報を得られたことには運命を感じさせた。

若手には有能なスタッフがいた。**羽原信義**、**大張正己**らが新人として頑張っていた。羽原のオーソドックスで丁寧な作画、大張のデフォルメされたメカアクションが目についた。仕上げのスタッフも若く、沙羅の髪のカラーリングでピンクのメッシュを提案してくれた。彼らは完全な夜型で、エンジンがかかるまで深夜レストランで夢を語っていた。それを脇で聞いているのは、自分の昔を見るようで楽しかった。私はそこで別れて吉祥寺のザインに戻り、仕事の整理をしてから帰ると、家に着くのはいつも2時、3時だった。羽原、大張、**南町奉行所**、若手やベテランとの交流は本当に楽しかった。

進行兼演助の**加戸誉夫**は珍しい存在で、最初の出会いから不思議だった。カット表を持って確認に来た彼は、私の後ろに視線を泳がす。怪しかったので、「加戸君、背後霊が見えるって本当?」とカマをかけてみた。もちろん全く出まかせである。「え? そんなことありません。誰か言ってましたか?」という慌てぶりが図星のようだった。誰もなにも言っていないし、履歴書にも書いてあるわけがない。

「俺の背後霊は落ち武者なんかじゃないよ。可愛いゴマフアザラシだよ」

彼はそれを確認するかのように私の背後の空間を探るが、ゴマフアザラシでも落ち武者でもないようだった。この時、彼に見えたものを確認しなかったのが残念だ。とにかく、彼に霊感があるのは本当らしかった。仕事は厳しく、毎日深夜まで葦プロにいた。私の車は吉祥寺ザインの駐車場に置いてあり、そこまでは制作進行の誰かに送ってもらっていた。その夜は加戸に送ってもらった。その夜は寒く暗い夜だった。疲れ

羽原信義
63年生まれ。アニメーター、演出家、監督などとして『超音戦士ボーグマン』『レイナ剣狼伝説』など多数の作品を担当。

大張正己
66年生まれ。アニメーター、メカデザイナー、監督などとして『バブルガムクライシス』『機動戦士ガンダム 鉄血のオルフェンズ』など多数の作品を担当。

南町奉行所
89年に設立されたアニメ制作会社。80年代のオリジナルビデオアニメ『戦国奇譚 妖刀伝』『トウキョウ・バイス』などで注目を浴びた。

加戸誉夫
63年生まれ。演出、監督として『ロックマンエグゼ』『デュエル・マスターズ ビクトリーV3』など多数の作品を担当。

ていた私は助手席に浅く腰掛け、足を投げ出していた。十字路に差しかかると、街灯は暗くヘッドライトの明かりのみが照らし出していた。キキーーッ‼ 急ブレーキに私は席からずり落ちそうになる。

「なにかいたのか⁈」

「いえ……お爺さんが」

「お爺さんを轢いたのか？」

「いたのでブレーキを」

「俺には見えなかったが、交差点にいたのか？」

「いえ、ブレーキペダルの上に小さなお爺さんが……」

踏むよな、小さなお爺さん……。その後、遅くなっても加戸に送ってもらうことは避けた。

加戸のように、業界には霊能力のある者が多いのだ。早川啓二も幻視が見えるタイプだった。彼に見えたのは机の上を行く大名行列と小さなお父さんだった。韓国出張で親の死に目に会えなかった彼の負い目とアルコールの影響があったようだ。ちなみに、ディズニー作品の『**ダンボ**』で踊るピンクの象はアルコールによる幻覚症状だとのことだ。昔のディズニー作品は奥深いものがあった。

『ダンクーガ』は初めからスタッフが足りず順調ではなかった。スケジュールが厳しく本撮（カラー撮影）ができなかった場合、線撮り（上がった動画もしくは原画をそのまま撮影する）もしくは〝白み〟と呼ばれた白いベースフィルムを繋いで、そこに、キャラクター別に話すタイミングを油性のマーカーかデルマでそれぞれのキャラクター別に色を決めて台詞タイミングをタイムシートから抜き出して線を引く。これに合わせてアフレコ時に台詞を当てれば、撮影から上がってきたロパクにぴったりの台詞が録れる理屈だ。カラーフィルム、モノクロフィルム、白みと混在したフィルムでアフレコを行うが、３種類の厚みの違うフィルムが繋がっているため、プロジェクターのアパーチュアを通過する時にその部分はパシンと音を立ててスクリーンでは絵が跳ねる。最悪、パーフォレーションが外れて映写機は空転してア

ダンボ
41年にアメリカで、54年に日本で公開されたディズニーの長編映画。劇中、主役の小象ダンボとネズミのティモシーが酒を飲み、シュールな夢を見るシーンが話題となった。

フレコが中断する。絵のない部分の編集はタイミングがわからず非能率なこと極まりなかった。しかもアフレコ前日の夜中からスタートする。シナリオチェック、絵コンテチェック、打ち合わせなどを終えてからの深夜は体力的に辛いものがあった。編集は**辺見俊夫**がチーフで**正木直幸**がサブであったが、中盤から正木が編集することとなった。

正木は「目が悪いのに、こんな過酷な編集はしたくない」と言いつつも、シリーズの最後まで付き合ってくれた。その後、彼は制作に転身した。アフレコは編集済みラッシュフィルムを前もって制作進行がスタジオ（『ダンクーガ』の場合は新宿南口から5分ほどの整音スタジオ）へ届け、準備ができたところでプロデューサーまたは制作デスクと監督が立ち会って開始されるのが本来のやり方だった。だが、私が編集を始める頃には制作進行は疲れ果てて眠りこけ、明け方ラッシュが上がる頃にはどこかへ消えてしまう。プロデューサーと制作デスクは音響スタッフから劣悪な状況（アフレコがやりにくく、ダビング素材の仕込みもできないフィルム状態）を叱責されるのを恐れて近づかない。結局、私が徹夜明けでラッシュフィルムと絵コンテ、赤の入った修正台本一式を抱えて早朝の新宿南口を抜けて整音スタジオへ急ぐ。日が昇らない頃の南口はゴミの臭いが漂って、カラスが我がもの顔にエサを漁っている。オフィスビルもまだシャッターを閉じている。その中をラッシュフィルムの缶を抱えて歩いて行く総監督。こんな過酷な目にあった監督は他にはいなかったろう。

スタジオへ着くと16ミリ映写機でラッシュチェックが行われ、そのあまりの状態にミキサーから苦情が出る。本来、私は葦プロの人間ではないが音響の苦労を考えると話を聞かざるを得ない。音響監督の松浦典良を待つ間、修正台本を2部作る。本来、演出助手の仕事であったが、これもまたエスケープしてしまって、私がやらざるを得なかった。オリジナルと2冊を並べて、作画打ち合わせ後の〝欠番〟〝台詞直し〟〝テレコ〟〝キャラ別の線引きの色〟などを手際よ

辺見俊夫
編集として『ルーツ・サーチ 食心物体X』『ポケットモンスター』など多数の作品を担当。

正木直幸
66年生まれ。アニメーター、メカデザイナー、監督などとして『バブルガムクライシス』『機動戦士ガンダム 鉄血のオルフェンズ』など多数の作品を担当。

く追加や修正をしていく。これだけでも演助がやれば数時間はかかる仕事である。修正が終わると、表紙に〝修正台本〟と記して音響さんと録音監督へ渡す。松浦典良は生真面目な性格できちんと段取りを取らないと一日不機嫌であった。『ドリームハンター麗夢』の録音監督の**本田保則**は反対の性格で、「まあ、仕事ですから、アハハハハ」と割り切ることができるタイプだったが仕事はきちんとやってくれた。対照的な2人である。そういえば、もう一人、同時代の録音監督では浦上靖夫も虫プロ出身であった。

第1話のフィルムはなんとか間に合って、全てカラーだった。アフレコ初日には広告代理店や局のプロデューサーが顔を揃える。代理店プロデューサーは**片岡義朗**。なにかと一家言ある男だった。キャスティング時にも新人だった**矢尾一樹**に対して「もっと、ネームバリューがある方がいいのではないか?」と言い、**山本百合子**に対しては対案として**島津冴子**を推してきた。総括的に売れ線を集めて失敗を避けようという考えは感じていた。ただ、私は矢尾一樹の声のエネルギーと山本百合子の優しさが欲しかった。結局、松浦と私の意見が通った。担当のTBSプロデューサーはアニメに関しては新人だったが、もう一人、TBSからそれまで色々なシリーズで世話になったベテランプロデューサー・**忠隈昌**映画部副部長が来ていた。忠隈さんはTBSで久しぶりのメカ物であるダンクーガへの期待を語ってくれた。「オクちゃんとは古い付き合いで、これまでにずいぶん世話になっているんだよ」と私の肩を抱いてニコニコと笑った。それは明らかに片岡へ牽制のメッセージであった。おかげで片岡は、それ以来スタジオへやって来ることはなかった。そんな忠隈さんの気遣いはありがたかった。

全くの新人だった矢尾一樹は、声の勢いに問題はなかったが台詞で難航した。リテイク(録り直し)を連発し、それまで私の作品で一番リテイクの多かった堀内賢雄を上回った。リテイクは時間が延びて他の声優にも迷惑になる。ベテランからは無言、有言の圧力がかかることになり、本人は舞

本田保則
43年生まれ。音響監督として『戦え!!イクサー1』『メガゾーン23』など多数の作品を担当。

片岡義朗
45年生まれ。プロデューサーとして『タッチ』『キテレツ大百科』など多数の作品を担当。

矢尾一樹
59年生まれ。声優として『バース』のシュルギ・ナム、『機動戦士ガンダムZZ』のジュドー・アーシタなど多数の作品を担当。俳優、ナレーターとしても活躍している。『超獣機神ダンクーガ』では主人公・藤原忍を演じた。

山本百合子
60年生まれ。声優として『はーいステップジュン』の野々宮ジュン、『戦え!!イクサー1』のイクサー1など多数の作品を担当。『超獣機神ダンクーガ』ではツ

い上がってしまい頭の中が真っ白になる。仕方なく彼のパートは中断して、他の声優の台詞を全て録り終えて帰ってもらった後、息を整えて再びチャレンジしてもらった。その時に生まれたのが藤原忍の売り文句、「やってやるぜ！」だった。これは最後の最後に忍が発する戦いへの絶叫だった。松浦と私はこれを推していこうと合意し、他のスタッフも頷いていた。これが『超獣機神ダンクーガ』の決め台詞「やってやるぜ！」誕生の瞬間だった。

整音スタジオのスタッフは職人気質で楽しい人たちだった。**スワラプロ**の効果音も緻密だった。ただ、16ミリシネテープはトラブルが多く、途中でノイズが入った場合は巻頭からやり直さねばならない。それで終電を逃し朝帰りとなることも多かった。徹夜が2日続くこととなる。劇番（BGM）はエピックソニーの**長崎行男**が担当してくれ、録音監督の松浦と一緒にメニュー出しをして豪華な音楽ができた。作曲は**戸塚修**と**池毅**で、本作が2人の劇番デビュー。2人は今やメジャーの作曲家である。

破滅的ともいえるスケジュール以外は新鮮な毎日が続いた。スケジュールの改善は一向になく、徹夜に次ぐ徹夜に身体がついてきたのは、若さと頑丈な体力、自由にできることへの気力があったからだろう。比較的自由に作品作りに関われる立場になることは滅多にないことだったから、こんなに面白いことはなかった。

苦労に苦労を重ねてシリーズも終わり、編集プラス新作のOVAバージョンも成功。そして、ソニー・ピクチャーズから劇場用長編の話が出た。嬉しい話だった。ベースになる話をまとめ、武上純希と軽く打ち合わせをした。これは絶対受ける、絶対泣ける話だった。しかし、作業に入る寸前にプロデューサーの加藤博が吉祥寺の事務所へ訪ねてきた。なにかと思えば、「オクダさん、監督の名前だけ貸してください。実作業は葦プロサイドでやります」と言うではないか。私は意味がわからなかった。彼を問い詰めてみると、「オクダさんだと経費もスケジュールもかかるし安く上げたいんです」と答える。信じられない話だった。スケジュー

ンデレなヒロイン・結城沙羅を演じた。

島津冴子
59年生まれ。声優として『うる星やつら』のしのぶ、『魔法の天使クリィミーマミ』の綾瀬めぐみなど多数の作品を担当。

忠隈昌
28年生まれ。プロデューサーとして『星の子チョビン』『UFO戦士ダイアポロン』などの作品を担当。

スワラプロ
76年に設立された音響制作会社。

長崎行男
54年生まれ。音響監督として『おでんくん』『ガッチャマン クラウズ』など多数の作品を担当。

ルを破綻させないために私がどれほど自分の時間を削っていたか彼は知っていたはずだ。現場にいたデスクの梅原勝も、制作の下地（志直）も知っているはずだ。彼らの代わりに声優からの不満も私が被ってやったはずだ。「誰からの指示だよ?・」と問い詰めたが、それには答えず監督の名義料なるものを提示してきた。しかし、それは驚くほど少額だった。

ダンクーガの劇場版を降りることにした私は、監督名義料も断った。「勝手にやってくれ」という意思表示だ。ただ、残念なのは武上と進めていた構成だった。それが日の目を見なかったのは今でも悔しく思い出す。

それを聞いたソニー・ピクチャーズもエピックソニーも劇場版から手を引くことを決めた。一方、葦プロは音楽を東芝ＥＭＩに変更して制作を進めた。私が降りたことを知った声優陣、特に矢尾一樹、山本百合子、**中原茂**は作品から降りると言ってくれたが、私はそれを思いとどまるように頼んだ。彼らの仕事は人気が頼りである。私に同調して降りてもファンには理解してもらえないかも知れない。また、ファンを裏切ることでもある。私は彼らを説得してそれは回避したが、彼らの気持ちは嬉しかった。

その後、葦プロは独自路線で別の「ダンクーガ」を作った。それは予算も含めて劇場用にはなり得ないレベルだった。私のダンクーガは虚しく終わった。

『ターミネーター』試写会前に出会った女性

ダンクーガの息抜きに吉川と『**ターミネーター**』の試写会に行くため、新宿西口のロータリーに面した喫茶店で待ち合わせる。試写会の上映時間までまだ時間があったので、ブレンドとサンドウィッチを頼んで駄弁り始める。テーブルの脇は広いガラス窓で、ロータリーと京王百貨店が見える。窓の外は小さな花壇になっていて、まだ花を付けない草花がまばらに植えてある。コンコンとガラスを叩く音で２人とも窓を見た。そこには若い女性（20代後半か?・）がこざっぱりし

戸塚修
52年生まれ。作曲家、編曲家として『鎧伝サムライトルーパー』『電光超人グリッドマン』など多数の作品を担当。近藤真彦の「愚か者」で第29回日本レコード大賞編曲賞受賞。

池毅
53年生まれ。作曲家、編曲家として『ドラゴンボール』『おジャ魔女どれみ』など多数の作品を担当。「ＣＲ桃太郎電鉄」などゲーム音楽も担当している。

中原茂
61年生まれ。声優として『聖戦士ダンバイン』のショウ・ザマ、『アリオン』のアリオンなど多数の作品を担当。『超獣機神ダンクーガ』ではベビーフェイスの式部雅人を演じた。

ターミネーター
84年にアメリカで、85年に日本で公開されたＳＦ映画。未来の革命リーダー

た服装で立っていた。学生ではないが職業は判らない。しかし、可愛い。手真似で店内へ入っていいか尋ねている。2人とも頷くと、若い女性は向きを変え店内へ入ってきて私の脇に座った。彼女は2人の間に身を屈めて囁く。

「知ってますか、このお店のこと」

「え……なにが?」

女性は身を屈めたまま顔だけ回して店内の様子をうかがう。我々も「何事か?」と同じように見回す。

「店員と目を合わせないように!」

その強い語調に、私は思わず吉川と顔を見合わせた。

「気をつけて!　あの地下へ降りてったウエイトレスも組織の人間よ」

下の階に厨房がある構造だから、階下に降りて行くのは当然の気がするのだが……。

「ここには組織の本部があるの」

「組織って?」と吉川が聞く。

「すべて……公安、CIA、MI6、KGB(カーゲーベーと発音した)、最近ではモサドもやってくるの」

「それってそれぞれが対立してない?」と私が尋ねると、「だから甘いっていうの。対立しているフリをして連中は裏で手を結んでいるの」

「そうなのか、難しいね……」

階下から一人のウエイターがトレーを持って上がってくる。

「いけない!　あいつには顔を知られてるから。私行くね」

「うん……」

彼女が急いで立ち上がりあわててドアへ向かうのを見送る私達。お互いに「あれ、新しい彼女?」「え……違うの?」と、双方共に相手の彼女だと思っていたのだ。コイツの彼女ならあんなのがいてもおかしくない。そう思っていた。新宿西口喫茶店が、組織のアジトだと教えてくれた女の子にはその後、巡り合っていない。ドッキリカメラだったのか?　それとも、劇団員の訓練だったのか……?

『ターミネーター』の試写は楽しめた。特撮はハリーハウゼンの系譜、襲い来る凶悪

を抹殺するため送り込まれた殺人サイボーグ・ターミネーターとの果てしない闘いを描く傑作。

なモンスターをコマ撮りアニメ（ストップ・アニメーションとも呼ぶがこの呼称には抵抗がある）の技法で描いたもので、古い技法が新鮮に見えた。ヒットした後、潤沢な予算でCGを多用する大作になった。とはいえ、日本でのヒットはテレビ放送やビデオ発売後のマニア人気に乗ってのもので、SF映画の常として最初の公開時には客足はまばらだった。あの、名作『**2001年宇宙の旅**』ですら、公開10日目のテアトル東京の午前中の客席には7人の客だけしか、あのシネラマ用の大スクリーンに映し出される宇宙のシーンと「ツァラトゥストラはかく語りき」の大音響に圧倒されていなかったのだ。当時まだSF映画の立場はそのようなものだった。

中央線沿線に引っ越す

85年、多くの仕事が中央線沿線にあるプロダクションに移った。西武線沿線はサンライズが主流となっていて、それまでの仕事が減った私は思い切って家を買うことにした。頭金は集めたが当時のアニメの仕事は信用がなく、カードを作るのも難しく、ましてローンを組むなど夢のようだった。だが、当時隆盛だったアニメ誌で私の写真が載ったインタビュー記事が多く掲載された。そのお陰で銀行の見る目が変わった。ローンを組むにあたって、色々と教えてくれたのが富野喜幸。私がひばりヶ丘にいた頃、彼は北側の新座市に住んでいた。彼が言うには「オクチンさあ、ローンを組むより親戚に借りた方がいいよ。なんたって無利子だから」とのことだった。もう一人がシンエイ動画会長の**楠部三吉郎**だ。新居に招待された時に聞いた話はこうだった。

「銀行から借りてはダメだよ。借りるんだったら住宅信用金庫。利子が安いから」

「ふーん、利子が安いんだ？」

「でもね、窓の位置までうるさくて。だから建った後に窓を付けるんだ」

彼は話しながら壁にのこぎりで穴を開ける仕草をしていた。そんな2人とも、今や豪邸住まいだ。

20年も慣れ親しんだひばりヶ丘を離れる

2001年宇宙の旅
68年に公開されたSF映画。映像だけでなく、クラシック音楽の使用も斬新だった映画史を代表する不朽の名作。

楠部三吉郎
34年生まれ。アニメーターとして『少年忍者風のフジ丸』『巨人の星』など多数の作品を担当。05年没。

のは寂しかったが、犬の散歩のため多摩川の土手と駅に近い条件で選んだ。駅から7分、多摩川まで5分、吉祥寺の事務所まで歩くのを入れても30分で、理想的な環境だった。とにかく引っ越したが本ばかり多く、全く片付かなかった。愛犬ゴン太は多摩川の河原への散歩が好きになり朝夕にせがんだ。新撰組所縁のこの地は畑が多く、開発から取り残されていたため長閑で住みやすかった。

『サイコアーマー ゴーバリアン』番宣ポスター

OVA『超獣機神ダンクーガ 失われた者たちへの鎮魂歌』ポスター

❖1984年

【TV】リトル・エル・シドの冒険
(1984/2/6 ～ 1984/3/12)
＊絵コンテ（11本）
[1] 小さな騎士誕生（1984/2/6）
[2] お父さんの教え（1984/2/7）
[3] 修道院のあばれん坊（1984/2/8）
[4] 礼拝堂のロバ（1984/2/9）
[6] 僕はガキ大将（1984/2/13）
[8] 空をとんだルイ（1984/2/15）
[11] 身代りの決斗（1984/2/20）
[14] 魂の墓場（1984/2/23）
[17] お城がほしい（1984/2/28）
[19] 丘の上の城（1984/3/1）
[21] 裁かれるルイ（1984/3/5）

【映】超人ロック（1984/3/11）
＊原画

【TV】ガラスの仮面（1984/4/9 ～ 1984/9/24）
＊演出（2本）、絵コンテ（9本）
[10] 新しい試練（1984/6/11）
[16] 母の面影（1984/7/23）
＊演出（2本）、絵コンテ（9本）
[1] 春の嵐（1984/4/9）
[3] 美しいライバル（1984/4/23）
[8] 真澄の熱い想い（1984/5/28）
[10] 新しい試練（1984/6/11）
[11] 舞台あらし（1984/6/18）
[13] 恋はモザイクもよう（1984/7/2）
[16] 母の面影（1984/7/23）
[18] ヘレンへの挑戦（1984/8/6）
[22] 新しい扉（1984/9/17）

【TV】アタッカー　YOU！
(1984/4/13 ～ 1985/6/21)
＊絵コンテ（6本）
[2] 見つけた！　コートのプリンス（1984/4/20）
[4] ザ・ライバル！　初試合（1984/5/4）
[5] 白熱のサンライト戦（1984/5/11）
[7] 夢に見たラブレター（1984/5/25）
[10] バラバラのバレー部（1984/6/15）
[11] キズだらけのエースナンバー（1984/6/22）

【TV】名探偵　ホームズ
(1984/11/6 ～ 1985/5/20)
＊演出（4本）
[7] 大追跡！　ちびっこ探偵団（1984/12/18）
[13] 貨車が消えた!?　教授の大魔術（1985/2/5）
[16] 魔城！ホームズ　生か死か？（1985/2/26）

❖1983年

【TV】Dr. スランプ　アラレちゃん
(1981/4/8 ～ 1986/2/19)
＊絵コンテ（4本）
[107] 変身コンコンヘルメット（1983/5/11）
[111] きのこの一日せんせい（1983/6/8）
[115] ペンギンむら大魔神（1983/7/6）
[121] ミステリー　霧に消えた美女（1983/8/17）

【TV】サイコアーマー　ゴーバリアン
(1983/7/6 ～ 1983/12/28)
＊総監督（全話）
＊演出（1本）
[1] 炎の中戦士誕生（1983/7/6）
＊絵コンテ（9本）
[1] 炎の中戦士誕生（1983/7/6）
[2] 超能力戦士ファーストファイル（1983/7/13）
[3] 女戦士メリアの熱い憎しみ（1983/7/20）
[9] 愛と憎しみのファミリー（1983/8/31）
[13] 激戦・スペースコロニー（1983/9/28）
[14] 凱歌・デモンドス大爆発（1983/10/4）
[21] 月面爆破・ダインガラーム（1983/11/23）
[22] 妖魔の砦グロン・デスローム（1983/11/30）
[26] 壊滅？地球次元移動（1983/12/28）
※第3話のみ非表示。第13話の「絵コンテ」は「山谷光和」表記、それ以外の「絵コンテ」は「くまざきさとる」表記

【TV】子鹿物語　THE YEARLING
(1983/11/8 ～ 1985/1/29)
＊絵コンテ（2本）
[1] 子鹿に会った日（1983/11/8）
[2] 鳥になった親友（1983/11/15）

【TV】銀河漂流　バイファム
(1983/10/21 ～ 1984/9/8)
＊絵コンテ（4本）
[4] ベルウィック軌道へ！　地上基地 応答なし（1983/11/11）
[9] 雷鳴の中の 敵 襲　僕達だけで 戦 うんだ！（1983/12/16）
[12] 発進準備完了！　地球へ向けて出発だ !!（1984/1/6）
[20] 立てスコット！　リーダーはきみだ(1984/3/9)

*演出(6本)
[1] 帝国の野望　Empire's Desire (1985/4/5)
[13] 裏切りの町　Betray town (1985/6/28)
[17] デスガイヤーの敗北　GENERAL retire (1985/7/26)
[25] ヨーロッパ戦線の罠　TRAP! (1985/9/20)
[30] 戦場! 出会い、そして別れ We meet only to part (1985/11/1)
[38] 最後の吃哮　Darkness and ruins (1985/12/27)
*絵コンテ(9本)
[1] 帝国の野望　Empire's Desire (1985/4/5)
[3] シャピロ!転生!!　Rebom! Shapirōu!! (1985/4/19)
[12] 目覚めるな恐竜　Don't wake up megalosaurs (1985/6/21)
[16] 獣を超え、人超え、いでよ神の戦士(後篇) God bless the machine Act.2(1985/7/19)
[17] デスガイヤーの敗北　GENERAL retire (1985/7/26)
[25] ヨーロッパ戦線の罠　TRAP! (1985/9/20)
[30] 戦場! 出会い、そして別れ We meet only to part (1985/11/1)
[37] 暗黒の終焉　Tell Laura I Love her! (1985/12/20)
[38] 最後の吃哮　Darkness and ruins (1985/12/27)
※第17、30話の「絵コンテ」は「くまざきさとる」表記、第13、17、25、30話の「演出」と第1、12、16、25、37、38話の「絵コンテ」は「山谷光和」表記

【V】ドリームハンター　麗夢 [成人指定版]
(1985/6/10)
*原作、脚本、演出、絵コンテ(非表示)
※「隈崎　悟」表記

【V】MIGHTY ORBOTS [合作]
(1985/7/21 ~ 1985/9/21)
*絵コンテ(本数不詳)

【V】ドリームハンター　麗夢　麗夢登場/惨夢、甦える死神博士 (1985/12/5)
*原作、脚本、監督、絵コンテ
※「監督」「絵コンテ」は「隈崎　悟」表記

[19] 漱石・ロンドン　凧合戦!(1985/3/19)
*絵コンテ(7本)
[1] 彼がうわさの　名探偵(1984/11/6)
[7] 大追跡!　ちびっこ探偵団(1984/12/18)
[13] 貨車が消えた!?　教授の大魔術(1985/2/5)
[16] 魔城! ホームズ　生か死か?(1985/2/26)
[19] 漱石・ロンドン　凧合戦!(1985/3/19)
[22] ハチャメチャ飛行機　大レース!? (1985/4/22)
[23] 知恵くらべ!　オウム対教授(1985/4/29)

【V】Super Adult Animation
(1984/11/10 ~ 1885/7/10)
*原作(2本)
[4] 直子の　トロピック　エンジェル(1985/5/10)
[5] 青い体験2　聖女隊ロストバージン (1985/7/10)
*プロデューサー(1本)
[3] 堕天使たちの狂宴(1985/3/10)
*脚本(4本)
[1] 青い体験(1984/11/10)
[2] ザ・サティスファクション(1984/12/15)
[4] 直子の　トロピック　エンジェル(1985/5/10)
[5] 青い体験2　聖女隊ロストバージン (1985/7/10)
*監督(2本)
[1] 青い体験(1984/11/10)
[2] ザ・サティスファクション(1984/12/15)
*演出(2本)
[4] 直子の　トロピック　エンジェル(1985/5/10)
[5] 青い体験2　聖女隊ロストバージン (1985/7/10)
※以上、全て「隈崎　悟」表記
(註) 18禁作品

【TV】GALACTIC PATROL　レンズマン
(1984/10/6 ~ 1985/3/30)
*絵コンテ(1本)
[12] リリー救出大作戦(1984/12/29)

✣1985年

【TV】超獣機神　ダンクーガ
(1985/4/5 ~ 1985/12/27)
*総監督(全話)
*脚本(2本)
[17] デスガイヤーの敗北　GENERAL retire (1985/7/26)
[30] 戦場! 出会い、そして別れ We meet only to part (1985/11/1)

人気シリーズ第2作目『ドリームハンター麗夢 聖美神女学園の妖夢』の資料を掲載。

麗夢

DREAM HUNTER・REM

聖美神女学園の妖夢

A/R 61年8月9日 10:00～
東京テレビセンター 668－1531

D/B 61年8月10日 10:00～
プロセンスタジオ 404－4880

企画・製作 (株)サイ・エンタープライズ

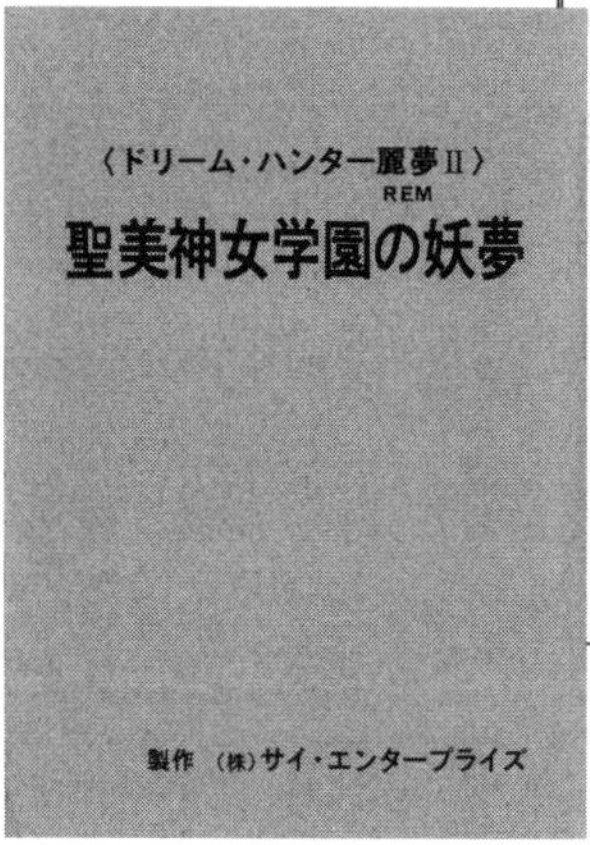

〈ドリーム・ハンター麗夢Ⅱ〉
REM

聖美神女学園の妖夢

製作 (株)サイ・エンタープライズ

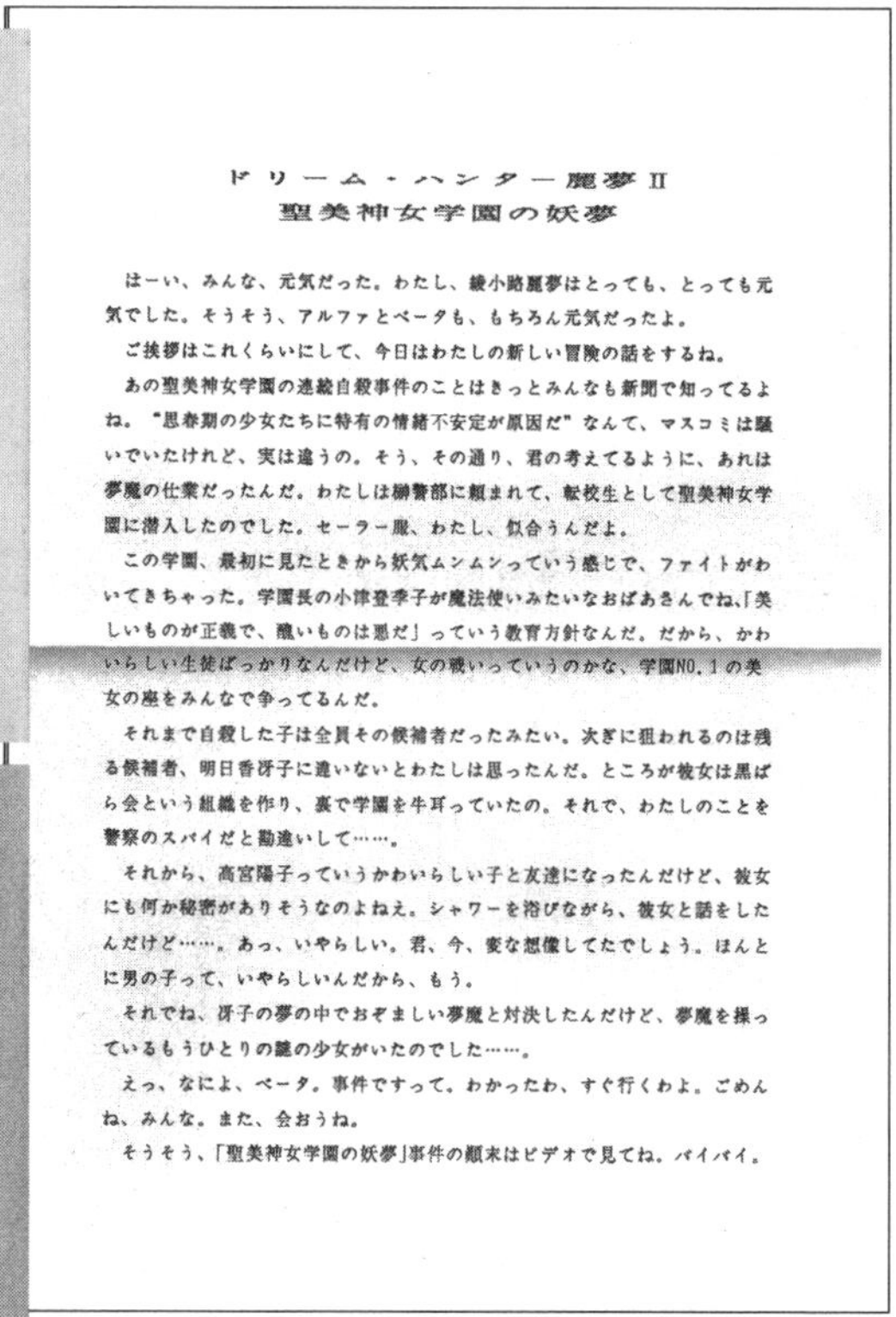

ドリーム・ハンター麗夢Ⅱ

聖美神女学園の妖夢

はーい、みんな、元気だった。わたし、綾小路麗夢はとっても、とっても元気でした。そうそう、アルファとベータも、もちろん元気だったよ。

ご挨拶はこれくらいにして、今日はわたしの新しい冒険の話をするね。

あの聖美神女学園の連続自殺事件のことはきっとみんなも新聞で知ってるよね。"思春期の少女たちに特有の情緒不安定が原因だ"なんて、マスコミは騒いでいたけれど、実は違うの。そう、その通り、君の考えてるように、あれは夢魔の仕業だったんだ。わたしは榊警部に頼まれて、転校生として聖美神女学園に潜入したのでした。セーラー服、わたし、似合うんだよ。

この学園、最初に見たときから妖気ムンムンっていう感じで、ファイトがわいてきちゃった。学園長の小津登季子が魔法使いみたいなおばあさんでね、「美しいものが正義で、醜いものは悪だ」っていう教育方針なんだ。だから、かわいらしい生徒ばっかりなんだけど、女の戦いっていうのかな、学園NO.1の美女の座をみんなで争ってるんだ。

それまで自殺した子は全員その候補者だったみたい。次ぎに狙われるのは残る候補者、明日香冴子に違いないとわたしは思ったんだ。ところが彼女は黒ばら会という組織を作り、裏で学園を牛耳っていたの。それで、わたしのことを警察のスパイだと勘違いして……。

それから、高宮陽子っていうかわいらしい子と友達になったんだけど、彼女にも何か秘密がありそうなのよねえ。シャワーを浴びながら、彼女と話をしたんだけど……。あっ、いやらしい。君、今、変な想像してたでしょう。ほんとに男の子って、いやらしいんだから、もう。

それでね、冴子の夢の中でおぞましい夢魔と対決したんだけど、夢魔を操っているもうひとりの謎の少女がいたのでした……。

えっ、なによ、ベータ。事件ですって。わかったわ、すぐ行くわよ。ごめんね、みんな。また、会おうね。

そうそう、「聖美神女学園の妖夢」事件の顛末はビデオで見てね。バイバイ。

『ドリームハンター麗夢』告知用テキスト原稿
脚本と台本の表紙と本文

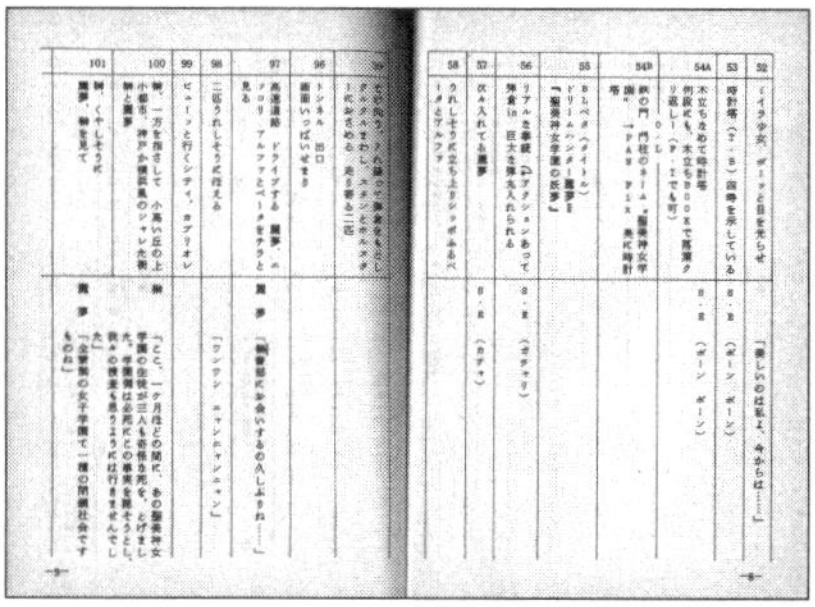

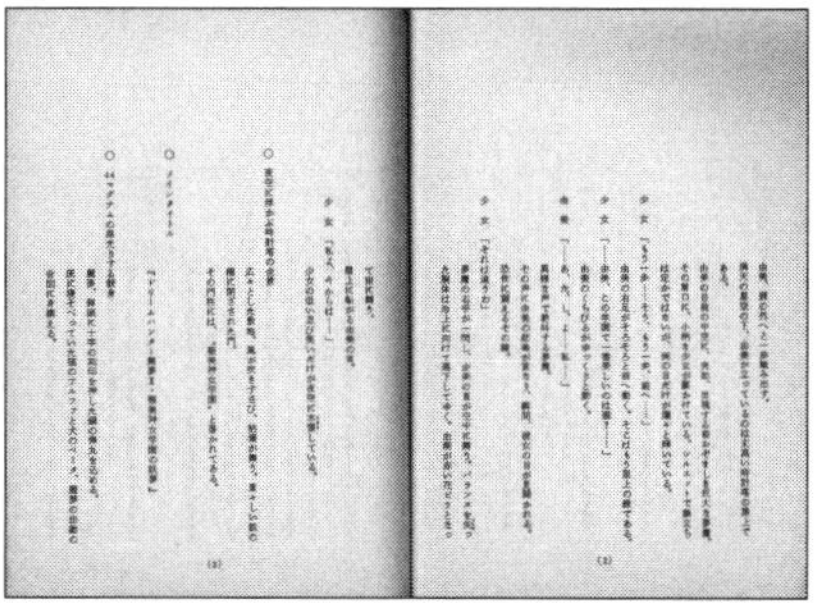

No. p119-130

CUT	PICTURE	ACTION	MUSIC/SE	TIME

第7章

引っ越し、結婚、そしてバブル崩壊

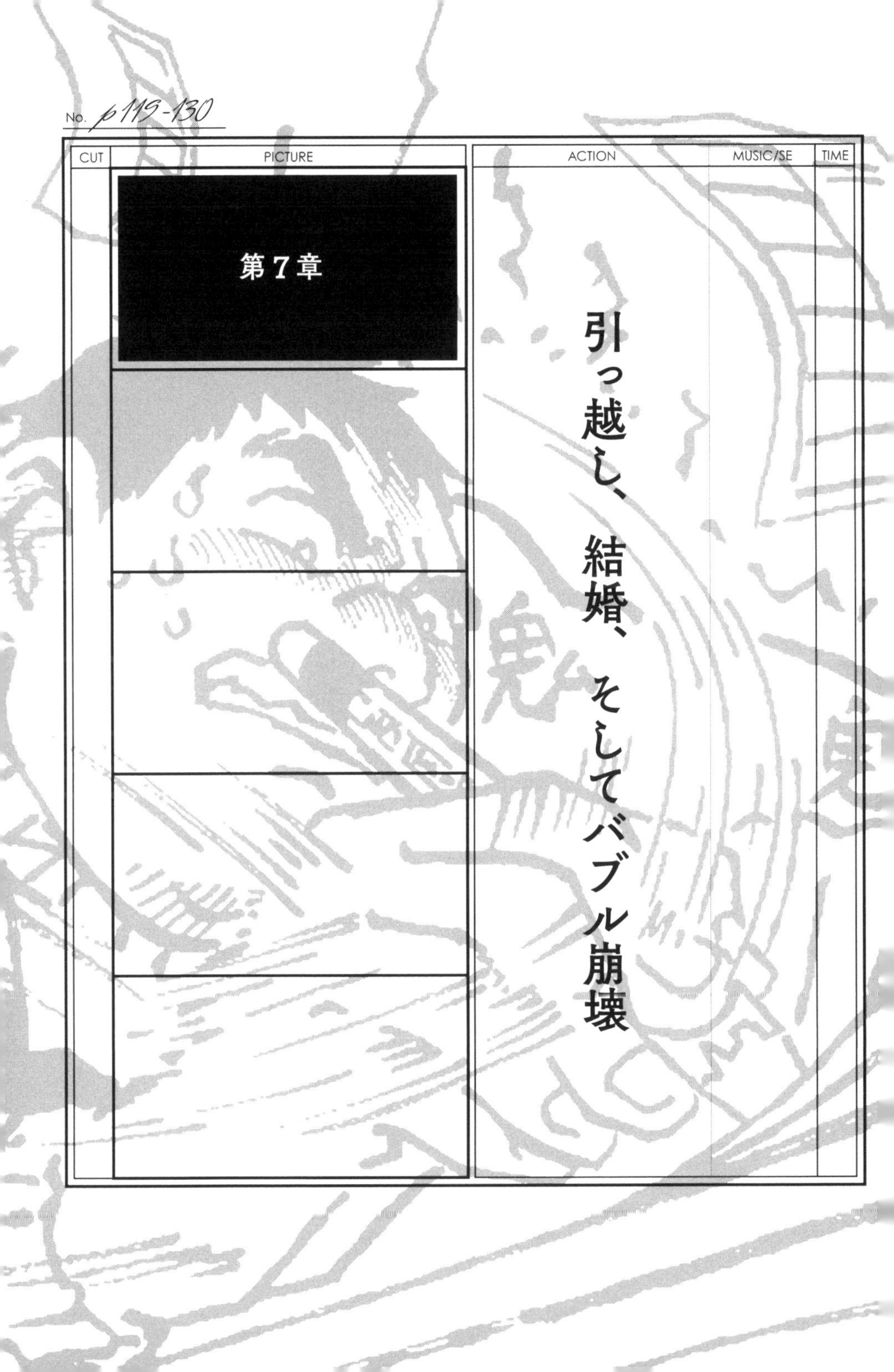

カタストロフ

仕事は全て、これ以上ないと思えるほど順風満帆だった。だが、好事魔多しであった。

86年の大晦日、六本木にあったスタジオ・センで麗夢の第3作目『ドリームハンター麗夢 夢隠 首なし武者伝説』のダビングを行っていた。スタジオ・センはバブル時期に大金持ちになった千昌夫が自分専用に建てた音響スタジオだった。最高と思われる設備と環境でダビングができることに私は酔いしれていた。

『夢隠 首なし武者伝説』の出来もよく、映像に音響と音楽を合わせる作業が楽しかった。ダビングの徹夜も苦にならず、後に起きる不幸は知る由もなかった。外では細かい雪が降り始め、六本木界隈を白く染めていた。

明けて正月3日に鳴った電話……それはサイ・エンタープライズ倒産の知らせで、寝耳に水であった。倒産の予兆はなにもなく、まさかの出来事だった。慌てて赤坂へ向かい事情を聞くが、プロセンスタジオでも詳細は掴めていなかった。大晦日にダビングを行った『夢隠 首なし武者伝説』はすでにキングレコードへ納品されていた。時間が経つにつれ、倒産原因なども徐々にわかってきた。親会社の計画倒産のあおりを食ったとのことだったが、なぜ計画倒産なのかが不明だった。サイ・エンタープライズは『夢隠 首なし武者伝説』のキングレコードからの前払いも使い果たしていて、監督料や原作料の支払いもなかった。さらに下請けからの未払い分の請求もかなりの額があり、それは私が背負わざるを得なかった。

結婚　大宴会

そんな苦境の最中、87年11月15日に新宿にあった東京大飯店で結婚披露パーティ（宴会と呼んだ方が適切）を、アートフレッシュ時代の友人が有志となって段取りしてくれた。年齢もいっていたので照れくさく、式は行わずにパーティのみ開いた。

吉川が2晩かけて全紙の印画紙に私の

ヌード写真（前述のアートフレッシュ時代に冗談で撮ったもの）を引き伸ばし、同じものを名刺サイズで参加者全員に受付で配った。この写真はそれぞれが持ち帰り、スタジオなどに貼って話題となった。司会は**室井深雪**や中原茂ら声優陣が手際よく進め、会場は宴会ムードで盛り上がった。

『禁断の黙示録 クリスタル・トライアングル』

87年に発表した『禁断の黙示録 クリスタル・トライアングル』は、幻となったダンクーガの劇場用長編の代わりにエピックソニーが武上純希・奥田誠治路線で作らせてくれたオリジナル作品だった。私の原案を武上純希がシナリオとして、それを絵コンテに起こした。この作品にはアニメイトの**高橋豊**社長も協力してくれた。作画はスタジオ・ライブとアニメアールをメインに据えた。その他、ダンクーガで参加してくれたメンバーにも声をかけた。身内での試写会は好評だったが、一般での反響は思ったほどではなかった。テレビ放映がなかったからだ。この時期、テレビで豊富にアニメが供給される時代になっていた。OVAの時代は終わりを迎えようとしていた。メディア（媒体）もテープからレーザーディスクへ、そしてDVDやブルーレイへと変わっていく。音楽もレコードからCD、さらに配信へと変わる。ひとつの時代が終わろうとしていた。私自身も業界もOVA時代の終わりには気付いていなかった。

さらば吉祥寺

88年、井の頭通り沿いの広い事務所を引き払って保証金を支払いに充て、自宅へ机などを持ち込んだ。クラウンも売り払い、支払いに充てた。空いた自宅駐車場に棚や資料を置いた。結構ガラクタが溜まっていて、駐車場は一杯になった。

とにかく、お金がなく事務所は借りられない。仕方なく杉井興治を頼って国分寺にあった〝**タツノコアニメ技術研究所**〟に居候をすることになり、タツノコ関係の仕事

室井深雪
59年生まれ。声優として『ときめきトゥナイト』の江藤鈴世、『超時空世紀オーガス』のモームなど多数の作品を担当。

高橋豊
48年生まれ。アニメイトの創業者でありアニメイトホールディングス代表取締役会長。

タツノコアニメ技術研究所
78年に設立されたタツノコプロ養成所。

を優先的にする約束で無償で机を借りた。文字通りの居候だった。アートフレッシュ時代の仲間、宇田川一彦も同じ時期一緒にいて、彼は合作を進めていた。同じビルのフロアには**IGタツノコ**も入っていた。吉田竜夫の娘と一緒になった**石川光久**はまだ若い社長で、IGタツノコは後にタツノコプロから離れプロダクションI.Gとなる。タツノコアニメ技術研究所は地味な存在だったが、有能なアニメーターを多く輩出することになる。

タツノコアニメ技術研究所のある国分寺には当時、中央特快が停まらなかったが、それでも日野からは20分で行くことができたので、通勤も快適で居心地がよく、ストレスなく生活を楽しみつつ仕事ができた。後に丸井が完成し中央特快が停まるようになった。

そんな中、88年2月に娘の瑞穂が産まれた。カミさんは豊田にあったフランス料理が売り物だった産科に入院し、私の姉2人も嬉々として手伝いにやって来た。やっと私も人並みの幸せを得られた気がした。瑞穂という名前はカミさんが独断で付けた。友人の吉川が自分の娘に名前を付けた時に、男だったら乗り物、女だったら植物の名前にすると決めており、女の子だったから〝なつめ〟ちゃんと名付けた。その話を聞いたカミさんは、私も彼と同類と考え、娘に植物の名前を付けられるのを恐れてのことだった。もちろん、私も瑞穂という古風な名前に異存はなかった。

『がんばれ盲導犬サーブ』

タツノコアニメ技術研究所に依頼がきた作品『がんばれ盲導犬サーブ』の監督を引き受けることになった。盲導犬サーブが交通事故で飼い主を庇う美談だったが、盲導犬協会が東西で2つに分かれていて、盲導犬サーブの行動に双方で意見が対立していた。

犬には自己犠牲の本能はないと主張する派閥と、飼い主を守って車との間に飛び込んだと主張する派閥である。私は当然、飼い主を守る行動（自己犠牲）を演出的に盛

IGタツノコ
87年に竜の子制作分室を発展解消して設立され、現在はアニメ制作会社・プロダクションI.Gとして人気作を多数制作している。

石川光久
58年生まれ。プロデューサーとして『赤い光弾ジリオン』『GHOST IN THE SHELL』などを担当。

り上げたかったが、NHKとしてはどちらにも与するわけにはいかず、結局その辺をぼかした内容を指示され、演出的には不満な作品となった。ひとつだけ興味が持てたのは音響が〝デジタル〟処理となったことだ。茗荷谷にできた新しい録音スタジオを使用し、データはデジタル化されるが、メディアはインチテープで特殊な編集機材を必要としていた。編集できるのはダビングの部分だけで、結果をフィルムに戻すので、そこで音のクオリティはフィルムの限界に納まってしまう。また、インチテープでの編集で8トラックだけの編集では編集結果を書き込む1トラックを除くと素材は7トラックだけで自由に編集できることはなかった。〝デジタル〟の謳い文句は派手だったが、不自由さはどうにもならず、このスタジオは間もなく消滅した。

私にとってはアナログからデジタルへの移行過程を体験できたのは貴重だった。この時期、タツノコアニメ技術研究所での仕事も私生活も平穏で不満はなかった。

『チスト みどりのおやゆび』南フランスロケへ

『まんがはじめて物語』などで付き合いのあった童話舎の小藤担社長から連絡があった。不動産関係の出版も手がけていた童話舎はバブル時期には好調で、赤坂にビルのワンフロアを借りて業務を拡張していた。**ダックスインターナショナル**製作で、緑の万博が協賛するフランスとの合作『**チスト みどりのおやゆび**』のアニメーション監督**丹野雄二**の依頼だった。小藤と丹野監督は親交があり、私と同い年の小藤は丹野監督に私を推薦してくれた。

89年3月6日、南フランスへロケハンに出発。…というのは名ばかりで、ダックスの丹野監督の鞄持ち兼カメラマンで随行したのだが。この時は、条件のよさに飛びついたが、これがその後のフランスに関係する仕事の始まりとは思いもよらなかった。当時、ヨーロッパへの直行便はまだなく、アンカレッジ乗り継ぎで22時間かけてシャルル・ド・ゴール空港に到着。ホテルはコンコード・

まんがはじめて物語
78年から放送開始されたものごとの起源や歴史の初めてを実写とアニメで紹介する教育作品。

ダックスインターナショナル
71年に設立されたアニメ制作会社。

チスト みどりのおやゆび
00年に公開されたフランスの作家、モーリス・ドリュオンの同名小説が原作のアニメ映画。花と緑を愛する心優しき少年・チストを主人公に、平和と生命の尊さを描いた作品。

丹野雄二
32年生まれ。監督として『まんが世界昔ばなし』などを担当。実写映画『ハレンチ学園』シリーズなどの監督としても知られる。01年没。

ラファイエットの10階の部屋だった。パリの夜景が絵はがきのように（陳腐な表現だが）眼下に広がって夢のようだった。

8日にオルリー空港からローカル機でニースに飛ぶ（現在ではパリから高速鉄道で楽に行ける）。しかし、空港では過労と発熱で機内で気を失ってしまった。空港の医師が私に注射を打とうとしていると、ガイドの男性が手を振りながら走ってきてそれを制止した。後で聞くとヨーロッパ人の気付け薬は強力で、日本人には眩暈などの後遺症が残るとのことであった。

ニースではル・メリディアン・ニースに宿泊。周囲の散策に若い通訳の女性と出かけて丹野監督に叱責される。ニースから南フランスを周遊し、目的地のマルセイユまではベンツの中型セダンで回る。車での移動はスーツケースを運ばなくていいので多少楽になり、写真撮影に専念できたが、まだフィルム時代の一眼レフは撮影に体力が必要だった。

マルセイユでは沖合の小島にあるという牢獄を見たかったが、風と波が強く、船が出なかった。マルセイユ街中の観光も、その時期は治安が悪く、車から出ることはガイドが許してくれなかった。

南仏で印象に残ったのは学園都市のエクス・アン・プロヴァンスで、丹野監督はセザンヌに興味を持ったが、私は古い学園都市の街並みとそこで晩年を過ごしたというノストラダムスに思いを馳せた。夕闇と風が心地よい街であった。

15日にはパリへ戻った。ホテルはシャンゼリゼ近くのホテル・カリフォルニアに泊まり、近くの中華料理店で食事を楽しむ。ここの北京料理は本当に美味しく、後に中国の北京で食べた北京ダックの比ではなかった。当時、優秀な料理人は中国を離れ、ギャラのいいフランスや日本に行くという話を聞いた。

翌日は資料の本を買い込み、17日にシャルル・ド・ゴール空港から帰国。18日には成田に着き、翌日からタツノコアニメ技術研究所に戻って資料整理を始め、すでに上がっていたシナリオの検討を始めた。しかし、実質的に演出は私だったが丹野監督以外にも大物が多く、〝船頭多くして船山に上る〃を絵に描いたような凡庸な作品になった。作画はＩＧタツノコ、作画監督は**黄瀬和哉**、美術監督は大物の**小林七郎**だったから失敗はないはずだったが、平均値的イメージの作品になってしまった。フランス人音楽家の曲も凡庸で記憶に残っていない。ただ、長編作品の有利さで、スケジュールには余裕があり、タツノコアニメ技術研究所で楽しい時間を過ごすことができた。

その間、バンダイビジュアルから発売されたオリジナルビデオ『**超獣機神ダンクーガ 白熱の終章**』全4巻の監修を行う。バンダイビジュアルからは監督をしてほしいとの依頼があったが、その時すでにダンクーガへの情熱は冷めていたのでライターと監督に口頭で指示をするだけの監修という立場をとったのだった。

『ドリームハンター麗夢 夢サーカス 美少女地獄篇』刊行

『**ドリームハンター麗夢　夢サーカス 美少女地獄篇**』はずいぶんと難航した初めての小説だった。発売日はタツノコアニメ技術研究所に出勤したものの、仕事など手につかず昼になった。タツノコアニメ技術研究所の裏にあった小さな書店に向かった。「なかったらどうしよう……」。向かう途中も不安だった。本屋に着くと店内を見回す。小さな書店だから棚も少なく、思ったより簡単に見つけることができた。嬉しかった。2冊並んでいて、2冊とも買おうかと思ったが、買ってくれる人がいるかと思い1冊残した。誰が買ってくれたのだろうか？　翌日にはなくなっていた。思い出深い国分寺のその書店はすでにない。ちなみに献本は10冊で、この本を出版してくれた徳間コミュニケーションズの荒井章吉さんは後にジブリに移り、現在、日本工学院専門学校 蒲田校で私の絵コンテ講座をフォローしてくれている。

最初の小説は母に見せたが、寝たきりの母にはすでに本を読む気力はなく、表紙だけを見て頷いた。それまで2年ほど闘病をしていた母・八重が91年1月7日に息を引き取った。立川の斎場で寒い中、カミさん

黄瀬和哉
65年生まれ。アニメーター、作画監督、監督として『BLUE SEED』『攻殻機動隊 ARISE ALTERNATIVE ARCHITECTURE』など多数の作品を担当。

小林七郎
32年生まれ。美術監督として『ガンバの冒険』『少女革命ウテナ』など数々の名作を担当。

超獣機神ダンクーガ 白熱の終章
89年から全4巻で発売されたオリジナルビデオシリーズ。

ドリームハンター麗夢 夢サーカス 美少女地獄篇
89年に徳間コミュニケーションズから発売された『ドリームハンター麗夢』の小説。

と娘の手を引き、泣きながら挨拶をした。苦労をしながら私を育ててくれた母親である。そしてなによりもアニメでテレビに名前の出ることを喜んでくれた母親である。それを知る友人たちも涙を流してくれた。

私は麗夢の小説の印税で大きくはないが紫檀の仏壇を買った。

タツノコアニメ技術研究所での長閑な居候生活が続いた。11時頃出勤し19時頃に帰宅。土日は休みで娘と犬と遊ぶ。童話舎、ダックス、トランスアーツ（日本アニメからの下請け）の仕事が順調に入っていた。ただひとつ問題があったのは、IGタツノコの石川社長から頼まれた『**銀河英雄伝説**』の絵コンテだった。監督の石黒昇と打ち合わせをしている脇から口を出すプロデューサーがいた。不快な奴で見当違いの注文を出す。結局、この仕事は2本で降りることとなった私は、石黒監督に聞いた。

「なんで、あんな奴にデカいツラさせてんだよ！」

「借金があるからさ……我慢してよオクチン」

麗夢で抱えた借金で困り果て、タツノコアニメ技術研究所に居候している身には痛いほど共感できる言葉だった。

『横山光輝 三国志』

母の葬儀が済んで落ち着いた頃、電話で**吉田健二**さんに呼ばれて吉祥寺御殿山の事務所へ行った。この時、健二さんは長く専務をやっていたタツノコプロとは袂を分かって、自身のプロダクション「遊エンターテインメント」を立ち上げていた。そこに舞い込んだのが大日本印刷（以降、DNP）の企画『**横山光輝 三国志**』であった。**横山光輝**さんは手塚先生と並ぶビッグネーム。これは大変な仕事だと思った。

「奥田くんが引き受けてくれなかったら原くんに頼もうと思うんだが?」

「はあ、原さんですか?」

原征太郎は劇画家出身で、アニメには興味を示さないタイプだった。「いつの日か漫画に戻って名を成す。アニメは仮の宿」と思い漫画で成功することが彼の夢であった

銀河英雄伝説
88年から発売された田中芳樹の同名小説が原作のスペースオペラアニメ作品。ブロックバスター価格や長期に渡るリリース本数などがアニメファンの間で話題となった。

吉田健二
35年生まれ。プロデューサーとして『アニメンタリー 決断』『新造人間キャシャーン』など多数の作品を担当。タツノコプロ2代目社長、初代会長。

横山光輝 三国志
91年から放送開始された横山光輝の同名長編漫画が原作の歴史スペクタクルアニメ作品。

横山光輝
34年生まれ。漫画家として『鉄人28号』『伊賀の影丸』など人気作多数。04年没。

気がして不安があった。〝それだったらいっそ自分でやるか……決めた〟。

「はい、私が監督やります」

「おお、奥田くんがやってくれるなら助かる」

こうして条件の話になったが相手はDNP。間違っても取りっぱぐれはない。監督料その他は水準レベルで提示、支払いは月極で給与のようにしてもらうことにした。金額を聞いて健二さんはホッとした様子だった。〝奥田は高い〟という根も葉もない噂がダンクーガ以降にあったからだ。

まず、ロケハンからスタートした。三国志の史跡を巡る15日間のツアーは当時としてはかなり豪華で、文芸の鳥海尽三ともう一人と私の3人が7人ほどのツアーに参加。全て食事付きだったので現金はさほど必要としなかった。そもそも円は現地で通用しないだけでなく、交換した元すら通用しない。元をさらに旅行者専用の通貨に変えなければ買い物ができなかった。それだけでなく、3倍ほどの利ざやを国家がピンハネし、現在のような円が通用する中国にはまだなっていなかった。ホテルの外国人向けの土産物コーナーには、割高で魅力のない商品が並んでいた。

15日間びっしりと予定の詰まった三国志史跡巡りにはタツノコプロで文芸部長を長く務め、『マッハGoGoGo』からの馴染みだった鳥海尽三は三国志にも詳しく、高齢だったが1日8時間のバス旅でも元気でロケハンを楽しんでいた。

中国ロケハンから帰ると武蔵境に遊エンターテインメントができていて私もそこへ移った。駅から5分の綺麗な10階建てマンション4階の一室に机が揃えられ、タツノコアニメ技術研究所で『チスト みどりのおやゆび』の作画スタッフだった**寺岡賢司**などが参加してくれる。文芸として鳥海尽三が主宰する**鳳工房**から**伊藤健司**が出向で参加。制作はJCGLからの繋がりでビジュアル80の子会社のエーゼットに発注した。キャラクター設定には荒木伸吾と**姫野美智**を起用した。

私の総監督としての仕事は武蔵境でのシナリオチェック、コンテチェックとアフレコ、

寺岡賢司
62年生まれ。アニメーター、メカニックデザイナーとして『破邪巨星Gダンガイオー』『コードギアス 反逆のルルーシュ』など多数の作品を担当。

鳳工房
88年に設立されたシナリオサークル。

伊藤健司
脚本家として『ジャングルの王者ターちゃん』などを担当。

ダビングとフィルム編集。その後にはこの当時から始まったビデオ編集の作業があった。ビデオ編集といっても、まだデジタルではないインチテープでの最終加工だった。だが、当時としては目新しく興味を引いた。

市ヶ谷から大日本印刷本社（以下、DNP）へ向かう急な坂を上がる途中にあったビデオ編集室へ向かうのが楽しみとなった。DNPの矢野博之プロデューサーと野口明美プロデューサー補佐のフォローで気持ちよく作業ができたし、ビデオ編集での徹夜作業以外は余裕のある生活だった。健二さんはあまり武蔵境のスタジオへは顔を出さず、現場は私に任されていて自由な時間があった。

その頃、ダンクーガで音楽を担当してくれたエピックソニーの長崎行男から電話がきた。

「アメリカのソニーと任天堂が組んで新しいゲーム機を開発しようとしています。奥田さん、コンピューターグラフィックをされていましたよね？」

「ええ、まあ……JCGLで……」

口を濁したのは、現状通用するような3DCGではなかったからだ。それでも全くの素人よりはマシだろうと思った。

「それだったら、是非アイディアを出して下さい」

武蔵境まで来てくれた彼の映像データは『スター・ウォーズ』的な3D映像だった。ありきたりだったが、それでもまだ当時のドット絵のゲーム機の映像よりは遙かに魅力的に感じた。ゲーム機の画像は後のセガサターンやプレイステーションが出るまではドット絵が主流だったからだ。映像を観た私は長崎行男に尋ねた。

「これがそのまま動くの？」

「そのつもりですが……」

「じゃあ、アニメ映像も動かせるんですね？」

「動かせます。アニメも」

長崎行男のその言葉に新しい可能性を感じた私は、すぐさま数点のアイディアを書いた。実現するのを期待して返事を待ったが、そのゲーム機は日の目を見ることはなかった。残念だったが、私はそのまま『横山光輝 三国志』の仕事を続けた。

やがて、『横山光輝 三国志』全52話は無

姫野美智
56年生まれ。アニメーター、キャラクターデザイナーとして『UFOロボ グレンダイザー』『聖闘士星矢』などを担当。

事に終わったが、そのまましばらく遊エンターテインメントのスタジオにお世話になった。その時期、日本経済はそれまで続いた好景気が終わり、バブル崩壊が始まっていた。続編企画が決まるのを待ったが、バブルが崩壊した時点でさすがのDNPにも余力がなく延長はなかった。

アニメ界にもバブル崩壊が大きな影響をもたらしたのだ。

【V】トゥインクルハート　銀河系までとどかない (1986/12/5)
＊原作、総監督、絵コンテ（非表示）

❖1987年

【V】DREAM HUNTER 麗夢III 夢隠　首なし武者伝説(1987/2/5)
＊原作、総監督

【V】禁断の黙示録　クリスタルトライアングル (1987/7/22)
＊原作、監督、絵コンテ（非表示）

❖1988年

【TV】ホワッツ　マイケル
(1988/4/15 ～ 1989/3/28)
＊絵コンテ（7本）※第11回A、第11回Dは「奥田誠司」表記、第16回A、第16回Bは「奥田誠二」表記
[4B] 恐怖のニャジラ (1988/5/6)
[11A] 猫の手も借りたくない (1988/7/8)
[11D] コートに賭ける (1988/7/8)
[16A] 猫に爪あり (1988/8/19)
[16B] 取り調べ (1988/8/19)
[19A] とんだお客さま(1988/9/16)
[19B] 伸之助の夢 (1988/9/16)

【TV】ハーィあっこです
(1988/10/12 ～ 1992/3/26)
＊絵コンテ（1本）
[4B] モテモテお母様(1988/11/16)

【TV】がんばれ！　盲導犬サーブ
(1988/12/18)
＊監督、絵コンテ

❖1989年

【V】銀河英雄伝説 [第1期]
(1988/12/21 ～ 1989/6/20)
＊絵コンテ（2本）
[9] クロプシュトック事件 (1989/2/21)
[12] 帝国領進攻 (1989/3/14)

❖1986年

【V】超獣機神ダンクーガ　失われた者たちへの鎮魂歌［レクイエム］**Lequiem for Victims**
(1986/4/21)
＊監督、絵コンテ（非表示）

【V・TV】宇宙伝説　ユリシーズ31[合作]
(1986/5/21 ～ 1986/7/21ほか)
＊絵コンテ（13本）
※「奥田誠二」表記
[1] シクロープ (1986/5/21)
[2] 失われた惑星 (1986/5/21)
[3] エオール (1986/5/21)
[5] スフィンクス (1991/8/31)
[8] 野生の花 (1986/6/21)
[10] コンパニオンの反乱 (1991/9/9)
[13] ダブル惑星 (1991/9/16)
[15] ミノタウロス (1991/9/18)
[16] シレーヌ (1991/9/19)
[18] 第二の箱船 (1986/7/21)
[21] レムノスの反逆者 (1991/9/26)
[22] 機械惑星 (1986/7/21)
[26] アデス (1986/7/21)
(註) 日仏合作テレビシリーズ。1981年制作。『ULYSEE　31』のタイトルで全26話のうち12話分が1986/5/21～1986/7/21に東北新社よりビデオ発売。同内容が『宇宙伝説　ユリシーズ　31』のタイトルで1988/2/6～1988/4/23にNBN系で放映。未ビデオ化分も含む全26話が1991/8/27～1991/10/2にNHK衛星第2で放送

【V】バイオレンス　ジャック　[ハーレムボンバー編](1986/6/21)
＊監修（非表示）、絵コンテ

【V】超・時・空・ロ・マ・ネ・ス・ク Samy　MISSING・99 (1986/7/5)
＊原作、総監督、絵コンテ（非表示）

【V】DREAM HUNTER 麗夢II 聖美神女学院の妖夢 (1986/9/5)
＊原作、総監督

【TV】ワンダー　ビート　S［スクランブル］
(1986/4/16 ～ 1986/11/19)
＊絵コンテ（1本）
[23] ビジュラ姫地上へ (1986/11/12)

【TV】ピグマリオ (1990/11/5 ～ 1991/9/16)
＊絵コンテ (6本)
[2] 母の守護像 (1990/11/12)
[7] 妖魔サロメと黄金像の秘密 (1990/12/17)
[15] メデューサの使い　黒クモビューン (1991/2/18)
[18] 黄泉に落ちたミュラ (1991/3/11)
[19] 火の国の少年ユタ (1991/3/18)
[22] 星占い師オリエの予言 (1991/4/22)

【V】NEW DREAM HUNTER　麗夢　夢の騎士達
(1990年12月16日発売)
＊脚本、監督、絵コンテ

❖1991年

【TV】横山光輝　三国志
(1991/10/18 ～ 1992/9/25)
＊総監督 (全話)
＊演出 (5本)
[1] 桃園の誓い (1991/10/18)
[9] 豪傑大合戦 (1991/12/13)
[13] 激動の獅子たち (1992/1/17)
[26] 乱世の伏竜・孔明 (1992/4/24)
＊絵コンテ (11本)
[1] 桃園の誓い (1991/10/18)
[2] 激闘！義勇軍 (1991/10/25)
[5] 十常侍の陰謀 (1991/11/15)
[9] 豪傑大合戦 (1991/12/13)
[13] 激動の獅子たち (1992/1/17)
[22] 呂布　雪原に散る (1992/3/20)
[26] 乱世の伏竜・孔明 (1992/4/24)
[33] 徐庶の母 (1992/6/12)
[39] 孔明大舌戦 (1992/7/31)
[46] 赤壁の戦い・前編 (1992/9/18)
[47] 赤壁の戦い (後編) (1992/9/25)

【TV】ウルトラマンキッズ　母をたずねて3000万光年
(1991/11/17 ～ 1992/5/24)
＊絵コンテ (2本)
[4] お花畑のエレピーちゃん (1991/12/15)
[22] 不思議の国のキッズ (1992/4/26)

【映】ウルトラマンUSA [合作] (1989/4/29)
＊絵コンテ

【TV】青いブリンク (1989/4/7 ～ 1990/3/16)
＊絵コンテ (1本)
[8] 誘惑の島・コバルト (1989/6/9)

【V】アニメ　日本の昔ばなし
(1989/6/25)
＊演出 (全話)
＊絵コンテ (本数不詳)
＊オープニング演出 (非表示)

【TV】昆虫物語　みなしご　ハッチ [新]
(1989/7/21 ～ 1990/8/31)
＊絵コンテ (1本)
[3] ムシのうんどう会 (1989/8/4)

【TV】かりあげクン (1989/10/17 ～ 1990/12/21)
＊絵コンテ (非表示・本数不詳)

【V】超獣機神　ダンクーガ　白熱の終章
(1989/12/16 ～ 1990/5/25)
＊監修 (全話)

❖1990年

【TV】ジャングルブック　少年モーグリ
(1989/10/9 ～ 1990/10/29)
＊絵コンテ (9本)
[21] 水辺の休戦 (1990/2/26)
[29] 悪いやつを探せ (1990/2/26)
[39] さよならメシュア (1990/7/2)
[41] 死の谷を駆け抜けろ！ (1990/7/30)
[45] 森からの大逆襲！最後の勝利者は (1990/9/3)
[46] 熱い思いを胸に、町へ (1990/9/10)
[48] ロープが切れる！ララの子が危ない (1990/9/24)
[50] 200回目の衣替えと秘密の踊り (1990/10/15)
[51] メシュアに逢えた (1990/10/22)

【映】チスト　みどりのおやゆび (1990/3/24)
＊演出、絵コンテ

【TV】まんが　はじめて面白塾
(1989/2/4 ～ 1991/4/27)
＊演出 (＋絵コンテ) (1本)
[87B] ひかえおろう！この紋所が　目に入らぬか！　印篭 (1990/10/27)

No. p131-139

CUT | PICTURE | ACTION | MUSIC/SE | TIME

第8章

アニメの仕事がない

再びパリへ

93年初頭、なにをしようか迷っていた私の携帯にアベ正己から連絡が入った。
「すぐ来てくれませんか、今、日本DICにいるんです」
「日本DIC……?」
初めて聞く会社名であった。東京ムービーにいた**赤川茂**が社長で、副社長はナックにいた戸井田博史だというので、とりあえず、西武新宿線沿線にあった日本DICに向かう。

日本DICの事務所で待っていてくれたアベ正己と合流し話を聞いた。パリでアメリカと合作の立体アニメ**『ボッツマスター』**の絵コンテのチェックをして欲しいとのことだった。月決めで80万円で、半金は日本で銀行振込、半金は現地でレートに合わせてフランを現金で支給。ホテル代はフランスDIC持ちと条件は良かった。93年のサラリーマンの平均年収は約480万円で、月80万円ということは単純計算でも960万円となる。平均年収のほぼ倍のギャランティでホテル代も向こう持ちである。こんないい話はない。「オクダさんが行くんなら俺も行くよ」とアベが言った。他に友人の宇田川一彦もすでにパリへ行っているとのことだ。私も89年の南フランス旅行でフランスの魅力は知っていたので即決し、ビザはまだ切れていなかったので5日後に出発した。成田発のフランス航空のビジネスクラスで旅立った。この頃すでにロシア上空を飛べる直行便があったので、アンカレッジを経由しなくてもヨーロッパへ飛べ、前回とは違って快適であった。

ホテルはプラス・ディタリーの角地にあった滞在型ホテルで、各自1部屋ずつ与えられた。隣接する商業施設でなんでも買うことができる便利なホテルだった。地下スーパーは食品やフルーツが豊富だった。それ以上に、近所で週2回開催されるマルシェはもっと新鮮な食品が安価に手に入った。

スタジオは地下鉄プラス・ディタリーから、ダンフェール・ロシュロー乗り換えでジャンティイ駅近くにあった。幹線道路から少

赤川茂
プロデューサーとして『六神合体ゴッドマーズ』『太陽の使者 鉄人28号』などを担当。

ボッツマスター
93年に放送開始された合作アニメ。日本未放映。

し入った2階建てのスタジオだった。私と同じチームに**吉田茂承**さんがいた。

週5日勤務できっちり8時間労働は新鮮な体験だった。今までの自堕落さとは違って時間が有効に使える。土日は自由にパリを歩き回った。入場料の安いルーブル美術館にはこの間に13回行った。その他の美術館や博物館も次々見て回った。ヴィクトル・ユーゴー記念館へも出かけた。パリへ発つ前に観て記憶に新しかった帝劇ミュージカル「レ・ミゼラブル」の初版本が、ヴィクトル・ユーゴー記念館入り口を入って右側の棚に展示されており、そのコゼットのイラストがミュージカルのポスターに使われていたものだと初めて知った。

「コゼット、君はここにいたのだね……」と思わず呟いた。

ヴィクトル・ユーゴー記念館ではその頃すでに発明されていた立体写真の展示が興味深かった。自分がチェックしている『ボッツマスター』との因縁を感じた。

ナポレオンの墓近くの戦争博物館の資料は豊富で、改めてヨーロッパにおける戦争というものを理解することができた。よくいわれる〝地政学〟も地続きのヨーロッパならではのことで、それが勝ち負けを左右することがよくわかった。年代、地域別のジオラマはリアルだった。

前回の南仏豪華旅行で口に合わなかったフランス料理の印象も変わった。ランチで口にする町のフランス家庭料理は美味しく、植民地であったベトナムやアフリカの料理店も多く、毎日が楽しかった。

そんな充実した日々を過ごしていると、**エノキフイルム**の榎善教社長からホテルに電話があった。ダンフェール・ロシュローのカフェで会うことになったが、榎社長は数カ国語を話せる秘書と一緒だったから問題はないものの、私がそのカフェまで時間どおり行き着けるか不安であった。地図を片手になんとかたどり着くと2人はすでに待っていた。

榎社長はアヌシーの映画祭から帰る途中で、日本のアニメはヨーロッパで莫大な収益を得ていると話した。日本のアニメのフランス人エージェントはアヌシーへプライベート

吉田茂承
31年生まれ。アニメーター、演出家として『はじめ人間ギャートルズ』『おはよう！スパンク』など多数の作品を担当。現在は水彩画家として活動している。

エノキフイルム
75年に設立されたアニメ制作会社および配給会社。

ジェットでやって来るという。当時からアニメがもたらす富の恩恵は、アニメ現場にはもたらされていなかった。私はフランスでの生活とDICの仕事の現状を話した。榎社長は仕事を頼みたいので帰国したらエノキフィルムへ寄ってくれと言ったが、それがどんな仕事なのかは聞かされなかった。

ホテルに突然の電話

パリでの生活でホテルへの電話はもう1本あった。

シャワーを浴びてくつろいでいるとベルが鳴る。受話器を取るなりやけに馴れ馴れしく話し出す女性の声。

「オクチンでしょ⁉」

「ええ、奥田ですが……。え？　オクチンって……」

「ああ、やっぱりオクチン、小夜子よ、サヨコ！」

うーん、やっぱりわからない。〝オクチン〟というのは虫プロ系スタッフの中だけのニックネームで、タツノコプロなどのスタッフは私を〝せいじさん〟と呼ぶ。奥田姓が2人いたせいだ。

「サヨコさんですか？　どちらの……？」。パリのホテルにいきなり電話してくるような付き合いの女性はいないので困惑する。

「**木下小夜子**よ、5スタの。アヌシーからの帰りに**ポール・グリモー**に会って、その帰りなの」

「木下？　ああ、蓮三さんの……」

虫プロ第5スタジオにいたアニメーターの女の子、川崎小夜子は『**巨泉×前武ゲバゲバ90分！**』のオープニングアニメで売れ、アートアニメで名をなした木下蓮三の奥様になっていた。彼女がいつも頼むフランス語通訳との話の中で、フランスDICにいるアニメーターの中に奥田という者がいると話題に出たらしい。「奥田」で「アニメーター」なら一人しかいない。「オクチン」である。彼女はすぐさまホテルへ電話したとのことだった。

そのまま木下蓮三と面識のある宇田川も誘ってパリで一、二を争うというシーフードレストランで待ち合わせる。蓮三夫妻と我々

木下小夜子
アニメーター、プロデューサー。国際的にアニメーションを軸とした制作・開発・教育・振興等、幅広い事業・活動を展開している。

ポール・グリモー
05年生まれ。フランスのアニメーター、監督としてアニメ史に名を残す名作『やぶにらみの暴君』などを発表。94年没。

巨泉×前武ゲバゲバ90分！
69年から放送されたバラエティ番組。

2人の4人はその昔、虫プロ5スタのメンバーだった。20代前半の頃である。蓮三は少し年上で宮本貞雄と仲間であったが、5スタが肌に合わなかったのか、初めの頃にいなくなった。ギッチャン、出﨑統はバリバリの商業主義であり、アートアニメ系の蓮三は肌が合わなかったのだろう。私は彼が川崎小夜子と一緒になったことも知らなかった。それよりも、憧れであったポール・グリモーに会いに行く2人のその行動力が羨ましかった。そのいきさつが聞きたかったが、話は自然と5スタや虫プロ時代の話になった。宮本貞雄らと関西から出て来た当時の話や推理作家の**内田康夫**も一緒だったという話に驚いたり、私はいたるところで才能が溢れていた時代だったと感じた。大皿いっぱいに氷とレモンと共に並べられた生牡蠣が美味で、私達は虫プロ時代の話を深夜まで語り明かした。帰国してから知ったことだが、その時すでに木下蓮三は癌を発症していた。

契約は6ヶ月の約束だったが、思ったより効率よくコンテチェックが終わったため4ヶ月半で契約が終わった。最後の2週間、カミさんと娘を呼んだ。部屋はDICが好意で家族向けの部屋に変更してくれた。土日は私が一緒にパリを案内し、平日はカミさんが行きたいところへ行った。当時、就学前の娘はあまり興味を示さず、鳩と戯れていた。季節はすでに秋になっていた。

帰国前日、フランスDICのマネージャーに挨拶に行くとチケットを2枚出された。1枚は成田行き、もう1枚はロサンジェルス行き。ロスで引き続き立体視のアドバイスと次期企画にも加わって欲しいとのことであった。こんな素晴らしい提案はないと迷ったが、家族との生活、来年から小学校に入学する娘の成長を見守りたかった。そう決断して、私は成田行きのチケットを受け取った。

ここでのif（もしも?）は人生の大きな岐路だった。ロス行きを選んでいたら私はどんなアニメ人生を送っていたのだろうか?

内田康夫
34年生まれ。推理作家として浅見光彦シリーズを中心に多数の作品を発表した。18年没。

『銀河戦国群雄伝ライ』

4ヶ月半もパリで暮らしたわりには絵コンテもずいぶん描いていた。**『スペースオズの冒険』**は友人の吉川がシナリオを書いていたので気楽に絵コンテを描くことができた。彼のシナリオは無駄がなく、台詞もそのまま使えるのでアニメシナリオとしてはありがたいものだった。

『風の中の少女 金髪のジェニー』はタイトルからして自分向きではないと感じたが、データを見ると5本も描いていた。監督の**康村諒**とは初めての仕事であった。中野のルノアール北口店での打ち合わせは、隣がカメラ店だったので行くのが楽しみだった。

『ポコニャン!』は制作会社であるアニメーション21の制作を杉井興治がやっていたのが縁で仕事を回してもらった。監督の原征太郎もタツノコプロ時代からの馴染みだったので気楽な作品だった。藤子作品の新作ではあったが、ステレオタイプで新しい感動はなかった。

93年秋、帰国してすぐにエノキフィルムを訪ねた。その時に受けた作品が**『銀河戦国群雄伝ライ』**。お家騒動で外へ出されたメディアワークス社長の角川歴彦と榎社長との間で決まった企画だった。経営路線の対立で、兄の角川春樹により角川書店副社長を辞任させられた角川歴彦は、主婦の友社の協力を得てメディアワークス(現在は角川グループ系列)を創業し、そこの社長に就任した。角川歴彦と友人だった榎社長がメディアワークス応援のため立ち上げた企画が、**真鍋譲治**原作の『銀河戦国群雄伝ライ』のテレビシリーズ化だった。角川書店から連載途中でメディアワークスに移った作品だったので、企画当初は単行本のサンプルも提供されず、自分で書店へ行って実費で買い込んで構成をまとめた。その間、角川春樹が角川書店社長を解任されたことから、角川歴彦が角川書店に復帰、同年10月に社長に就任したのだった。

『銀河戦国群雄伝ライ』全52話の製作が始まった。制作現場はイージー・フィルムと決まり、三鷹駅に近いビルにイージー・フィルム本社とは別に制作班ができた。キャラ

スペースオズの冒険
92年から放送開始された「オズの魔法使い」もベースにしたSF冒険アニメ作品。

風の中の少女 金髪のジェニー
92年から放送さ開始された史劇アニメ。

康村諒
56年生まれ。監督、プロデューサーとして『闘士ゴーディアン』『銀河旋風ブライガー』などを多数の作品を担当。

ポコニャン!
93年から放送開始された藤子・F・不二雄原作の〝少し不思議〟なアニメ。

銀河戦国群雄伝ライ
94年から放送開始された真鍋譲治原作のSFアニメ作品。

真鍋譲治
64年生まれ。漫画家。代表作に「アウトランダーズ」「キャラバン・キッド」など。

デザインに三国志からの縁で高鉾誠、メカデザインに寺岡賢司、美術監督は**中村光毅**に頼んだ。また、演出陣には癖の強い面々が揃った。タツノコアニメ技術研究所出身の**高木真司**が初めて演出に参加。若い**松園公**は向こうっ気が強く、私と一触即発で周りをハラハラさせた。後に別作品で彼が監督で、私が絵コンテという立場になった時、丸くなった彼に驚いたが、次に打ち合わせに行った時、彼はすでに喧嘩して監督を降りていた。出﨑統を演出の神と崇める男だった。噂では今は監督業に慣れたようだ。

イージー・フィルムは相変わらずスケジュール管理がずさんだったが、『銀河戦国群雄伝ライ』の制作現場は荒々しく熱気があった。シリーズとして問題だったのはグローバルに展開できる作品を目指して欲しいとエノキフィルムから要請があり、テレビ東京からも残虐シーンは避けるように言われたことだ。もちろん、テレビシリーズとしては当然の要求である。しかし、原作者の真鍋譲治からは血が噴き出す大量虐殺を描くよう注文が出る。私は板挟みである。ずいぶん双方のやりとりがあったが、最後は局の言い分が強い。結局、作品としては中途半端なものとなり悔いが残った。

イージー・フィルムのスタジオにいる間に、テレビスペシャル『**跳べ！ペガサス 心のゴールにシュート**』の監督を受けることになり、千葉の四街道にあった小学校の見学に行く。目の見えない子ども達のサッカーは現在のブラインドサッカーのルーツである。この作品が後に劇場公開されたことは後で知った。

プレイステーションの映像開発

94年の春、再びエピックソニーの長崎行男から連絡があり、「ソニーが独自でゲーム機を開発します。リベンジマッチです」とのことだった。私は青山ツインタワーの東館のエピックソニーを訪ねた。広いワンフロアで華やかに活気ある音楽業務が行われていた。その片隅にほんの少しのゲーム機の部署があった。そこからプレイステーションはスタートしていた。未だ海のものとも山のものともわからぬ手探り状態だったから、

中村光毅
44年生まれ。美術監督、メカニックデザイナーとして『科学忍者隊ガッチャマン』『機動戦士ガンダム』など多数の作品を担当。11年没。

高木真司
演出、監督などとして『スチームボーイ』『ニンジャバットマン』などを担当。

松園公
演出、監督などとして『美味しんぼ』『名探偵コナン』などを担当。

跳べ！ペガサス 心のゴールにシュート
95年に公開されたスポーツアニメ映画。

すでにゲームマーケットを押さえていたセガからは嘲笑の声が聞こえていた。「電気屋さんがなにをやるの?」と。

未知の分野に参加する仕事は面白く、JCGL以来の新鮮さだった。企画を作り、シノプシスを作って企画書を出す。アニメ映像をシリーズとは別格の予算で作ることができるのも面白く、「クライム・クラッカーズ」のオープニング映像は美少女アクションの先駆けだったと思う。この作品でデザイナーの金物昌人(ここまひ)に出会う。彼は麗夢のファンでもあり、不思議な繋がりを感じた。

ファンタジー系ゲームでは当然、剣のアクションも見せ場となる。3Dオペレーターにまだアニメーターほどの芝居は付けられない。動きのタイミングのキレのよさを求め、**湖川友謙**を呼んでレイアウトを取ってもらったこともあった。

プレイステーションは大ヒット商品となり、後にエピックから離れソニー本社が扱うこととなり、赤坂にはソニー・コンピュータエンタテインメント(略称、SCE)の本社ビルもできた。巨大になった組織ではもう我々の出る幕はなかった。見知らぬ若い本社スタッフが肩で風を切り、常に上から目線でビジネスを仕切っていた。その頃からソニーとは疎遠になった。自由や楽しいことは永続きしない。それが人生なのかも知れない。

潮時だと思い、私は再びアニメクリエイターに戻った。

アニメの仕事がない

宇田川になにか仕事がないか当たってみると、練馬の新しい制作会社の仕事を紹介された。それが『**おまかせスクラッパーズ**』であった。監督の大庭秀昭は真面目に作品に取り組んでいたが制作体制は最悪で、演出に対する配慮は全くなかった。聞けば撮影出身の社長であった。撮影出身は演出や作画に理解がなく、撮影が全てという意識が高い。スタジオもただ机と棚を集めただけで、制作進行もいなかった。背景とセルが集められただけの一室で、雑な撮出しを

湖川友謙
50年生まれ。キャラクターデザイナー、演出家などとして『伝説巨神イデオン』『聖戦士ダンバイン』など多数の人気作品を担当。

おまかせスクラッパーズ
94年から放送開始されたSFコメディアニメ作品。

❖1992年

【V】JOKER　マージナル・シティ (1992/4/21)
＊監修

【V】NEW DREAM HUNTER　麗夢　殺戮の夢幻迷宮［ラビリンス］(1992/8/12)
＊脚本、監督、絵コンテ

【TV】コボちゃん［シリーズ］(1992/10/19～1994/3/21)
＊絵コンテ（非表示・本数不詳）

【TV】おやゆび姫物語 (1992/9/30～1993/3/31)
＊絵コンテ（3本）
[8] ノゾミテタウンへようこそ (1992/11/18)
[12] 南の国の水晶王子 (1992/12/16)
[18] マーヤの結婚式 (1993/2/3)

❖1993年

【TV】スペース　オズの冒険 (1992/10/5～1993/4/4)
＊絵コンテ（3本）
[15] 恐怖のバースデイ (1993/1/11)
[17] おもちゃの国の戦争 (1993/1/25)
[19] レジャーランドは大にぎわい (1993/2/15)

【TV】風の中の少女　金髪のジェニー (1992/10/15～1993/9/30)
＊絵コンテ（5本）
[14] 大切なおくりもの (1993/1/14)
[17] さよなら故郷［ふるさと］(1993/2/4)
[22] 友情の金時計 (1993/3/11)
[28] 美しき転校生 (1993/4/22)
[34] 心通い合う旅人 (1993/6/3)

【V】[心をはぐくむ名作アニメシリーズ](1993/3/21～1993/9/21)
＊演出・絵コンテ（1本）
[1] 金の斧・銀の斧 (1993/3/21)

【ET】ボッツマスター[合作](1993年制作)
＊絵コンテチェック（本数不詳）
(註) 日本未放映

【TV】おまかせ　スクラッパーズ (1994/4/7～1995/1/5)
＊演出（2本）
[6] 誰かがビルを狙ってる (1994/5/12)
[12] ショック！マドンナの秘密 (1994/6/23)
＊コンテ（3本）
[6] 誰かがビルを狙ってる (1994/5/12)
[12] ショック！マドンナの秘密 (1994/6/23)
[22] ボールズセブンを追え！(1994/9/1)

【ET】CRIME　CRACKERS (1994/12/3)
＊企画協力、オープニング映像絵コンテ
(註) ソニー・コンピュータエンタテインメントより発売されたPlayStation用ゲームソフト

終えて外へ出るとすでに暮れている。練馬駅へかなりの距離を歩き西武池袋線で新秋津へ向かう。

深夜の武蔵野線、新秋津駅のホームで風に吹かれながら惨めさを噛みしめていた。本来なら懐かしいはずの西武線が過去のものに思え、青春時代に夢見たことと異なる生活を送る今が、アニメが、侘しいものに思えた。

こぼれ話①

奥田誠治自身による関わった作品のエピソードの数々。今まで知られていなかったエピソードも！

―『冒険少年シャダー』はSFだし私にとっては描きやすい内容で楽しかったですね、自由にやらせてもらってたから。打ち合わせは1週間分まとめて。1週間で1話だったから。打ち合わせして、1本分というか1週間分を描いて渡して、またシナリオ上がってきたらその打ち合わせをしてっていう感じで。『男どアホウ！甲子園』とかと同じ形式だったと思うんですけど。余談ですけど帯番組のアニメって、カラー調整のために入れていたと聞いたことがあります。今はもうデジタルだからほっといたって大丈夫ですけど。演出は片岡忠三さん。ほぼ彼が仕切ってたから、監督だと思います。キャラクターデザインは全然知らない。意識してなかった。多分、作画監督はいなかったんじゃないですか？ それに、脚本家のシャダーグループというチームだったのは、寄せ集めだったんじゃないですかね。絵コンテもそうだったけど。オープニングの作画を観るとエイケンっぽいですね。その流れがいたのかもしれない。日本放送映画って、その都度いろんなのが集まってましたから。だから、『どアホウ！甲子園』は村田四郎がほとんど描いてましたし。そういう意味では行き当たりばったりな会社だった。シャダーの時は虫プロだと思います。絵コンテは富野氏が3分の1、私が3分の1、あとの3分の1をその他の方っていう感じですかね、分量的にいうと。無責任に描いてましたけど。片岡さんっていう監督も派手ならいいよっていうノリだったと思いますし。

―『九尾の狐と飛丸（殺生石）』は杉山卓さんからきたバイトでした。当時は余力があるとバイトはやってました。制作をやっていたのは日本アニメのプロデューサーの大物なんですね。まだその当時わかんなくてね。私もよく覚えてますけど、明け方まだ明け切らない時に顔を洗おうとした時に、パッと庭を見たら黒いコートの怪しい男がいたんです。だから出て行って、「なんだお前は!?」って言ったら、それがその制作でね。「すみません、吉川（惣司）さんに聞いて来たんです」って言うから、話を聞くと「吉川さんが全部描ききれないから、奥田さんに描いてもらってくれ」って言われて明け方から待ってたと。で、大元は杉山卓さんがいて、吉川や波多正美さんも描いていた。私は炎とか伽藍が焼け落ちるところとか、そういうめんどくさいところを引き受けました。吉川から受けてるから私の名前は載ってませんけど、焼け落ちる肝心のシーンは私が描いてます。炎を描くのは速かった。もう送り描きに近い形で描けたから。完成したのは観たような気もしますがあまり記憶にない。試写以外にテレビ放映で観た気もするな。

―『かみなり坊やピッカリ・ビー』はアートフレッシュの作画としてほんのちょっと手伝っただけ。私や吉川は「やだね、これは」って言って。次の『ファイトだ!!ピュー太』は（出﨑）哲さんが受けてきたんですよ。それを出﨑統と吉川と波多正美、それと私の4人で、正月中に動画まで4日ぐらいで上げちゃったんですよ。出﨑統は原画しか描かなかったので動画は私がやった記憶があるんですけど。2話は正規で受けたからクレジットされているんでしょうけど、それ以外はノンクレジット。

―『マッハGoGoGo』はかなりの本数を担当してます。車で描きやすかったし、シナリオは鳥海尽三さんと鈴木良武で2人ともよく知っていたのでやりやすかった。あと、すごくいいシナリオを書いてたのはSF作家の広瀬正さん。車のことをよく知っていて、いいシナリオを書くなぁと思っていたら早くに亡くなられてしまって。鳥海尽三さんの家にカンヅメになって絵コンテを描いていましたね。吉田竜夫さんからコンテのチェックは私にはなかったです。描いて渡したらそれっきり。それっきりっていうか直されもしないし、結構おまかせだったんです。

―『ジョニーサイファー』は合作で、石黒（昇）のいた会社の社長が受けてきたのをアートフレッシュが受けて、私が受けた。一番しんどかったのが、描き始めてから事故に遭って頭を8針縫った。もらい事故で、タクシーが一時停止しないでぶつかってきたんですよ。でも、若いっていうのはすごくて、縫った翌日からもう、この『ジョニーサイファー』の絵コンテを描いていました。落とすわけにはいかないので。で、描いてると、なんか頭が熱い。近所の医者に行こうとしたら、周りの人間がみんな私を見るんですよ。医者に行くと、頭に巻いていた包帯が血でぐちょぐちょになっていました。合作の原画で大変なのは、別で届くセリフテープで、母音に合わせて口を描くんです。絵コンテは直しとかはなかったですね。とにかく『ジョニーサイファー』は私個人としては事故った記憶。仕事に穴を開けなかったのは責任感ですね。

―『紅三四郎』はだいぶやりましたね。九里さんが頑張ってくれて。ノンクレジットだけど、多分4分の1本以上は描いてます。当時いい加減だったから、クレジットにあんまりこだわりがなかったですね。

―『どろろ』のエンディングは表示できる原画の人数に限りがあったため、私の名前は出ずに「アートフレッシュ」という名義で出たりしていたんです。作監が北野（英明）、上口（照人）ってなってましたけど、どれも北野がやってましたね。声を大にして言いたいのはエンディングは私ですから。あれは実は難しいテクニックで、アイディアも全部自分です。絵コンテも原画も全部自分で描いた。百鬼丸が無関心で歩いていて。多分今の原画の連中であれを描ける人は少ないんじゃないかな。歩幅の計算とかできないから、あの尺で収められない。しかもそれを1週間以内にやったっていうのは結構自慢できますね。

No. p141-150

CUT	PICTURE	ACTION	MUSIC/SE	TIME

第9章

第2期吉祥寺時代

第2期吉祥寺時代の始まり

95年、再び事務所を復活させ、その場所に慣れ親しんだ吉祥寺を選んだ。バブルが崩壊した後では事務所の家賃も敷金も以前のような恐ろしい金額ではなくなり借りやすくなっていた。当時の近鉄デパート隣のビルの一室で狭いワンルームだったが、再び、一国一城の主となったのは嬉しかった。ちょうど携帯電話が普及し始めた頃で、有線電話の申し込みを携帯でするという行為の不思議さも時代を感じさせた。8階の窓を開け放つとまだ吉祥寺には大きいビルはなく、新宿の高層ビルと東京タワーと池袋のサンシャインビルがパノラマのように見渡せた。個人事務所となったドアには〝Project‐永久機関〟と手書きのカードを貼った。

この事務所のおかげで多くの人に出会うことができたし、吉祥寺という土地柄、色々な人が訪ねてくれて面白い仕事を回してくれた。最初の麗夢のホームページができたのもこの事務所のおかげだ。凝ったホームページだったが、後にリニューアルして現在のものになった。他にも麗夢が取り持ってくれた繋がりがあった。駅ビルの新星堂でカードを使ったところ、「奥田さん？　もしかしてあの奥田誠治さんですか？」とレジの店員が尋ねた。「？　……ええ、アニメをやっている奥田ですが」「わあ！　本当に奥田さんなんだ」と、彼は感動してくれていた。それが縁で友人となったのが、マニア店員の多摩君だった。道で遭遇したのが縁でDVDボックス発売に尽力してくれた松本君も忘れられない。コミケ帰りに寄ってくれる麗夢ファンも多数いた。

三国志で世話になった健二さんも、「オクダくん、昼飯でも食わんかね……？」とよく訪ねてくれた。そして、いつもうな丼を奢ってくれた健二さんは、ずっと新企画の夢を追っていたようだった。

健二さんが訪ねて来ないことに気付いた頃、タツノコプロがゲーム会社の手に渡ったことを噂で聞いた。日本サンライズ同様に他業種の勢いに呑みこまれた形だ。

やがて数年後、隣は近鉄が店を畳み、大塚家具と三越に代わった。劇団・櫂のマネージャーをやっていたカミさんが、帰りに寄って一緒に夕飯の総菜を買って帰った。JR沿線の私立中学に通っていた娘も遊びによく寄った。仕事も順調で日常が穏やかで幸せだった。地道に絵コンテを描き続けた。現在と比べてアニメ業界も作品も穏やかな時代で、楽しくコンテが描けた。要求しなくてもギャラアップもしてくれた。

そんな穏やかな日々を過ごし、私は時代が変わっていたことに気付かなかった。ある朝、三越と事務所のビルの間を通るとき違和感を感じた。ベンツ、BMW、ジャガー、セルシオ、アウディなど、三越の駐車場に入る車があまりに高級車が多いということに気付いたのだ。運転するのは奥様風の女性かその娘。それにしてもどのような階層の人たちなのだろう。年収1千万や2千万の収入ではありえない生活レベルだ。世の中何故かお金持ちが増え、その一方で貧乏人も増えていた。バブルの影響が起きていたのだ。

我々はきちんと労働の対価、あるいは才能の対価をいただくだけで、それ以外の収入はない。世の中、人のピンを撥ねなければお金持ちになれないことはとっくに気付いていたものの、これほどあからさまな時代は初めてである。不快な『金持ち父さん貧乏父さん』などという本も流行った。その後もっと世間が変化した。三越と大塚家具も立ちゆかなくなって閉店し、しばらく経つと改装工事が始まった。かなり大きい工事で、大型トラックが出入りし始めた。騒音で仕事ができず、やむなく自宅で作業をすることにした。ヨドバシカメラが跡地に入るという噂が聞こえてきたが、これは嬉しかった。カメラ大好きの私は開店を心待ちにした。仕事は相変わらずのペースで順調に進み、事務所へは絵コンテの受け渡しの時のみ出かけた。ヨドバシカメラの工事は思ったより大きな改装のようだった。その夏は特に暑く、工事の騒音と暑さで事務所へ出る回数がめっきり減ったし、体力も落ちた気がしたので自宅でのんびり仕事を続けることにした。

季節が移ってヨドバシカメラが開店したが、嬉しさもほどほどだった。なぜなら、駅からの人の流れが変わって、事務所への通勤が煩わしくなっていたのだ。

再び葦プロへ

98年、家で昼食をすませた頃、プロダクションI・G社長の石川光久から電話があった。

「へえー、社長自ら電話をくれるなんて珍しいじゃない。どうしたの?」

「相変わらずオクダさんはキツいな。今ここにオクダさんの知り合いがいて困っているから助けて欲しいって」

全く誰だか心当たりがない。

「誰? 電話替わってよ」

「お久しぶりです。キングの大月です」

当時はキングレコードでプロデューサーをしていた**大月俊倫**であった。話をするのも『ドリームハンター麗夢』の劇番録音以来だ。

「お久しぶり、懐かしいね」

「絵コンテ、オクダさん早いって評判ですよね。4日で描けませんか?」

「描けなくはないけどタイトルは?」

「葦プロに出している**『アキハバラ電脳組』**です」

「『アキハバラ電脳組』……?」

名前は聞いていたが、かなりマニアックにぶっ飛んでいるとの評判で、それを4日で描くというのは面白いかも知れない。興味が湧いた私は、「4日ね、なんとかやってみる」と返事をした。

「そうですか! じゃ、これから電話を入れときますから葦プロへ行っていただけますか?」

午後、私は久しぶりに葦プロに向かった。あの、悪夢のようなスケジュールでダンクーガを作った葦プロだ。いい思い出はなにもないが、大月プロデューサーの頼み通り『アキハバラ電脳組』の絵コンテを4日で描いた。その縁で**『ビーストウォーズ』**シリーズの絵コンテを頼まれ、引き続き描くことになった。ダンクーガでデビューした武上純希もベテランとなっていて、相変わらず彼のシナリオは面白く、楽しく仕事ができた。絵コン

大月俊倫
61年生まれ。プロデューサーとして『新世紀エヴァンゲリオン』『少女革命ウテナ』など多数の人気アニメ作品を担当。

アキハバラ電脳組
98年から放送開始されたSFコメディアニメ作品。

ビーストウォーズ
トランスフォーマーシリーズの一作。

シナジージャパン
98年に設立されたアニメ制作会社。現SynergySP。

Only・You ビバ!キャバクラ
98年から放送開始された藤波俊彦原作のキャバクラアニメ作品。

テを上げて持って行き、代わりに次のシナリオをもらって帰って絵コンテを10日ぐらいで描き上げるという楽なペースだった。

同時期、イージーフィルム、**シナジージャパン**などの仕事も続けた。中でも異色だったのは『**Only・You　ビバ!キャバクラ**』だ。扶桑社の「週刊SPA!」に連載されていたお色気漫画のアニメ化だったが、なぜかスタジオ・ザイン制作だったので絵コンテを引き受けた。監督の日下部光雄は謹厳実直な人格者で、この作品は大変照れくさかっただろうと想像する。しかし、私は名作路線もやるが、このような作品も大好きだったのでのびのびと絵コンテを描くことができた。

『**時空探偵ゲンシクン**』はグループ・タック作品だったが、私は田無にある**あにまる屋**から仕事を受けた。元シンエイ動画のプレハブスタジオで打ち合わせをしたこの作品は、ほどほどのSFくささが私には心地よかった。『**ロスト・ユニバース**』はイージーフィルム作品としては上出来の部類だったろう。これもまた、エノキフィルムが出資したテレビ東京の作品で、監督の**渡部高志**はエネルギッシュで才能に溢れていた。

『**B（ボンバーマン）ビーダマン爆外伝V**』は**マッドハウス**の制作だったが、私はグロス請けしていたシナジージャパンから仕事をもらった。荻窪から青梅街道を歩き、四面道で日大通りを右折してかなり歩いたところにスタジオがあり、夏場の打ち合わせは厳しいものがあった。後に駅近くのビルに移ったため、スタジオへ行くのが楽になった。ビーダマンは楽しい仕事だった。キャラクターの性格付けが面白く、アイディアが豊富に生まれた。特にしろボンが押してはいけないスイッチを思わず衝動的に押してしまい、それまで必死に集めたクリスモンドを世界中に拡散してしまうシーンは笑いながら描いた。

『∀ガンダム』参加と富野氏

久しぶりにサンライズから連絡があった。富野喜幸（由悠季）作品の依頼だった。彼

時空探偵ゲンシクン
98年から放送開始されたSFコメディアニメ作品。

あにまる屋
82年に設立されたアニメ制作会社。現株式会社エクラアニマル。

ロスト・ユニバース
98年から放送開始された神坂一のライトノベルを原作にしたスペースファンタジーアニメ作品。

渡部高志
57年生まれ。アニメーター、監督として『スレイヤーズ』『宇宙海賊ミトの大冒険』などを担当。

B（ボンバーマン）ビーダマン爆外伝V
99年から放送開始されたバトルアニメ作品。

マッドハウス
72年に設立されたアニメ制作会社。

の作品に関わるのは、コンテ修正の件で喧嘩した『**勇者ライディーン**』以来、25年ぶりだった。

その喧嘩とは、東京が襲われ逃げ惑う群衆を救うため、ライディーンが身を投げ出して自らの腕で東京湾に橋を架け、人々を渡らせ逃がすという話だった。身長30メートルほどのライディーンの腕では長くても15メートル。それではどう考えても橋にはならないだろうと、打ち合わせ時に揉めたのだ。私の意見に対して彼は、「勢いだよオクチン、イキオイでやってよ」と言う。私は「うーん……」となったが、勢いというのにも理があるなと納得して東京湾に橋を架けた。しかし、上がった絵コンテにクレームがきた。「ライディーンの身長を考えたら、東京湾に橋を架けるのは無理でしょう。この部分を直してよオクチン」と。

「富野氏、それは打ち合わせの時に俺が言ったことでしょ、無理言わないで」

ちなみにお互いの呼び方はオクチン、富野氏であった。何度かやりとりがあった後、面倒になった私がコンテを置いたまま、「勝手にしてよ！」と席を立って以来のことだ。

久しぶりにサンライズに向かい、その一件を考えて少し構えていると富野氏は数人のサンライズ制作に、「みんな、この人が有名な奥田誠治さんだ」と紹介した。

〃ヤレヤレ、オレが有名だったのはあんたがガンダムで有名になる前のことで、この世代は誰も知らないよ〃と私は腹の中で呟いた。

打ち合わせはこともなく終わって絵コンテに入った。バンダイの看板であるガンダム、しかも富野監督直々の新作とあって予算も半端ではなく、羨ましい環境だった。依頼された絵コンテは10日ほどのスケジュールで完成し提出した。なんの反応もなく次のシナリオがきた。簡単な打ち合わせで絵コンテに入る。おかしいなと思って制作担当から絵コンテのコピーをもらう。見ると、〃全面直し〃だった。ライディーンの時の意趣返しかとも思ったが、訳が分からない。こちらに直しとであり、それにしても面倒なことであり、訳が分からない。こちらに直しの説明もなしにほとんどを直している。制作担当に聞くと、申し訳なさそうに、「奥田

勇者ライディーン
75年から放送開始された巨大ロボットアニメ作品。

さんだけでなく他の方のコンテも全て直しています」とのことだった。〃降りようかな?〃と思ったが、金額も他のコンテよりよく、支払いも月をまたぐとすぐに支払われる。アニメ制作会社によっては2ヶ月後支払いというのもある中で、別格のガンダムの支払いはありがたいことだ。ちょうど娘の私立中学入学の時期で、入学金や学費のことを考えると降りるわけにはいかなかった。結局、モヤモヤしながら5本も描いてしまった。アニメ界で出世を極めてしまった彼の道楽に付き合わされたのだろうか……?

　ガンダムで有名となった彼自身のコンテがそれ以前から素晴らしいようにいわれているが、そんなことはなかった。ガンダムにいたるまでに描いていたコンテは現場に迷惑を与えていたものが多い。確かに私同様に作業時間は速いが、全く作画のことを念頭に置かない、ただスケジュールを守るだけのコンテで我々作画現場には迷惑なものであった。アニメも人気商売だから、勝てば官軍である。彼自身がNHKの番組で自分の好きなアトムとして「**青騎士**」のアクションを挙げていた。青騎士のアクションシーンの原画を描いたのは私と吉川であり、その絵コンテは我々が描き直したことを彼は忘れていたのかも知れない。

　当時、彼は富野氏と一般に呼ばれていた。〃氏〃は敬称というよりは〃面倒な相手〃といった感じで使われていた。年齢が上で大卒（当時は大卒は稀であった）であり、一応、演出部に属していたからだ。ニックネームというよりは、まあ、そう呼んでおけといった意識が全般にあったのだろう。虫プロ第5スタジオの悟空班に、アトム班から間に合わないので手伝ってくれとの依頼があり、私と吉川が受けることになった。なぜこの2人だったのかは今となっては不明だが、多分アクションが得意だったからだろう。

　富野氏の絵コンテがきた。青騎士とアトムの戦いである。「どうしよう?」と吉川と顔を見合わせた。そのままではアクションにならないからだ。「直すか!」。我々の判断は速かった。このまま原画にしたら我々の名折れになると、お互い3枚ずつのコンテを直して、「これでやるからトミノシに言っと

青騎士
『鉄腕アトム』179、180話。ロボット国建設のために闘うロボット青騎士と人間の狭間で苦悩するアトムを描いた、原作でも重要なエピソードをベースにした作品。

いて」と一応制作に断りを入れた。それに対して彼からクレームがくるとは思ってもいなかったし、また、なにも言ってはこなかった。それは、富野氏も〝面倒な人〟だったが、我々ものすごく〝面倒な人〟だったからだ。理屈っぽい吉川と暴力的な奥田は扱いづらい原画だったのだ。その仲間の出﨑統や上司のギッチャンに至ってはもっと面倒な連中だった。結局、我々は直したコンテで作画に入り、気分よく原画を描いた。そのアクションはラッシュ試写でも好評だった。それが「青騎士」のアクションの真相である。

一度勝ち組になると過去まで遡って優秀だったと評価される。世の中そういうものである。

他にも、『それいけ！アンパンマン』『ファーブル先生は名探偵』など、99年から00年はメジャー、マイナーを含めて多くの絵コンテを生活のために描いた。

❖1995年

【TV】しましまとらの　しまじろう
(1993/12/13 ～ 2008/3/31)
＊演出（=コンテ）(1本)
[81A] なかよし兄弟 (1995/7/24)

【TV】ヤンボウ　ニンボウ　トンボウ
(1995/4/5 ～ 1996/1/24)
＊絵コンテ（4本）
[26] 不思議な森の迷子たち (1995/10/4)
[28] 龍に乗ったヤンボウたち！(1995/10/18)
[33] 白ザル村は大ピンチ！(1995/11/22)
[38] トラの隊長大逆襲！(1996/1/10)

【TV】翔べ！　ペガサス (1995/6/3)
＊監督

【TV】ママは　ぽよぽよザウルス　がお好き
(1995/9/2 ～ 1996/8/31)
＊絵コンテ（1本）※「奥田誠二」表記
[16A] どたばたママ　X＇マスプレゼント大作戦
(1995/12/16)

❖1996年

【TV】あずき　ちゃん [第2期]
(1996/4/2 ～ 1997/1/21)
＊絵コンテ（2本）
[56] ライバル!?　七夕さまは超イジワル
(1996/8/6)
[61] まぼろし!?　ヨーコちゃんの夢芝居
(1996/9/10)

【TV】はりもぐ　ハーリー [第1期]
(1996/8/5 ～ 1996/11/22)
＊絵コンテ（11本）
[11] 父ちゃんの　背中ものがたり (1996/8/19)
[12] 人間がやって来た!? (1996/8/20)
[13] タクヤ 突然に (1996/8/21)
[31] 恐怖の　タッグマッチ (1996/9/16)
[32] これが人間だ？ (1996/9/17)
[33] リス子の　しあわせ物語 (1996/9/18)
[50] ダチョウが　飛んだ日 (1996/10/11)
[52] なんでもショップの　もよう替え (1996/10/15)
[59] 母親修行はチョー大変 (1996/10/24)
[60] 燃えよ！　サーカス運動会 (1996/10/25)
[71] 立派な男になったるで！(1996/11/11)

【TV】いじわるばあさん [新]
(1996/4/19 ～ 1997/6/13)
＊絵コンテ（8本）※第39回Aは「奥田誠二」表記
[24A] 特訓！七転び八起き (1996/12/13)

[9] 海賊バーバリの竜 (1998/3/4)
[11] 恐怖の幽霊船 (1998/3/18)
[12] 我が町 パドルビー (1998/3/25)
[13] わが友 オシツ オサレツ (1998/4/1)

【TV】ロスト・ユニバース
(1998/4/3 ~ 1998/9/25)
*絵コンテ (5本)
[14] 恐怖ささやく (1998/7/3)
[15] 悪夢現る (1998/7/10)
[18] 無頼流れる (1998/7/31)
[21] 氷原燃える (1998/8/21)
[23] 阿修羅来たる (1998/9/4)

【TV】アキハバラ　電脳組
(1998/4/4 ~ 1998/9/26)
*絵コンテ (1本)
[17] 新 生 (1998/7/25)

【TV】ビーストウォーズ II　超生命体トランスフォーマー
(1998/4/1 ~ 1999/1/27)
*絵コンテ (6本)
[24] 夕陽に向かって (1998/9/9)
[26] ライオジュニア登場 (1998/9/23)
[31] スタースクリームの最期 (1998/10/28)
[34] ネメシスをぶっ飛ばせ (1998/11/18)
[38] 飛び出せ!　惑星ガイア (1998/12/16)
[41] ネメシスへの突入 (1999/1/13)

【TV】Only・You　ビバ! キャバクラ
(1998/11/3 ~ 1998/11/27)
*絵コンテ (7本)
[2] 燃えよ アフター! (1998/11/5)
[3] 店外デートへの道! (1998/11/6)
[6] 涼崎ショック! (1998/11/12)
[7] コスキャバプレクラ (1998/11/13)
[9] とにかく夏だ!　海だ!!　ハイレグだ!!!
(1998/11/18)
[10] ドーハンの悲劇 (1998/11/19)
[12] キャバクラ災難 (1998/11/24)

【TV】時空探偵　ゲンシクン
(1998/10/1 ~ 1999/6/24)
*絵コンテ (5本)
[11] 燃えろ! ネッケツ (1998/12/10)
[17] とべ! とべ! ウイング (1999/1/21)
[23] 時の国のユニータ (1999/3/4)
[29] コゼニーでもうかりまっか? (1999/4/15)
[35] 武蔵対カゲニン (1999/5/27)

【TV】彼氏彼女の事情
(1998/10/2 ~ 1999/3/26)
*絵コンテ (非表示・1本)
[12] ACT12.0　仕合わせの在処 (1998/12/18)
(註) 放映では「絵コンテ」は「鶴巻和哉」と表示される

[25B] クリスマスプレゼント大作戦 (1996/12/20)
[27B] 家族いじわる合戦 (1997/1/17)
[30B] 強いお父さんが好き (1997/2/7)
[32B] おばあちゃんが赤ちゃんに (1997/2/21)
[37A] 発掘! いじわるの壺 (1997/3/28)
[39A] ばあちゃんは童話作家 (1997/4/11)
[42B] 二代目いじわるばあさん (1997/5/2)

❖1997年

【TV】手塚治虫の　旧約聖書物語
In The Beginning [合作]
(1997/4/1 ~ 1997/5/9)
*絵コンテ (非表示) (1本)
[8] 第八話　アブラハム、イサクを捧げる
(1997/4/10)

【映】天才えりちゃん　金魚を　食べた
(1997/4/20)
*絵コンテ

【TV】はりもぐ　ハーリー [第2期]
(1997/4/8 ~ 1997/6/27)
*絵コンテ (8本)
[101] ウソをつくのは　いいこと? (1997/5/5)
[102] なんでもショップ　大ピンチ (1997/5/6)
[111] 雪ならおまかせ!　パンダ兄弟 (1997/5/19)
[114] パンダ兄弟を　追い出せ (1997/5/22)
[121] パンダ　いっぱい計画 (1997/6/2)
[122] 熱血!　カメレオン先生 (1997/6/3)
[134] オケラのケラ助　どこ行った (1997/6/19)
[135] リス子ちゃんの　ボーイフレンド(1997/6/20)

【TV】フォーチュン　クエスト　L
(1997/10/19 ~ 1998/5/24)
*絵コンテ (8本) ※第4話は「奥田誠二」表記
[4] 白い竜の祭壇 (1997/11/16)
[7] ストロベリーハウスの用心棒 (1997/12/7)
[11] 脱出! (1998/1/18)
[13] かけひき (1998/2/1)
[14] 予想外の出来事 (1998/2/15)
[17] トラップハウスからの挑戦状 (1998/3/8)
[21] 幻の秘薬 (1998/4/19)
[23] 迷える小羊 (1998/5/3)

❖1998年

【TV】『ドリトル先生物語』[合作]
(1997/12/24 ~ 1998/4/1)
*監督 (非表示・全話)
*絵コンテ (4本)

❖2000年

【TV】∀ GUNDAM (1999/4/9～2000/4/14)
＊絵コンテ（5本）
[39] 小惑星爆烈（2000/1/14）
[42] ターンX起動（2000/2/4）
[45] 裏切りのグエン（2000/2/25）
[46] 再び、地球へ（2000/3/3）
[48] ディアナ帰還（2000/3/17）

【TV】それいけ！　アンパンマン
（1988年10月3日～放映中）
＊絵コンテ（3本）※第554回Aは「奥田誠二」表記
[554A] クリームパンダと　リトルジョーカー（2000/2/4）
[559A] クリームパンダと　はるかぜさん（2000/3/17）
[563B] ばいきんまんと　なみだちゃん（2000/4/21）

【TV】ファーブル先生は　名探偵
（2000/4/11～2000/10/17）
＊絵コンテ（6本）
[3] 優しい言葉には裏がある（2000/4/25）
[12] 夢中になるのも　ひかえめに（2000/7/11）
[15] 口がすべれば命とり（2000/8/1）
[18] 災いは空から舞い降りる（2000/8/22）
[20] 地下のお客にかかわるな（2000/9/5）
[23] 昔話に気をつけろ（2000/9/26）

【TV】モンスター　ファーム　～伝説[レジェンド]への道～
（2000/4/1～2000/9/30）
＊絵コンテ（1本）
[8] 海に消えた円盤石（2000/5/27）

【TV】へろ　へろくん（2000/4/3～2001/2/1）
＊絵コンテ（8本）
[85] 燃えろ　メラメラ！（2000/11/28）
[86] 偉大なる　パチパチちゃん（2000/11/29）
[87] ペラペラちゃんの　カンけり（2000/11/30）
[88] もじもじちゃんの　勇気（2000/12/4）
[101] へろへろの大冒険～　魔人のおはなし（2001/1/29）
[102] へろへろの大冒険～　ミュンのおはなし（2001/1/30）
[103] へろへろの大冒険～　トゲトゲのおはなし（2001/1/31）
[104] へろへろの大冒険～　シータのおはなし（2001/2/1）

❖1999年

【TV】超生命体トランスフォーマー ビーストウォーズ　ネオ
（1999/2/3～1999/9/29）
＊絵コンテ（11本）
[3] 氷点下の燃える心（1999/2/17）
[7] 迷路の中の決闘（1999/3/17）
[9] 副司令ロングラック（1999/3/31）
[11] 時の惑星（1999/4/14）
[13] ブレイクはデストロン？（1999/4/28）
[17] 困ったＤＮＡＶＩ（1999/5/26）
[20] ハードヘッドは石頭（1999/6/16）
[22] 奪われたガンホー（1999/6/30）
[26] 奪われたカプセル（1999/7/28）
[28] 怒りのマグマトロン（1999/8/11）
[30] ユニクロン復活!?（1999/8/25）

【TV】B[ボンバーマン]ビーダマン　爆外伝　V
（1999/2/7～2000/1/30）
＊絵コンテ（8本）
[25] 完成!? 謎の三体合体（1999/8/1）
[30] 荒野のスリンガー（1999/9/5）
[33] ヒロインボンを救え！（1999/9/26）
[36] 飛び散ったクリスモンド（1999/10/17）
[39] スーパービーダコップ　きいろボン（1999/11/7）
[43] スリンガーの最後（1999/12/5）
[46] 発現！ ビーダキャリバー（1999/12/26）
[49] 暴走！ 歪んだ時空（2000/1/23）

【TV】魔装機神　サイバスター
（1999/5/3～1999/10/25）
＊絵コンテ（1本）
[14] プレシオン軍団（1999/8/2）

【TV】キョロちゃん（1999/7/1～2001/3/29）
＊絵コンテ（2本）
[8] キョロちゃんママになる（1999/8/19）
[14] 変身！超キョロちゃん（1999/9/30）

【TV】イッパツ危機娘
（1999/10/5～1999/10/29）
＊絵コンテ（2本）
[15] 灼熱の箱入り極限娘（1999/10/28）
[16] デスマッチ　in　電流風呂（1999/10/29）

【TV】サイボーグ　クロちゃん
（1999/10/2～2001/2/10）
＊絵コンテ（2本）
[8] 第8話　クロミーアイドル勝負（1999/11/20）
[28] 第28話　砂漠に浮かぶ都市（2000/4/8）

【ET】わくわくムータン（1999年制作）
＊絵コンテ（3本）
（註）未放映作品

No. p151-163

CUT	PICTURE	ACTION	MUSIC/SE	TIME

第10章

教育の世界へ

教育界へ入る

01年、スタジオ・ザイン社長の尾崎に勧められ、東京コミュニケーションアート専門学校（以下、TCA）のアニメーションゼミの講師となる。それまでにも何度か専門学校は紹介されたが、授業中に寝るような学生が多く、教育には全く興味を持てなかった。TCAは見学したところ、規模も大きくコンピューター施設も充実しており、これなら作品作りができるかもしれないと興味を持ち、引き受けることとなった。

自宅より中央線と地下鉄東西線を乗り継ぎ、正味1時間電車に乗って学校のある西葛西駅へと向かう。改札を出たところでバッタリ**速水奨**さんに出会ったこともある。『ドリームハンター麗夢』の怪僧、円光をやっていただいた声優さんだ。懐かしかった。

人を教えることは初めてで興味深かったが、講師だけでは当然生活できない。絵コンテを描くことは続けていたし、吉祥寺の事務所も維持していた。全て中央線と地下鉄東西線のラインにあるのが便利だった。

この頃からネットも活用できる時代に。93年のパリでのファックス以外ない不便な時代から8年経っていた。ソネットにメアドを作り、それは現在でも私のメインのアドレスである。

03年までTCAの授業を受け持ったが、尿管結石を発症し、長時間の電車通勤が厳しくなり講師を退いたのだった。

『オフサイド』　葦プロ再び

教壇に立つ一方、葦プロ作品の『ビーストウォーズ』シリーズの絵コンテをのんびり描き続けていた。打ち合わせも簡単、直しもなし、武上純希のシナリオも面白く気ままに仕事を進めていたのだ。時折、西荻から桃井三丁目まで散歩がてら歩いたり、健康的な生活を過ごしていた。葦プロが借りていた銀行2階のフロアも余裕があり、私の机もあったし支払いも問題なかった。

やがて、**塀内真人**原作作品『オフサイド』の企画が持ち上がった。監督を引き受けたものの、ダンクーガに懲りていたので作品に

速水奨
58年生まれ。声優として『赤い光弾ジリオン』のバロン・リックスや『横山光輝三国志』の諸葛亮孔明などを担当。

塀内真人
60年生まれ。漫画家。代表作に『Jドリーム』『イカロスの山』など。現塀内夏子。

対してムキになるのはやめた。そもそも、ヤンキー的な主人公を葦プロの要求で優等生にするのには無理があった。優等生にする理由として、『**キャプテン翼**』のように世界的に通用する作品にしたいとの無理を押しつけてきたのだ。そもそも、そんな世界観はない下町高校生の青春ドラマである。その上、代理店がダンクーガと同じで、プロデューサーが片岡だった。打ち合わせに出た彼は、ゴールキーパーである主人公のボールキャッチがホンモノのサッカーのキャッチと違うとクレームを付けた。相変わらず知識をひけらかす面倒な男であった。これでは原作のイメージを映像化することはできず、制作は始めからつまずくこととなった。ただ、それも仕事と割り切ってやり過ごした。作画スタッフのいない葦プロに、『銀河戦国群雄伝ライ』で一緒だったイージーフイルムの作画の連中にも声をかけた。同じく助けを求めたザインの作画にはメインスタッフになってもらいたかったが、『**星のカービィ**』の話が持ち上がったため、作画が非力のまま進んだ。また、サッカー物であれば当然ボールやアクションなどはデジタル処理が必要だと提案したが、当時の葦プロの資金力では実現できず、全くのアナログでスタートし、セルとフィルムのままであった。

　タイトルにあるオフサイドはサッカーのルールの中でも分かりにくいルールで、アニメ表現するのは非常に難しかった。特に予算が限られている葦プロでは困難が伴った。作画監督の問題も状況を悪化させた。葦プロの評判では作画班にいい原画が集まらない。それを修正するのは大変困難を伴う。当然、作画監督のなり手がいないという悪循環だ。それでも投げ出すわけにはいかず、最後まで全うしたものの、原作者には申し訳ない作品となってしまった。

　私は知らなかったが、『オフサイド』制作中に葦プロのバンダイへの身売り話（当時はサンライズを含め多くのアニメ会社が版権と共に吸収されることが多くなっていた。制作で得られる利益が努力に見合わなくなってきたためだ）が起こっていた。ただ、それは、一監督には無縁だった。葦プロとバンダイの版権買取交渉の主な版権はダン

キャプテン翼
83年から放送開始された高橋陽一原作のサッカーアニメ作品。世界的に大ヒットした。

星のカービィ
01年から放送開始されたゲームソフトを原作にしたアニメ作品。

クーガだったろう。私が『オフサイド』を我慢と苦労を重ねて全うしたことが葦プロにとって有利に働いたようだが、私や現場にその見返りは全くなかった。

ダンクーガ同様の虚しさで、再び葦プロとの付き合いは終わった。

葦プロを離れて仕事を探しているとマジックバスから声がかかった。マジックバスは出﨑統の兄、出﨑哲が経営する会社だった。ＡＩＣと韓国の合作『ギリシャ／ローマ神話』をマジックバスがグロス請けしたのだ。『ギリシャ／ローマ神話』はタイトルそのままの内容で、神話は自分の趣味でもあったので資料集めも楽で、絵コンテも気楽に描くことができた。続いてマジックバスと韓国ＫＢＳの合作作品『チエチエポン キムチモン』の仕事を受けた。この作品は本国では人気を博したと聞く。その縁で中国との合作作品『戦龍四駆』のパイロットフィルムも手がけた。本編には参加しなかったが、後に私が関わるようになったアウディ社の作品だと知る。

06年にはマジックバスでモンキーパンチ原作のテレビシリーズ『シンデレラボーイ』の絵コンテも描いた。キャラもお話も『ルパン三世』の亜流で、初めからそれが狙いだった。監督が描き始めた1話が間に合わず、後半の半パートを手伝った。描き慣れたキャラとお話で、気分よく描き進めることができた。

短編教育映画『**カワウソ親子の冒険**』（**椋鳩十**の「金色の川」を原案とした作品）は、社長とプロデューサーと私の3人で、その頃に実用化されたデジカメを持ち九州ロケに出かけた。タクシーで阿蘇周辺を巡り、九州に行くのも初めてだったので新鮮であった。ロケハンのイメージのある絵コンテ作業は楽しく、自分らしい作品になったが作画現場は動物が描けなかった。メカか美少女は描けても、動物が描ける人はいなくなっていたのだ。結果、犬にカワウソが追われるシーンなどは自分でラフを描いた。上質な作品となったが、残念なことにフィルムで上映する巡回映画を目的としていたためＤＶＤは発売されていない。何度か社長と

カワウソ親子の冒険
02年に公開された椋鳩十原作の感動と冒険の短編アニメ作品。

椋鳩十
05年生まれ。小説家、児童文学作家として多数の作品を発表した。87年没。

交渉してＤＶＤ化を働きかけたが、頑なにフィルム映画に拘っていた。この時期、すでに巡回映画でもプロジェクターが主流になっており、16ミリ映写機を扱える公民館などは減りつつあった。ここにもデジタルの波が押し寄せていたのだ。

グロス作品の悲哀

演出、作画、仕上げ、撮影までを受け、管理費をもらって下請け会社は収益を上げるグロス作品というのがある。当然、各パートからもトップオフする。特に動画、仕上げ、撮影が抜きやすい。一時期は外国への外注で安く上げる手法が一般的であった。だが、作画レベルはかなり低い。

トムス・エンタテインメント（以下、ＴＭＳ）の『**ソニックX**』もグロス請けのプロダクションからの依頼だった。仕事が減った私は、選択肢もなくその仕事を受けた。

雨の日に進行と演助兼任の若者が吉祥寺の事務所のドアを叩いた。肩を濡らして、すまなそうに立っている。「出来が悪いとのことで打ち切られました」と。「うん、わかった。またなにかあったら声かけてね」と答えると、彼はすまなそうに頭を下げて帰って行った。すると、机へ向かって1時間もしないうちにまたドアが叩かれた。ドアを開けると今度はＴＭＳの制作が立っている。

「事情があってソニックXは……」

「うん。さっき聞いたよ、仕方ないね」

「いえ、それで作画が悪くて外へ出すのは打ち切りましたが、奥田さんのコンテは引き続きお願いしたいので、ＴＭＳから直接、いかがでしょうか?」

慌てて来たらしく声が焦っていた。いかがもなにも、私にとってはありがたいことで快諾した。彼はシナリオを置いて帰っていった。結果、『ソニックX』は国内版に続いてヨーロッパ放送向けも続いて制作され、かなりの本数の絵コンテに参加した。監督の亀垣一は自由な発想を楽しむことができる監督だったし、キャラクターも設定も好みに合っていた。それが縁で、ルパン以来、『**とっとこハム太郎**』『**まめうしくん**』など再びＴＭＳとの関係が始まった。その後も、

トムス・エンタテインメント
64年に設立された日本を代表するアニメ制作会社。

ソニックX
03年から放送開始されたゲームを原作にしたアニメ作品。

とっとこハム太郎
00年から放送開始された河井リツ子原作のほのぼのアニメ。

まめうしくん
07年から放送開始されたあきやまただしの絵本を原作にしたまきば系アニメ作品。

東映のグロス請けの絵コンテを引き受けたが、いずれも作画的に厳しく、こちらの立場も不安定だった。

絵コンテのみで生活するのが厳しい時代が迫っていた。

JAniCA

ある晩ひょっこり芦田豊雄が事務所に訪ねてきた。最初の付き合いは、私がまだひばりヶ丘に住んでいた頃。彼は隣の駅の東久留米に住んでいたからだった。彼が社長だったスタジオ・ライブが江古田にあった頃は、そこの仕事で『**Dr.スランプ アラレちゃん**』の絵コンテを描かせてもらっていたが、練馬に移転してからは遠すぎて疎遠になっていた。

しかし、私が吉祥寺に事務所を持ってからは、彼は深夜に気が向くと車で立ち寄った。練馬から東久留米の自宅へ帰る途中の息抜きで、社長としての悩みや愚痴を聞かされた。

「ウチは若い連中が多くて社内結婚が多いだろう……だから正月休みはカミさんの実家に1週間、自分の実家に1週間いるんだ、だから15日ぐらいまではライブはガランとしてるんだ。スケジュールを考えると気が重くなる」

「そうだよな。俺も正月1週間休むと手が仕事に馴染まなくて、10日ぐらいまでは仕事にならないな」

「子どもができるだろ、そうするとそれまで共働きで充分だった収入が減るから、生活が大変になるんだ。それも考えると社長なんかやるもんじゃないぜ」

そんなことを言いつつ、嬉しそうな彼に嫉妬を感じる。彼には人望があったが、私はよくいえば一匹狼、ハタから見れば自分勝手なタイプで人望はない。その頃は、それでもアニメの仕事にはまだ余裕があった。

しばらく時間が経って話の内容が変わる。

「オクチン今のアニメ界どう思う?」

「どういう意味で……?」

「うーん。生活とか社会的地位とか」

彼はアニメーターはつぶしのきかない仕

Dr.スランプ アラレちゃん
81年から放送開始された鳥山明原作の国民的人気アニメ作品。

事だと思っていた。「絵描きなんて、今よくても歳取ったらなにもできないじゃないか。結構惨めだよ……」と、具体的にベテランの名前を挙げて説明してくれた。

「だからって、我々になにができる?」

「だから、それを考えないか……オクチン」

彼にそう真面目に問いかけられた。そして、彼の口から出たのが、クリエーターの組織化だった。私から見た芦田の印象は、楽々と人生を送るダンディな存在で、組織化などを考えるタイプではなかった。だから、私はその提案には違和感を覚えた。それに、私は元々この手の活動は苦手で、人と交わるのはストレスだ。クリエーターでいれば人とのストレスは少なくて済む。だが、そうも言ってはいられない状況にアニメ界は立ち至っていたのも事実で、創作だけで食べていけるほど甘い世の中ではなくなったようだ。アニメは元々、利の薄い職業で、局や代理店にトップオフされ、その上、デジタル化が現場での搾取に拍車をかけていった。こうして、私は仕方なくJAniCAに関わることとなった。

07年10月13日、杉並アニメーションミュージアムでJAniCAの設立発表会見が行われた。この時には錚々たる人たちが集まってくれた。私はJAniCAの隅の方で運営委員として動いた。私はこの手の活動には否定的な立場だったから、理事になる気もなかった。他のアニメーターより社会経験が私には多かった。アニメーターはずっと夢を見てきた純粋培養の人間が多く、一般の社会に接することがない彼らは組織や人間の汚い部分を見ていない。組合活動の矛盾、組合潰し、第2組合など昭和30年代はその繰り返しで、私はそれを見てきた。実はアニメーターの中にも上手く立ち回れる素質を持った人間、利益だけを求める人間は数多くいるのだが、その連中をも含めて沢山の人々が芦田の元に参集した。沢山の人が危機感を抱いていることが分かったし、今まで知らなかった人達とも出会えた。だが、それでも私は不安を持っていた。

スタートを切ったJAniCAで、芦田は原画のスキルアップを考え「パース講座」を開いた。「オクチンも何かやってよ」と言われ、照れながらも「絵コンテ講座」を開いたりと、地道な活動を続け、それもあって認知度も上がっていった。だからといってアニメ界が、社会が変わるわけではないことはわかっていた。ただ自分の生活はだいぶ変わった。あまり事務所で仕事をしなくなったのだ。そのうちに吉祥寺デニーズが閉店し、つられるように愛着のあった喫茶店数店も立て続けに閉まった。残ったのは駅前のルノアールぐらいだった。

出﨑統との電話

絵コンテを描き続けてはいたが、気に入った仕事が減ってきたので久しぶりに出﨑統に電話した。

「今、仕事が減っているんだ。統ちゃん監督のコンテを回してよ……」

途端にちょっと気まずい感じが流れた。

「うん、ちょっとね……」

〃あれ？　私に出したくないんだな〃と、無言の中にそんな感じがした。彼の依頼で協力した『マイティ・オーボッツ』以来、しばらくロスにいた彼とは疎遠になっていたが、当然、絵コンテを回してくれるものだと思っていた私は唖然とした。以前だったら気さくに仕事を回してくれた彼が……？なにか裏切られたような気がした。『あしたのジョー』で原画を降りた件を根に持っているのか、車の好みも違ってきたし、友人関係の色合いも変わってきた。私もＪＣＧＬ勤務や自身の監督作品もあってしばらく連絡を取っていなかった。確かに疎遠になっていた。しかし、忙しいのはお互い様だと思ったし、少しシラけた気分がした。

その一件で、彼との付き合いはほとんど終わった。

しばらくして、お金持ち連中や局プロとのゴルフ三昧など、出﨑統の気になる噂が聞こえてきた。同時に絵コンテの粗さが現場から聞こえてきた。曰く、「出﨑さんの絵コンテって真っ黒で絵が判読不能ですよ」。私はいい意味に考えていた。作画監督に杉野昭夫を得て、絵コンテの絵にあまり注力する必要がなくなった彼は絵に拘らなくなったのだと考えた。絵を任せることができるいいパートナーができて、イメージだけを追求する絵コンテに変化したのだと。私が知っている昔の出﨑統は完璧な絵コンテを描いていた。キャラクターも背景も台詞の文字も、まるで漫画のようにコマ割りされていた。劇画誌の新人賞を取ったときの完璧さを備えていた。誤解されると困るので書いておくが、現在でも見事に美しいコンテを描く作家はいるが、それは漫画をそのままアニメに持ち込んだだけで、アニメの絵コンテとはいえない。映画を理解し、その上で漫画のコマのインパクトをアニメに持ち込んだ作家は彼、出﨑統だけだった。

そして、後になって違う噂が聞こえてきた。彼は恋多き男で、女性と別れるときに全て残して去って行く。その費用は膨大なもので、自らが務めた監督作品全ての絵コンテを引き受けなければやっていけないほどの金額だったそうだ。また、好きでもないギャグ作品の劇場版の監督や絵コンテまで引き受けて、そのシリーズを続けてきたメンバーからは顰蹙をかっていた。東京ムービーの上層部とのコネクションを利用したものと思われていたからだ。そして、それは新しい女性と付き合う度に加速していった。後に同様の話を聞いたことがある。SF作家の半村良が〝居抜きの良〟と呼ばれていたと。半村もまた、女性と別れるときに全財産をそのまま置いて次の女性に移っていったという。

出﨑統のその生活が彼の才能を疲弊させ輝きを失わせていたことだけは事実であろう。ただ、彼のスタイルは変わっていなかったため、素人目には変わらないように見えた。しかし、私の目にはかつての輝きが、新しい挑戦が見えてこなかった。

今ではあの時、私に絵コンテを回してくれなかったことも納得できるし、作品のカラーを全て自分のものに統一したかった気持ちもわかる。そのことに関して兄の哲さんは、弟に好意的で、「東京ムービーの上層部が統に仕事を出したがっていて、ハム太郎も目先を変えたかったんだと思うよ」というものだった。しかし、私の意見は全く反対だった。現場では評判が悪かった。それまでハム太郎に関わったメンバーにしたら、トンビに油揚げをさらわれたようなものだ。特に制作費の条件のいい劇場版は、現場スタッフが待ち望んでいたものだから。「出来は出﨑調でクールだったが、それではハム太郎ではない」という意見が多かった。

哲さんの語る出﨑統のエピソードで興味深かったのは、『家なき子』のロケハンでヨーロッパのポルトガルへ行ったとき、丘の上の古い教会の上へ一筋の虹が掛かった。出﨑統はその時、天啓を得たように、「おお！ 故郷のお寺のイメージだ！ 俺は、あそこへ帰るのだ……」と感動したという。しかし、哲さん曰く、「故郷のお寺って、そんな格好いいイメージではないよ。福島のド田舎の古寺だよ」、また哲さんの嫁の四分一曰く、「そんなイメージないわよ！ 小さな丘の汚い寺よ。笑っちゃうわ。しかも新しい彼女ができると、わざわざ連れて行っておじさんの家に泊まるのよ。そんなに付き合いもないおじさんの家に！」と、あきれ果てた様子だった。２人には、あの東日本大震災の余震が残る福島へ出向いて倒れた墓石の修理を頼み、出﨑統の納骨をしてきたという経緯がある。教会に虹が掛かったときから、彼は恋人と共にその墓に入ると決めていたのであろうか。これは果たしてロマンなのだろうか？ だが、彼らしいとも思った。

タツノコプロスタジオ跡地にて

05年、タツノコプロの本社はすでに国分寺に移っていたが、古い鷹の台のプレハブスタジオを解体するとの連絡をもらった。中に保管してあるものは全て廃棄されると聞いた私は、自分が関わったものがあるか探しに電車で向かった。2月21日のことである。

私が通った頃の鷹の台はうどん屋が一軒あるだけの寂しい駅だったが、明るく綺麗になっており、驚くことに駅前には商店街ができていた。スタジオに向かう道は一本だけだったので迷いはしなかったが、あまりの変わりように何度か立ち止まって確認した。スタジオらしく「タツノコプロダクション」の看板も上がっており、プレハブの建物も何棟かあった。

管理していた制作に断って中を覗くと埃まみれで、貼ってあるポスターが昔を思い起こさせた。一室に雑然と古いカット袋が積み上げてあった。「近日中に業者が処分する分です。なにか欲しいものがあったら持って帰っていいですよ」と言われ、いくつか開いてみる。「人気のあるセルなんかは、もうみんなが持っていった後ですから」。確かにセルや背景類はなかったが、それでも探してみる。「あった!」。破れかけたカット袋に『宇宙エース』と『マッハGoGoGo』の絵コンテコピーが入っていたのだ。しかも、私が描いたものである。青焼きでコピーされたもので、経年変化のためコントラストも落ちている。確かにこれは誰も持って行かないと納得できたが、私にとっては訪問した意義があった。まとめて少しマシなカット袋に入れてもらうことにした。

帰りの電車の中、私は古いカット袋を抱えて感傷に浸った。

❖2001年

【TV】オフサイド (2001/5/10 ～ 2002/1/31)
＊監督 (全話)
＊絵コンテ (13本)
[1] 運命のオフサイド (2001/5/10)
[2] ＰＫ百本セーブ (2001/5/10)
[6] ロスタイムの攻防 (2001/6/7)
[10] 織田 ファイナルゲーム (2001/7/5)
[13] 激闘のピリオド (2001/7/26)
[14] 宿命のライバル (2001/8/2)
[21] 静一！王者のサッカー (2001/9/20)
[24] 発進 !U-20日本代表 (2001/10/11)
[25] ミラノのめぐり逢い (2001/10/18)
[27] 哀しみのローマ (2001/11/1)
[31] 波乱の新チーム (2001/11/29)
[37] 激突！二人のエース (2002/1/17)
[39] 永遠のイレブン (2002/1/31)

【映】カワウソ親子の冒険 (金色の川) (2001年制作)
＊監督、絵コンテ

【TV】星のカービィ (2001/10/6 ～ 2003/9/27)
＊絵コンテ (6本)
[3] え！ メタナイト卿と対決？ (2001/10/20)
[24] ニンジャ、 ベニカゲ参上！ (2002/3/16)
[34] 究極鉄人、 コックオオサカ (2002/6/1)
[41] メーベルの大予言！ 前編 (2002/7/20)
[48] プププランド 観光ツアー (2002/9/14)
[56] わがままペット スカーフィ (2002/11/9)

❖2002年

【TV】仰天人間 バトシーラー
(2001/4/7 ～ 2002/3/30)
＊絵コンテ (1本)
[51] ヘルバババゴン 魔力全開！ (2002/3/23)

【ET】サイキックアカデミー 煌羅万象
(2002/3/29 ～ 2002/9/6)
＊絵コンテ (6本)
[4] オーラファイト (2002/4/19)
[5] 修行 (2002/4/26)
[6] フラッシュバック (2002/5/3)
[19] 狙い (2002/8/2)
[20] 拉致 (2002/8/9)
[21] 兄弟 (2002/8/16)
(註) ライコスジャパン (Lycos アニメ) より配信された Web アニメシリーズ

【TV】格闘料理伝説 ビストロレシピ
(2001/12/11 ～ 2002/6/25)
＊絵コンテ (2本)
[20] MENU20 まっくろん危機一髪 !? (2002/5/7)
[24] MENU24 突入！ドン・クック城 !! (2002/6/11)

【TV】ワイルド7 another 謀略運河
(2002/4/27 ～ 2002/8/31)
＊絵コンテ (2本)
[5] 地獄島 [エルカトラズ] (2002/6/22)
[7] 終 電 (2002/7/13)

【TV】満月 [フルムーン] をさがして
(2002/4/6 ～ 2003/3/29)
＊絵コンテ (1本)
[26] 伝えたいもの・・・(2002/9/28)

【TV】スパイラル ―推理の絆―
(2002/10/1 ～ 2003/3/25)
＊絵コンテ (1本)
[3] 呪われた子供たち (2002/10/15)

【TV】こちら葛飾区 亀有公園前 派出所
(1996/6/16 ～ 2005/1/3)
＊絵コンテ (1本)
[230] いやし系で儲けろ！(2002/10/20)

[75]　エピソード 75 森化の日 (2009/8/6)
[76]　エピソード 76 決戦！ ダーク・オーク (2009/8/6)
(註) 第53話以降は日本では未放映だったが、2009/8/6より東京ムービー ONLINE ほかで配信

【ET】夢の予言 (2003年制作)
＊絵コンテ (1本)
(註) スタジオ・ザイン制作のパイロットフィルム

❖2004年

【TV】ポポロクロイス (2003/10/5 〜 2004/3/28)
＊絵コンテ (1本)
[16]　海の肝試し (2004/1/18)

【TV】マーメイド メロディー　ぴちぴちピッチ
(2003/4/5 〜 2004/3/27)
＊絵コンテ (1本)
[43]　妖かしの歌 (2004/1/24)
(註) 18禁作品

【V】淫の方程式 (2004/3/25 〜 2004/11/25)
＊演出・絵コンテ (非表示・1本)
[1] 第一話　夜の獣 (2004/3/25)

【TV】愛してるぜ　ベイベ (2004/4/3 〜 2004/10/9)
＊絵コンテ (1本)
[19]　並んで歩こう (2004/8/21)

【ET】Mix Master [合作] (2004年制作)
＊絵コンテ
(註) 葦プロと韓国との合作作品のパイロットフィルム兼第1話を担当

【ET】アニタン (2004年制作)
＊絵コンテ (3本)
(註) ACCプロ谷原スタジオ制作のTVシリーズで未放映。第18、20、21話を担当

【TV】B - 伝説 [ビーレジェンド]!　バトルビーダマン
(2004/1/5 〜 2004/12/27)
＊絵コンテ協力 (2本)
[23]　氷のようなアイツ (2004/6/7)
[29]　宿敵！ブレイジングカイザー登場！(2004/7/19)
＊コンテ (1本)
[36]　新たなる旅立ち (2004/9/6)

【TV】それいけ！　ズッコケ三人組 (2004/4/4 〜 2004/10/3)
＊絵コンテ (1本)
[23]　ズッコケバック・トゥ・ザ・フューチャー (2004/9/12)

❖2005年

【TV】とっとこ　ハム太郎　はむはむぱらだいちゅ！
(2004/4/2 〜 2006/3/31)
＊絵コンテ (8本)
[261]　とっとこタネやで！　オーキニーちゃん (2005/7/22)
[266]　とっとこ夏サー！　サーファーくん (2005/8/26)
[271]　とっとこ正義の！　ハムハーマン (2005/9/30)
[276]　とっとこモテモテ！　男はつらいじぇ (2005/11/4)
[281]　とっとこペンハムくんと！　あざらしちゃん (2005/12/9)
[286]　とっとこ恋する！　そらハムくん (2006/1/20)
[291]　とっとこほります！　メカじろう (2006/2/24)
[295]　とっとこどんちゃん！　大好きどんちゃん (2006/3/24)

【TV】ガラスの仮面 [新] (2005/4/5 〜 2006/3/29)
＊絵コンテ (2本) ※20は「奥田誠司」表記
[20]　第20話　すり替えられた台本 (2005/8/17)
[30]　第30話　100万の虹 (2005/10/26)

【TV】冒険王 ビィト　BEET THE VANDEL BUSTER
(2004/9/30 〜 2005/9/29)
＊絵コンテ (1本)
[51]　囚われの港！　ターミッツ攻防戦 (2005/9/22)

【ET】YAMAHA　音楽教材 (2002年制作)
＊絵コンテ
(註) 教育教材用映像のパイロットフィルム

【TV】ギリシャ／ローマ神話 [合作] (2002年制作)
＊絵コンテ (9本)
[2]　プロメテウスの炎の杯
[3]　パンドラの箱
[4]　一番美しい女神は
[13]　アポロンとダフネ
[14]　カドモスとアレスの竜
[17]　ペルセウスの冒険 (前編)
[21]　黄金の手　ミダス
[27]　アルテミスの愛と怒り
[31]　パエトンの太陽馬車
(註) AICと韓国との合作によるTVシリーズ。日本では未放映

【TV】チェチェポン　キムチモン [合作] (2002年制作)
＊絵コンテ (4本)
[22]　ハリンの城
[24]　アシクニスの復活
[26] (サブタイトル不詳)
[31] (サブタイトル不詳)
(註) マジックバスと韓国KBSとの合作によるTVシリーズ。日本では未放映

❖2003年

【TV】XSI [合作] (2003年制作)
＊絵コンテ (5本)
[9] (サブタイトル不詳)
[14] (サブタイトル不詳)
[18] (サブタイトル不詳)
[19] (サブタイトル不詳)
[25] (サブタイトル不詳)
(註) マッドハウスと香港との合作によるCGのTVシリーズ。日本では未放映

【TV】CINDERELLA　BOY (2003/6/21 〜 2003/9/13)
＊絵コンテ (6本)
[1]　眠らぬ街の寓話 (2003/6/21)
[4]　美女と野獣のあそぶ海 (2003/7/12)
[8]　黄金の国のエンジェル (2003/8/9)
[9]　殺しの天使に花束を (2003/8/16)
[10]　ウソつき赤ずきんとホントの狼 (2003/8/23)
[11]　行方不明の魔法使い (2003/8/30)

【TV】F - ZERO　ファルコン伝説
(2003/10/7 〜 2004/9/28)
＊絵コンテ (10本)
[7]　LAP 7　マイケルチェーンの罠 (2003/11/18)
[9]　LAP 9　ジョディの秘密 (2003/12/2)
[12]　LAP12　笑うブラック シャドー (2003/12/23)
[17]　LAP17　リュウの華麗な休日 (2004/2/3)
[25]　LAP25　超物質リアクター・マイト！(2004/3/30)
[26]　LAP26　ゾーダの野望 (2004/4/6)
[30]　LAP 30　もう1人のファルコン (2004/5/4)
[34]　LAP 34　クランクとガゼル (2004/6/1)
[41]　LAP 41　消滅！ブラックシャドー (2004/7/20)
[46]　LAP 46　伝説の男 (2004/8/24)

【TV】ソニックX (2003/4/6 〜 2004/3/28)
＊絵コンテ (14本)
[36]　エピソード 36　宇宙からの脅迫 (2003/12/7)
[42]　エピソード 42　エミー愛の逃避行 !? (2004/1/18)
[48]　エピソード 48　ソニック　VS　地底大怪獣 (2004/2/29)
[55]　エピソード 55 水の惑星ハイドー (2009/8/6)
[57]　エピソード 57 アイスパレスの戦い！(2009/8/6)
[58]　エピソード 58 乙女のジャングルトラップ (2009/8/6)
[60]　エピソード 60 シャドウ・リバース (2009/8/6)
[64]　エピソード 64 激突！ソニック vs シャドウ (2009/8/6)
[66]　エピソード 66 銀河回廊をわたれ！(2009/8/6)
[69]　エピソード 69 お願いマルモリン！(2009/8/6)
[71]　エピソード 71 カフェ・カオティクス (2009/8/6)
[72]　エピソード 72 メタレックスの正体 !? (2009/8/6)

[43]　カニー！　嵐のアクアイリュージョン !! (2007/2/2)
[53] いらっしゃいませ☆　きらりんカフェへようこ(2007/4/13)
[57]　よかっ！　三角バトルで涙のスープ !? (2007/5/11)
[59]　ヒョー !?　浴衣娘のキ・セ・キ ! (2007/5/25)
[63]　どキンチョー！　キラリと光る初ステージ !! (2007/6/22)
[67]　オーディション！　ライバルはスーパーノヴァ !!
(2007/7/20)
[69]　ど〜も〜!!　お笑い大会・なんでやね〜ん !?(2007/8/3)
[72]　チェーック！　きらりとひかるがこうでねぇと？
(2007/8/24)
[76]　きら☆ぴか　二人を引き裂く黒いワナ !? (2007/9/21)
[80]　ソーナンダー !?　きのこ大使でハッピーまいたけ !!
(2007/10/19)
[83]　ツインズ ! 飛んでハッスル！　鍋食べマッスル !!
(2007/11/9)
[85]　ツルカメ！　きらりと星司が電撃結婚 !? (2007/11/23)
[88]　ブラックムーン !?　ナゾの少女デビュー !!(2007/12/14)
[92]　シャキン！　きらり×カリスマ美容師 (2008/1/18)
[94]　跳んで回って！　きらりん on アイス !! (2008/2/1)
[96]　きらり姫 !!　バーチャルゲームで大冒険なのレス
(2008/2/15)

【ET】戦龍四駆 [合作] (2006年制作)
＊絵コンテ (1本)
[4]　戦闘四駆 (絵コンテ)
(註) マジックバスと中国との合作作品のパイロットフィルム

【TV】格闘美神　武龍 [ウーロン] REBIRTH
(2006/4/2 〜 2006/10/1)
＊絵コンテ (2本)
[31]　出会えてよかった (2006/5/14)
[38]　堕ちないでマドンナ (2006/7/9)

【TV】うたわれるもの (2006/4/4 〜 2006/9/26)
＊絵コンテ (4本)
[17]　幼き皇 (2006/7/25)
[19]　決別 (2006/8/8)
[22]　忌まわしき契約 (2006/8/29)
[23]　心の在り処 (2006/9/5)

【TV】GEKIFU　妖逆門 (2006/4/3 〜 2007/3/26)
＊絵コンテ (1本)
[19]　友情のフリーズムーン (2006/8/7)

【TV】エア・ギア (2006/4/5 〜 2006/9/27)
＊絵コンテ (1本)
[24]　Trick:24 (2006/9/20)

【TV】ぷるるんっ！　しずくちゃん (2006/10/7 〜 2007/9/29)
＊絵コンテ (16本)
[3A]　はなぢ君とはなたれ君 (2006/10/21
[3B]　消えた！ つむりんのカラ (2006/10/21)
[8A]　どろろんのどろんこ祭 (2006/11/25)
[8B]　ビューティー姉妹　シャンプーとリンス (2006/11/25)
[13A]　ツンツン！ ツララさん (2007/1/6)
[13B]　カフェ・どろっぷの新メニュー (2007/1/6)
[23A]　遠足は腹ペコだ ! (2007/3/17)
[23B]　ヌマオ君がやってきた ! (2007/3/17)
[28A]　はちみつ坊やとはちみつ婆や (2007/4/21)
[28B]　しずくの森のお笑いコンビ (2007/4/21)
[33A]　流れ者アミーゴ・ハナゲデス参上 ! (2007/5/26)
[33B]　香り対決！ コロン君とアロマさん (2007/5/26)
[43A]　海賊！　キャプテン・ドロッチ (2007/8/4)
[43B]　金魚すくいの金魚をすくえ ! (2007/8/4)
[48A]　妖怪テルテルボーズ出現！ (前編) (2007/9/8)
[48B]　妖怪テルテルボーズ出現！ (後編) (2007/9/8)

【TV】スーパーロボット大戦　OG　—ディバイン・ウォーズ—
(2006/10/5 〜 2007/3/29)
＊絵コンテ (6本)
[4]　STAGE 04　災いの翼 (2006/10/26)
[8]　STAGE 08　鋼の方舟 (2006/11/23)
[12]　STAGE12　罠 (2006/12/21)
[18]　STAGE18　リューネ、そしてヴァルシオーネ (2007/2/8)
[20]　STAGE20　落日のDC (2007/2/22)
[22]　STAGE22　裏切りの銃口 (2007/3/8)

【TV】格闘美神　武龍 [ウーロン]
(2005/10/ 2〜 2006/ 3/26)
＊絵コンテ (4本)
[3]　第三話　危険なふたり (2005/10/16)
[10]　第十話　未完成のメロディ (2005/12/4)
[17]　第十七話　戦場のマドンナ (2006/1/29)
[25]　第二十五話　旅立ちの歌 (2006/3/26)

【TV】冒険王 ビィト　エクセリオン　BEET THE VANDEL BUSTER (2005/10/6 〜 2006/3/30)
＊絵コンテ (3本)
[7]　月夜の再会！　奴の名はバウス ! (2005/11/17)
[8]　強欲君主ハーデン！　シャンティーゴ強襲 !(2005/11/24)
[16]　目覚めた天力！　リオンに力宿る時 ! (2006/1/26)

【ET】R・G・B (2005年制作)
＊絵コンテ (3本)
(註) ACCプロ谷原スタジオ制作のTVシリーズで未放映。奥田は第5、10、13話を担当

【ET】新・豪傑寺 [オープニング/ボスキャラ登場シーン]
(2005年制作)
＊絵コンテ
(註) ゲーム内映像

【ET】YAMAHA　音楽教材 (2005年制作)
＊絵コンテ (10本)
(註) 教育教材用映像

❖2006年

【TV】MÄR　メルヘヴン　MÄRCHEN AWAKENS ROMANCE
(2005/4/3 〜 2007/3/25)
＊絵コンテ (3本)
[41]　奪われた魔力！　アルヴィスの危機 !! (2006/1/15)
[50]　アルヴィス×ナナシ！　禁断のラビリンス !!(2006/3/19)
[51]　ドロシー×スノウ！　誘惑のルージュ !! (2006/3/26)

【TV】落語天女　おゆい (2006/1/6 〜 2006/3/24)
＊絵コンテ (2本)
[3]　第三席　走れ！　唯　妖魔を　倒せ (2006/1/20)
[9]　第九席　黒衣の　花嫁　明かされる　秘密 (2006/3/3)

【TV】爆球 HIT!　クラッシュビーダマン
(2006/1/9 〜 2006/12/25)
＊コンテ (1本)
[3]　決闘 ! 美吉道場 (2006/1/23)

【TV】おろしたてミュージカル　練馬大根ブラザーズ
(2006/1/10 〜 2006/3/28)
＊絵コンテ (1本) ※「おくだせいじ」表記
[6]　俺のウラウラうらない (2006/2/14)

【TV】NARUTO (2002/10/3 〜 2007/2/8)
＊絵コンテ (5本)
[178]　出会い「星」の名を持つ少年 (2006/3/29)
[185]　木ノ葉隠れの伝説　オンバアは実在した !!
(2006/5/17)
[191]　死の宣告『くもり時々晴れ』(2006/6/28)
[197]　大ピンチ！　木ノ葉の11人全員集合 (2006/8/16)
[206]　幻術か現実か　五感を制するもの (2006/10/19)

【TV】きらりん☆　レボリューション
(2006/4/7 〜 2008/3/28)
＊コンテ (27本)
[3]　キャー！　めざせCMデビュー !! (2006/4/21)
[6]　ヘロヘロ〜ッ！　アイドル修業 !! (2006/5/12)
[11]　どかーん！　アタシがヒロイン !? (2006/6/16)
[14]　『恋☆カナ』! SHIPS かな？　対決かな !? (2006/7/7)
[15]　『恋☆カナ』！　チャートインかな !? (2006/7/14)
[19]　ゾゾ〜ッ！　恐怖の突撃レポート !! (2006/8/11)
[21]　みや〜！　アイドルバトルは超ふぶき !! (2006/8/25)
[28]　なななっ！　なーさん☆レボリューション !!(2006/10/13)
[33]　流し目！　大海原に女優魂 !! (2006/11/17)
[34]　宙く〜ん！　おばあちゃん恋の猫道 !? (2006/11/24)
[38]　告白 !?　SHIPS のバースデイ !!(2006/12/22)

こぼれ話②

奥田誠治自身による関わった作品のエピソードの数々。濃いすぎるエピソードの連続！

―『あしたのジョー』の話がきたのですが、私は荒木さんや杉野昭夫にはかなわないなと思って原画を辞退しました。でも、後に荒木さんと仕事する時に、「なんで演出にいっちゃったんですか。私は奥田さんの背中見て追いかけてたんですよ」って言われました。『どろろ』の時に荒木さんが北野英明に事務所へ呼ばれて、「荒木君ね、人間ってのはこう描くんだよ」ってバサッと原画を渡されて、それが全部私の原画だったんだって。だから北野英明は結構文句を言ってたけど、実は私のことを認めてくれてたんですよ。でもやっぱり、作画ってすごくしんどいから、辞めてよかったんですけどね。

―『新オバケのQ太郎』で印象に残っているのは、「とにかく間に合わないからあげてよ」なんて言って持ってくるので、朝から夕方までに半パート15分を描いて、それから夜中にスキーに発つまでにもう半パート描いて。結局スキー場で寝てた記憶があります。当時はもう描いて渡してそれっきり。全然こだわってなかったし、作品が放送されてもチェックもしなかったので。

―『ど根性ガエル』は絵コンテも原画も描きましたね。まだここまではダブって絵コンテも原画もやっていた時期。監督は後に長浜忠夫に代わったけど、芝山(努)と小林(治)というお二方なんで気楽にやれましたね。ひとつだけ不満だったのは、私の部分は直してくれないんですよ。プロダクションによっては原画から描き直して新作に近いような形で描いちゃうんですよ。でも私の原画はほとんどそのままでやっちゃうんで、プライドは満足するんだけど、でも作画監督2人が描き直した原画のほうが上手いんですよ。だからこっちも直してよって言ったんですよ。そしたら、「いやいやいや楽させてよ(笑)」って。それ言われちゃうとどうしようもないので。作画枚数は社内制作の回なら動かし放題で、我々外部が受けたものとは差がありましたね。ただその分、自分で描いた絵コンテでこんなのどこが作画するんだみたいなのを描いて渡したにもかかわらず、17話の「おフロで決闘」だったかな、めちゃくちゃ動いてますよね。

―『0テスター』もサンライズから個人で受けて結構描いてたと思います。メカ物の技術が開発されてきた時代ですよね。ロケットが遠ざかるときにスーパーで遠ざかるんですけど、今の合成じゃないから色が薄くなっちゃうので、そこの星空の部分を黒くつぶすとか。あの頃はまだそういうのは確立されてなかった。あとは発進パターン。滑って助手席に乗るとか。それで最終的に『ライディーン』とかに影響を与えたみたい。

―『星の子チョビン』はりんちゃんと林重行からと、プロデューサーの忠隈さんの両方から声がかかったと思います。石ノ森キャラは手塚調の延長ですから描きやすかったですね。可愛らしさの方向性も似てるでしょ。

―『ダメおやじ』は変な作品ですよね。自由に描いてた気がします。この頃の脚本ってギャグが全くダメでしたから、原作主体だったと思います。過激なアクションだったから絵コンテを描くのも楽だった。自由度も高かったですしね。毒も入れ放題でしたし。

―『ヤッターマン』は30本くらい描きました。この頃の絵コンテ1本あたりの時間は、かかっても1週間だったんじゃないですか。あの頃、絵コンテを描くのに難しかったのはシナリオの字を判読すること(笑)。手書きのシナリオだったから。しかもだいたい間に合わないから生原稿がきましたよ。だから、人によっちゃ読めないですよ。あと、『ヤッターマン』は結構自信あったんですよ。笹川ひろしと相性がいいですから。特に打ち合わせした記憶もないけど、マンネリになってるからちょっとひねりましょうかとか、そんな話はしてましたけど。笹川さんが出したアイディアにもうひとつギャグを追加するというのが私の絵コンテの特徴で、やっぱりひとつでも二つでもギャグを増やすと面白くなりますから。チェックとかはなくてお任せでしたし。絵コンテがシリーズに影響をおよぼすというのは、やっぱりこれくらいの本数描かないといけない。タイムボカンシリーズで『ヤッターマン』が面白かったのは、私が描いた部分も大きいと思います。絵コンテってそれだけ重要なんじゃないかなと思います。私以降、絵コンテマンのギャグについての裁量権はグンと広がりました。正義の味方の見得の切り方とか、ドロンジョたちのやられ方とか、ずいぶん工夫しました。最近の『ヤッターマン』を観て、なんで理解してないんだろうなって思ったのは、ドロンジョたちは悪人なりに見栄を張るじゃないですか、それが新しいのって見栄を張らせちゃってるんですよね。本当は自虐ネタになるような見栄じゃないといけないんですよ。それが新しい監督やスタッフは理解できてない。ライターも。ドロンジョがいきがるだけ。それやっちゃいけないよって私は言いたかった。そういうところに違和感を覚えます。

―『ゲッターロボ』は絵コンテの表記はないけど、演出兼絵コンテで兼任で担当しました。東映から受けたのは、当時、制作だった出崎哲で、私に絵コンテを描いてよって言うので。処理は彼がやってたと思うんだけど。

―『ラ・セーヌの星』の絵コンテは、担当した話数が多くて大仕事でした。でも、私自身が馬を描けたので楽でしたね。城も描けるし。プロデューサーが金子満でシナリオが吉川だったので、旧知の仲でしたし、現場もサンライズなので気楽に仕事ができましたね。

No. p165-173

CUT	PICTURE	ACTION	MUSIC/SE	TIME

第11章

吉祥寺時代の終焉 アニメ村は大騒ぎ!

吉祥寺時代の終焉

09年、〝吉祥寺も潮時かな……？〟と考えていたその時、友人の杉井興治が大量にアニメ資材を置くための大きな倉庫を新座市に借りた。その倉庫は、私の事務所の机や機材を十分に置けるスペースがあった。意を決して吉祥寺からの撤退を決め、私には愛着のあるものでも、カミさんなら整理できると考えて手伝ってもらった。それは正解だった。どんどんと不用なものが捨てられ、部屋が広くなり、荷物は引っ越し屋のような手際のよさで運び出された。ガランとした部屋は広く見え、14年前に戻った。少し大きなビルが増えた吉祥寺だが、相変わらず新宿と東京タワー、池袋のサンシャインビルは見通せた。

自分の年齢は承知している。普通の社会なら隠居生活だ。だが、まだ諦めきれない。「また、いずれ戻ってくるか……」と部屋で一人呟く。その夜、家族で最後の荷物を積み込んだ車で吉祥寺を後にした。井の頭通りから武蔵境を目指し、国分寺を抜けて日野へ向かう道すがらヘッドライトに浮かぶ夜道に色々な思い出が蘇る。

武蔵境の遊での三国志、国分寺ではタツノコアニメ技術研究所があった。初めて出版された私の本を棚で見つけた本屋も今はない。カミさんも娘も様々な思い出を口にする。何度も通った道だから……。カミさんは所属していた劇団・櫂の帰りに近鉄の地下にあるお惣菜売り場に寄って買い物をした。娘は東小金井の東京電機大付属の中高一貫校で6年を過ごし、吉祥寺の事務所へ時折寄ってくれた。共稼ぎ家庭の鍵っ子だったが、娘は素直に育った。

苦しい時期もあったがほとんどは楽しい思い出だ。可能性を求めて頑張ってきた道だ。本当に終わりなのだろうか……？　もう一度自分に問いかける。

「終わりじゃない。また、ここへ戻ってくる！」

一時的撤退、そう心に決めた。こうして、吉祥寺時代の第2期が終わった。

自宅にて

気に入った作品も減り、絵コンテのみの仕事も減った。制作会社や制作現場も新しい人間が増え、古く面倒な私に仕事を依頼する人間も減った。自分のところの社長と親しくしている人間に仕事を出したい現場の人間はいないだろう。気疲れのする相手に仕事を出すはずがないし、それは一般の社会でも同じであろう。作品内容も昔とは変わり、スケジュール管理のできない制作進行、デスクは絵コンテと演出（本当の意味での演出ではなく単なる処理のこと）をセットにして出すことで、本来であれば制作が行う雑務まで押しつけることができる。受ける若手も、その〝演出〟という〝ネーミングの魔力〟に負けて、安い値段で引き受けることとなり、それが業界のスタンダードになってしまった。さらに、デジタルがそれを加速させ、今では画面上で試行錯誤する習慣が罷り通っている。本来は絵コンテ用紙に定着させるべきイメージを、素人同然のスタッフまでが混じってあれこれいじり、全体を考えない人間がその場だけの意見を挟む。当然、演出意図などない作品が量産される。それも、原作付きだからなんとか成立しているが、釈然としない。それらの絵コンテそのもののレベルも低く演出能力もないが、作品の質を気にしない利益追求の組織の中ではそれが安上がりで、制作サイドからするとそれだけで魅力である。また、口を挟めるシステムで、なにもわからぬクライアントがのさばり出す。原作付きの作品であれば、そのネームバリューでヒットすることもある。結果オーライである。勢い、私のような絵コンテのみにこだわる人間は仕事が減る。

ANKAMA Japan

09年、ユーロ圏でネットゲームをヒットさせたゲームおよびアニメの新しいフランスの会社、ANKAMA社が日本へ来るという情報が、その会社に関係する日本人スタッフから私の元にもたらされた。パリでスーパーバイザーをやっていたときからすでに

16年経っている。懐かしくなって日本人通訳にメールで連絡を取り、来日時のアポを取ってもらった。もうこの頃からメールは有効な通信手段となっていた。パリ時代の国際電話とファックスのみの不便さとは格段の差だった。

冬、渋谷道玄坂の高層ホテルセルリアンのラウンジで待ち合わせた。奇しくもJCGLのスタジオがあった場所の近くだった。ANKAMA社の社長は若くて背も高く、知的な雰囲気を持っていた。秘書兼通訳の日本人女性は美人だった。社長は日本人の思い描く社長とは違い、いわゆる〝スティーブ・ジョブズ〟的でラフなスタイルの気さくな人物だったが、突然押しかけて来たこの日本のアニメ関係者をどう扱っていいのか困惑していたのはわかった。私もいつになく強引に、2時間もかけてこれまでの実績を売り込んだ。

結果、ANKAMAJapanに入社することとなった。

なんとかスタッフとして潜り込んだ私は、後日、新井薬師にできたANKAMAJapanのスタジオへ出社。総ガラス張りで3階建ての洒落たスタジオは、それだけでも目を引いたが、中の設備も素晴らしいものばかりだった。ずらりと並んだ通常の3倍はある白い大きな動画机は特注で、透視台は大きく明るいものだった。鉛筆も消しゴムも三菱ユニの高級品を充分に取り揃え、珈琲も常に沸かしたてを飲むことができた。全て豪華で斬新で、寛ぐソファーまで新しく目を引くデザインだった。試写室には機能的な椅子が20脚ほど並び、当時としては最新のプロジェクターが天井に備わり全てリモコンで操作できた。デジタル映像の試写がリアルタイムでチェックでき、他の日本の作画プロでは考えられない贅沢だった。パソコンにはアドビの映像ソフトが全て入っていて、データはサーバーを通じて全員で共有できる。高額の初期投資だ。こんな天国のようなスタジオが日本に出現するとは……。

若いフランス人プロデューサーが全てを任されており、彼の理想のスタジオがここにあった。もちろん、私にとっても素晴らしいスタジオで、JCGL以来の感動だった。

しばらくして、リールにある本社スタジオを見学に来るようにとの話が出た。「アドビ・フラッシュを使ってのアニメ作画システムと本社を見せたい」「奥田の〝絵コンテ講座〟をスタッフにして欲しい」とのことであったので、私は家族を同行したいと伝えた。元々、家族を大事にするお国柄である。16年前のDICでのフランス行きの時も家族を呼ぶことができた。家族の航空券は負担しないが、ホテル代はANKAMAが持ってくれるとのことで親子3人でリールへ行くこととなった。私は2週間の研修と制作体制へのアドバイスをすることになった。家族はその間自由時間で、北フランスの観光ができる。最後の1日だけパリに泊まり、3人でルーブルをゆっくり見ることにした。娘は前回のルーブル行きでは幼すぎて記憶がなかったからだ。

私のチケットはANKAMA支給のもので、その予定に合わせてカミさんが格安チケットを探す。これが後に失敗だったと気付くことになった。それまでのフランス行きは全てビジネスクラスで、私は初めてのエコノミーだった。だが、ANKAMAでは他のスタッフも役職関係なくエコノミーを使っていた。それが、新しい時代の風潮なのか？若い彼らは全く意に介していなかった。年齢のせいかエコノミーが身体に応え、息も絶え絶えでシャルル・ド・ゴール空港に着いた。TVGでリール駅に向かい、滞在型の家族向きのホテルに落ち着いた。

リール駅から地下鉄で30分ほどのルーベにあるANKAMAのスタジオは素晴らしいものであった。リールは元々蒸気機関が初めてフランスにもたらされた時に工場が建てられた場所。文化遺産として古い煉瓦造りの建物が国から提供され、それを改修してスタジオとしていた。太い鉄のシャフトが天井に長く渡され、それに多くのプーリーが付けられ、さらにそれからベルトで各機械に動力が分けられる仕組みのため、50メートルほどの長い空間には柱がなくスタジオとして理想的なものだった。並んだ机にはディスプレイが並び、全てのデータはサーバーで管理されており、アニメもゲームも映像を共用できた。

ANKAMAにはヨーロッパ全域から優秀な人材、才能のある若者が集まってきていた。入社待ちの作品を見せてもらったが、日本は置いて行かれると思った。だが、彼らが憧れているのは日本のアニメーションで、私にはそれが理解できなかった。

彼らは私の名前もネットで検索してすでに知っていた。ファンだという若者は、私の作品のフランス語読みの全リストを作ってくれた。

アドビ・フラッシュを応用したアニメ制作システムを、開発者が説明してくれた。劇場用に応用できるハイクオリティな映像だったが、アクションを主体としていて、日本のアニメ、特に『**ドラゴンボール**』に対するオマージュに満ちていた。

初日の昼間はANKAMAの説明を受け、ルーベの町で食事をした。マクドナルドもケンタッキーもあり、中華料理も癖がなく、私たちは楽しい時間を過ごした。

一方、カミさんと娘はリールで町を散策。ホテル近くのパン屋ポールがお気に入りになった。クロワッサンが美味しく、スイーツもとても甘かった。初めはスイーツの周りを飛ぶ小虫が不潔に見えたが、よくよく見るとそれは蜜蜂でケーキの甘みを求めて飛び回っていたのだ。カミさんと娘は昼をほとんどポールのパンですませた。帰国して数年後、ポールは日本にも店を出し、今では日本でいつでも手に入るようになった。

夜はリール駅前のレストランで食事。ベルギーに近い場所だけに、北フランス料理やドイツ料理が楽しめた。大きなボウルいっぱいのムール貝が美味しく、その夜だけで一生分を食べた気がする。パリの湿気が少ない夜風も気持ちよかったが、多少湿気を含んだここの空気も日本人には心地よいものだった。

約束の絵コンテ講座も開き、ANKAMAのほとんどのスタッフが来ていた。通訳も2人、日常会話と技術用語のそれぞれの通訳が入り、講座が進むにつれて「奥田はどこで勉強したのか?」「日本のアニメはなぜ面白いのか?」など様々な質問が出始めた。その中に、技術的質問をする2メートル近い背の高いアメリカ人がいた。日本のオタク的な

ドラゴンボール
86年から放送開始された鳥山明原作の世界的人気アニメ作品。

タイプだった彼は、かなりしつこく質問をしてきた。丁寧に質問に答えて、講義が終わると最後には嬉しそうに握手を求めてきた。彼がアメリカで受けた講義と同じだと感心して言うので、「どこのスタジオか？」と尋ねると、**『ザ・シンプソンズ』**のプロダクションにいたと答えるではないか。海外でも私の講義が評価されたのは嬉しかった。

日本に戻った私は、新井薬師にあったANKAMA Japanのスタジオで作業を始めた。まずフラッシュの講習と作品作りだ。日本に来ているスタッフが美術などのデモを作る。それらは非常にハイレベルなものだった。そのうちに、何本かの企画にOKが出て、候補作品とスケジュールが決まった。パイロット映像の製作に取り掛かることになりスタッフが集められた。私も知る限りの描き手に声をかけた。本社の望んだ**スタジオ4℃**にも声をかけた。**田中栄子**社長とも交渉するが、高額の劇場用作品の予算はなかなかANKAMAに承認されない。しかし、スタジオでは何本かの作品が動き出し、フラッシュを習得するためのスタッフの養成も行われていた。この時期、JCGLの悪夢が甦った。スタジオを仕切る若いフランス人マネージャーには、日本人アニメーターが理解できなかった。日本とフランスのアニメ環境やアニメーターの違い、この現実を理解しない彼には作品作りができない。日本で作品を作る段取りをアドバイスしたが、彼には現実が不要だった。その挙句に自分が採用した女性スタッフと恋に落ちた。いかにも若いフランス人らしい成り行きである。その状況をフランスにいる社長に上申しようとしても、彼を通さなければ情報が伝わらない。不満を抱えたまま時間が過ぎていった。スタジオ4℃の長編も進まず、私が監修と絵コンテを担当していたパイロットフィルムで、**玉村仁**が監督した**『鋼鉄のヴァンデッタ』**の完成を待ってANKAMA Japanを抜けた。後にANKAMA Japanはリーマンショックでユーロが下がった影響で、ゲーム部門のみ残し日本を撤退する。

ザ・シンプソンズ
89年からアメリカで放送開始されたコメディアニメ作品。日本を含む60ヶ国以上で放送されている。

スタジオ4℃
86年に設立されたアニメ制作会社。ミュージック・ビデオ、プロモーション映像、ゲーム内ムービー、映画なども制作。

田中栄子
プロデューサーとして『鉄コン筋クリート』『となりのトトロ』などを担当。

玉村仁
演出、監督として『ジョジョの奇妙な冒険 スターダストクルセイダース』『妹さえいればいい。』などを担当。

鋼鉄のヴァンデッタ
制作が凍結され1話のみ公開された幻の作品。

その一方で、ＪＡｎｉＣＡの活動を地道に続けた。「パース講座」「絵コンテ講座」のいずれも80人から１００人を集める人気講座となり、有料会員も増えた。〝これならなんとかなる〟と芦田と希望的観測を持った。

だが、そのときからトラブルが始まった。

アニメ村は大騒ぎ!

10年４月10日の運営委員会で、〝文化庁事業〟が議題とされる。２億１千万円の高額の事業だ。それまでお金に縁のなかったアニメ村に降って湧いたようなお宝騒ぎ。当然大騒ぎとなる。

村長の芦田豊雄は根っからのアニメ原理主義で、無用なお宝はアニメを腐らせるとの立場を取っていた。だが、村民にも色々な立場があった。始めから官公庁の甘い汁を吸うために集まった者もいた。外様の者はお宝に対する立場は当然違う。村民でも芦田村長の座を狙う姑息な奴、悪意はないがやはり貧乏人にはお宝が必要と寝返る奴、立場はそれぞれであり、その後、金を巡ってのトラブルは続いた。村民総会で芦田村長はその座から引きずり下ろされ、お宝は村の一部の者の懐を肥やすことになった。

その頃、芦田は癌を発症していて、この騒ぎのストレスはその進行を進めた。親しかったはずの仲間も１人、２人と去って行った。今は文化庁事業がなかったらと悔やむだけだ。

ＪＡｎｉＣＡで絵コンテ講座をやっていると、ナムコに所属するという女性から「モーションキャプチャーで動きは作れますが、それをどう生かすかのノウハウがありません。もし、それを伝えていただければ助かります」と声をかけられた。確かにそれはプレイステーション初期にもあった問題だった。了承してから人数を聞くと、ナムコ未来研究所のホールは定員２００名。ＪＡｎｉＣＡでの講義は50〜１００名だったので、私は不安を感じたものの、冷や汗ながらになんとか当日の講義を終わった。今では日本工

学院専門学校 蒲田校のホールで300人超を相手にした講義にも慣れた。
帰りは鮫洲を回って帰った。私はその近くの工業高校に2年までいて中退したのだ。

しかし、その学校はすでになかった。工業生産が主要だった昭和30年代はすでに過去となり、品川、いや、京浜工業地帯の工場群も時代の彼方に消えていこうとしていた。

【ET】パチクエ [前半 / 後半] (2008年制作)
＊絵コンテ (シリーズ換算・2本)
(註) パチンコ映像

❖2009年

【TV】ネットゴースト　PIPOPA
(2008/4/6 ～ 2009/3/29)
＊絵コンテ (2本)
[41] アエナイ・・・@アイタイ! (2009/1/18)
[49] オトナタチ@コドモタチ (2009/3/15)

【ET】鋼鉄のヴァンデッタ (2009年制作)
＊監修、絵コンテ
(註) ANKAMA japan のスーパーバイザーとして担当したパイロットフィルム。2013/2/22よりニコニコチャンネルで国内配信された

❖2010年

【ET】ベネッセ　チャレンジ4年生
[割り算コーナー／面積コーナー] (2010年制作)
＊絵コンテ
(註) 通信教育教材用映像

【TV】爆丸　バトルブローラーズ　ニューヴェストロイア (2010/3/2 ～ 2011/3/5)
＊絵コンテ (1本)
[23] うそ (2010/8/10)

❖2011年

【ET】ラッキーと子犬のマービン (2011年制作)
＊絵コンテ (1本)
(註) ベネッセコーポレーションによる通信教育教材用映像

【ET】THUNDER CATS [新] [海外作品] (2011年制作)
＊絵コンテ (本数不詳)

❖2012年

【ET】ASURA'S WRATH　アスラズ ラース
(2012/ 2/23)
＊ゲーム映像絵コンテ (1本)
(註) カプコンより発売されたサイバーコネクトツー制作のアクションゲーム

【ET】バトルネーダーI [海外作品] (2012年制作)
＊プリプロ監修 (全話)
＊絵コンテ (18本)
[1] 疾風のバトルネード・シルファイトH (ハリケーン)
[2] サラマイトH (ヒート) 灼熱のジャイロ
[5] シルフよ甦れ!　熱砂の想い
[10] 共鳴のバトルネード!　ミュージカとの絆
[11] 爆発する太陽!　サラマイトHvs ワンドレッド
[12] 決戦バトルロイヤル!　グラビトンホイールの猛威
[13] 争奪!　正義のアルカネード
[14] 激突暗黒三人衆!　輝く正義のアルカネード
[20] 友への想い!　10精霊のバトルネード
[24] ジン、死刑!?　宇宙の裁き・『審判』のアルカネード
[27] 戦慄のDアルカネイダー!『星』のアルカネードvs シルファイト
[28] さらばスターダスト!　『節制』のアルカネードの挑戦
[31] 燃え上がる復讐の炎……　超攻撃型・吊られた男のアルカネード
[32] 炎上!　吊られた男のアルカネード、激闘のはてに
[33] 漆黒の刺客!　『悪魔』のアルカネード
[34] 天使の顔の悪魔!　シルファイトの奇跡
[47] 消えぬ想いの烈火!　教皇のアルカネード vs セント・サラマイト
[51] メールシュトローム タワー大回転!?　コスモスの真実
(註) 中国 AULDEY 社より発売されたコマ玩具を題材とするテレビシリーズ

❖2007年

【TV】ONE PIECE (1999/10/20 ～放映中)
＊絵コンテ (1本)
[302] ロビン解放!　ルフィ対ルッチ頂上決戦 (2007/3/25)

【TV】NARUTO　疾風伝
(2007/ 2/15 ～放映中)
＊絵コンテ (1本)
[226] [ノルマクリアー] (2007/3/29)

【TV】風の少女　エミリー
(2007/4/7 ～ 2007/9/29)
＊演出 (1本)
[2] 第2話　マレー家の誇り (2007/4/14)

【TV】家庭教師 [かてきょー]　ヒットマン REBORN! (2006/10/7 ～ 2010/9/25)
＊絵コンテ (1本)
[28] 標的[ターゲット]28　ウソ! 俺が殺したの? (2007/4/21)

【TV】おおきく　振りかぶって
(2007/4/13 ～ 2007/9/28)
＊絵コンテ (1本)
[10] 第10話　ちゃくちゃくと (2007/6/15)

【TV】まめうしくん (2007/10/6 ～ 2008/9/27)
＊絵コンテ (18本)
[3] ありすちゃんの家さがし (2007/10/20)
[4] かなしかくんと　かわいのちゃん (2007/10/27)
[9] 参上! かぶたむしと くわがたうし (2007/12/1)
[10] ありすちゃん、私のヒーロー (2007/12/8)
[15] ワイとおでとは義兄弟 (2008/1/12)
[16] ピンカラ姉妹と唄えば (2008/1/19)
[21] 一日だけのお兄ちゃん (2008/2/23)
[22] くりきんとんを探せ! (2008/3/1)
[27] ひめうしと おるすばん (2008/4/5)
[28] ラブレター大作戦! (2008/4/12)
[33] だいすき! お兄ちゃん (2008/5/17)
[34] おなら大ばくはつ (2008/5/24)
[39] つよいのと わるいの (2008/6/28)
[40] 待ってるからね (2008/7/5)
[45] おばけに会いたい! (2008/8/9)
[46] たたかえ、どんぐまん! (2008/8/16)
[49] はなしかくん劇場 (2008/9/6)
[50] まきばを守れ! (2008/9/13)

【映】お化けキング対昆虫キング (2007年制作)
＊絵コンテ

❖2008年

【ET】いくぜっ!　源さん
(2008/3/24 ～ 2008/6/9)
＊絵コンテ (2本)
[8B] 華のお江戸の源さんでぃ! (2008/5/12)
[10B] 暴走トラック、激突でぃ! (2008/5/26)
(註) GyaO にてインターネット配信された Web アニメシリーズ

【TV】ぷるるんっ!　しずくちゃん　あはっ★
(2007/10/7 ～ 2008/9/28)
絵コンテ (6本)
[38A] ボンボンとポンシュさん (2008/6/29)
[38B] まいまい、タレントになる! (2008/6/29)
[43A] 大暴れ! しずくちゃん (2008/8/3)
[43B] まいまい運命のオーディション (2008/8/3)
[48A] キョーレツ! ほれぐすり (2008/9/7)
[48B] のっぺら君の顔を探せ! (2008/9/7)

【ET】「巨人の星」　僕はクール篇 (2008年制作)
＊演出
(註) TVCM

【TV】ライブオン　CARDLIVER 翔[かける]
(2008/10/5 ～ 2009/9/27)
＊絵コンテ (2本)
[10] LIVE10　炸裂! 紅蓮の咆哮!! (2008/12/7)
[14] LIVE14　ようこそ間狩家へ!! (2009/1/11)

こぼれ話③

奥田誠治自身による関わった作品のエピソードの数々!

——『UFO戦士ダイアポロン』は確かアニメルーム経由でやったような。5体合体の仕事はめんどくさかったですね。でも、めんどくさいのによく描いてますね。神宮慧のキャラクターは描きやすかったのを覚えています。それに絵コンテは描きやすかった。芦田キャラはバストショットが様になるんで。

——『アンデス少年 ペペロの冒険』はアンデスが自分の趣味でもあったので描きやすかったですね。ただ、「こういう作品って受けるの?」っていうのが一番不安でした。アンデスって馴染みがなかったですし。

——『ピコリーノの冒険』はシリーズが長いでしょう。だから14本って大したことじゃないですね。斉藤博さんのほのぼの路線はとっても好きだったので、それに沿った形でやりました。日常系の絵コンテや演出は、アップの切り返しで成り立つ話じゃないので、どれだけ引きで情景を見せるかとかで苦労しましたね。

——『ろぼっ子ビートン』は今となれば豪華な布陣が気楽にやってたんじゃないかな(笑)。吉川惣司がキャラクターとかも作って、割とまとまってた。『ヤッターマン』と同時期でしたね。

——『シートン動物記 くまの子ジャッキー』はしっとり系でしたから楽でした。あと単純に動物をすらすら描ける人がいなかったから。動物の構図や走ってる様子だとかをいちいち資料を見ないと描けない人だったら1ヶ月はかかるんです。私は動物をすらすら描けるから。この辺からですね、黒田さんと本格的に付き合うことになったのは。

——『ルパン三世(新)』を受けたのは惰性ですね。ずいぶん描きましたけど。67話の「ルパンの大西遊記」は割と面白く描けたつもりですけど。でも、『まんが日本絵巻』が始まったので途中で抜けました。

——カラー版の『鉄腕アトム』はいい話ばっかりやってるでしょ? 実は手塚先生が落としたやつを私が描いてたんです。そういういい話は手塚先生が持ってるんですよ。山谷光和名義っていうのは理由があるんです。『鉄腕アトム』の前に手塚先生とケンカしてるんです。坂口さんとは和解してるんですけど、『バンダーブック』で手塚さんは奥田ってのは降りたと思い込んでたから。

——『サイコアーマー ゴーバリアン』は作画監督が福田皖になったんで、絵がちょっと泥臭くなったんですけど、SF的なコンセプトはそれなりに作れたので、楽しくやれました。荒木芳久と当時まだ新人だった園田英樹が参加して2人で回してくれて。デザインを渡された時はマジンガーじゃんと思いましたけど、マジンガーをやるわけにはいかないんでサイコエネルギーみたいな設定を入れて。苦肉の策ですね。変なメカ物だったと思いますよ。むちゃくちゃ変にしちゃったけど、それを評価してくれた人がいたんで嬉しかったですね。

——『Super Adult Animation シリーズ』はスタジオに行ったら原作が積んであったのを持って帰って、それから描き下ろしで絵コンテを描いた。どの原作もクセが強くて、それを表現するのが面白かったですね。シナリオも何もない中で、1週間くらいで描きあげて、そのまま作画にまわして、出来上がってきて音つけてみたいな。原作が結構泥臭い画風だったから、福田皖や木下ゆうきとかに作画をお願いしたかもしれませんね。

——『バイオレンスジャック ハーレムボンバー編』は絵コンテを描いてます。絵コンテはちゃんと描いて、監修の段階の時には葦プロとケンカしてましたから。アクションのキレとか、作画の表現力が私的には物足りなかったです。だから、あんまり思い入れはないですね。

——『横山光輝 三国志』をやるにあたっての会議で主張したのは、『三国志』って100人いたら100通りの『三国志』があるんですよ。だから、今回は私の三国志でやりますよと。キャラクターデザインは横山キャラを消さない程度に、ちょっとリアルにってことで荒木伸吾さんにお願いしました。結構うまくいったと思います。当時は中国の衣装はめんどくさいし、資料を探すのも大変でしたね。あと漢字の読みを声優さんが間違えないように台本にルビを入れたりして。絵コンテと演出をセットでやってたのは、説明しても通じない時は自分で絵コンテもやった方が早いから。『三国志』は位置関係とか地図とかややこしいでしょ? それを全部説明するくらいなら自分でやるのが早いですから。あとロケハンがないとわからない部分って大きいですよね。中国の城の大きさとか。城壁の上を馬車が走れるほど大きいのはやっぱりロケハンに行かないとわからないですから。

——『彼氏彼女の事情』は確かに描いてるんだろうけど、描き直してるんでしょうね。私の名前がクレジットに入ってないので。それはよくある話で、誰かに描き直させて、描き直した人の名前になってるという。

——『スーパーロボット大戦』は本当に手間のかかるしんどい話だったですね。だいたいロボット1体だって手間がかかるのに何体も出てくるわけですから。でも、受けちゃった以上はギブアップできないから必死でした。ただ、1本描くとある程度慣れるし、次に断るのも悔しいし。それで何本かやりました。

——『お蘭探偵帳』は日の目を見なかったソニーのハード用の作品だった。音楽用のカセットテープに1分の音と絵を入れて、スライドみたいに映像を出せるハードをソニーが開発したんです。『お蘭探偵帳』はそのハードのテスト用の映像だったんです。ただそのハードは発売に至らなかった。DVDが開発されたので、コンパクトカセットというメディアでは出なかったんです。

No. p175-187

CUT	PICTURE	ACTION	MUSIC/SE	TIME

第12章

また会おう

東北芸工大と東京工芸大の日々

ＴＣＡを退いた後も、教育には興味があったので布川ゆうじ社長の紹介で東北芸術工科大学大学院仙台スクールでアニメーション演出の特別講師となった。週1回、東北新幹線で仙台まで出かける。朝は早めに出るので東京駅もまだ空いていて、ゆっくり弁当を買って乗り込むことができたし、新幹線も快適だった。大宮を過ぎた辺りで昼食を楽しみ一眠りすると仙台駅へ到着する。仙台駅の後方から出てすぐ、２棟の高層ビルの奥側のアエル７階に東北芸術工科大学大学院仙台スクールはあった。広めのワンフロアに学生は10人ほど、いずれも芸術学部の一環としてアニメーションを学んでいて、私は彼らに基礎の演出から教えることにした。

「ここの学生はのんびりしてますよ。仙台は東北でも裕福な都市だから」と担当の教授の言うとおり、確かに彼らから東京の学生ほど就職や生活に切迫したものは感じなかった。そのため、私はゆったりと教えることを楽しんだ。作品を作ることを望んだ学生にはタップを持ち込み、動画の基礎から教え、興味を持ってくれた何人かには、アドビフラッシュも応用できるよう教え、動画らしきものもでき始めた。まだ、演出を教えるまでには至っていなかったが、可能性が見えるところまできたのだった。

同時期に東京工芸大学芸術学部アニメーション学科の特別講師となり、厚木キャンパスで三善和彦教授のゼミで演出を重点的に教えることとなった。おかしな話だが、仙台へ通うより厚木へ通う方が乗り換えなどを含めると大変だった。特に馴染みのない神奈川中央交通の東京工芸大学行きバスは途中の工場へ通う人たちで満員。大きく揺れるバスで30分ほどかかる道のりは、年齢的に無理があった。電車とバスの通勤は一度で懲りて、以降、車で通うようにした。日野からバイパスを通って厚木まで1時間半ほどのドライブだったが、慣れると快適で楽しめた。一番早く到着するコースを色々と試したり、行きと帰りのコースを色々と変えてみたりした。厚木の山の曲がりくねったコースは峠を攻めるイメージで、車の通りも少なく若い頃に戻ったようで運転を楽しめた。

大学校舎は厚木の丘の一番頂上、住宅地の終わる辺りにそびえている。古い校舎と新しいデザインの新校舎とがあり、芸術系と工業系が混在している感じがある。アニメーション学科は道の左側にある4階建てのシンプルな建物。また、三善ゼミの部屋は充分に広く、学習にも作品制作にも集中できる。

そこで多彩な学生に出会った。以前教えていた専門学校と比べて、4年制大学は充分に創作する時間があり、学生達の意欲も感じられた。演出を教え始めた初年度は特に優秀で、個性のある学生に出会えた。中でも4年生の卒業制作で出会った韓国人留学生の**ハン・スンア**は頑固だった。当初描きたかったものは〝わかめ〞だった。そう、海草のわかめである。「わかめが旅に出て、最期はみんなに食べられて。それで、めでたしめでたしで終わるんです」という彼女に、「それでは、観た人がわからない。先生だってわからないから説明してよ」と尋ねると、「わかめは、韓国ではおめでたいものなんです。だから、食べられて幸せなんです」と言い張る。困った……。他の生徒も軒並み遅れていたが、彼女はアイディアがまとまらず卒業制作のスケジュールをずいぶんと潰した。

ある日、彼女が新しいコンテを描いてきた。それは今までと違ってわかりやすく、コウノトリに連れられた赤ん坊が、様々な旅をして両親の元へたどり着く話が台詞なしで楽しく描かれていて、コンテを見るだけでも感動したほどであった。しかし、問題があった。この作品は動かさなければ感動はなく、それにはかなりの動画枚数を要する。しかし、もう卒業制作の締め切りまで2ヶ月を切っている。でも、彼女は言った。「やります!」と。あくまで強情な子であった。三善教授と話し合い、「本人がそう言うのであればやらせるしかありませんね」という結論になった。その他にも民話を題材にした作品やファンタジー作品に興味を惹かれたが、全ての作品が軒並み遅れていた。学生は皆自分の能力の限界を知らない。だから卒業制作となると高望みした作品を作り、それが原因で締め切り間近になると枚

ハン・スンア
アニメーター、キャラクターデザイナーとして『エルドライブ【ēlDLIVE】』『おそ松さん』などを担当。

数を削ることになる。どうなることだろうと、気を揉んで時間が過ぎていった。

この時期、私には娘が前庭神経炎の後遺症を恐れて同行していた。娘は学生たちより少し年上。ハン・スンアは韓国でアニメの専門学校を終えていたため同年代だった。同世代だけに、学生たちと一緒に飲み会や新年のお寿司パーティなどのイベントに参加した。おおらかな大学である。それだけに娘も後がない制作時間にハラハラしていた。しかし、最後の最後でみんな頑張り、なんとか全員の作品が仕上がった。ギリギリ作品の形になったものもある。

生徒たちの作品の上映会が始まった。ハン・スンアの作品が上映され、私は息を飲んだ。凄い、私がこの学校で学んだとしてもこれだけのモノは作れなかったであろう。滑らかに動き、気持ちよく流れる。他の学生も驚いていた。映像は最後まで気分よく流れた。他の民話やファンタジー作品もいい出来で、最後の最後までみんな頑張った成果が出ていた。上映が終わると歓声が上がった。

作品の出来不出来はともかく最後まで頑張った感動だったのだろう、みんな目を潤ませて回りながらハイタッチをしていた。見ると娘も目を潤ませていた。私も胸がいっぱいになった。この時から娘はものを創ることに興味を持ち始めた。

ハン・スンアは卒業制作にエネルギーを全て費やしていたので就職活動をしていなかった。アニメ会社の情報も持っていなかったので、「先生、私は就活はどうすればいいでしょうか？　どんなプロダクションを選んだらいいでしょうか？」と尋ねてきた。

「どこへ行きたい？　君が行きたい会社を言ってくれれば私はどこへでも入れてあげる」

「え、でも……」

「君の履歴書はあの卒業制作で十分だ。どこへでも入れる」

私は色々なメジャーな会社の社長を思い浮かべていた。どの社長でもあの卒業制作の作品を見れば文句なく入れてくれる。それだけの技術力と才能を持ち合わせていた。ただ、彼女の場合は外国人であるハンデがあった。就職するには就労ビザが必要だ。

私は当時、ＪＡｎｉＣＡで世話になっていたぴえろの社長の布川ゆうじに卒業制作を見せた。そして、ハン・スンアは問題なく採用され、今では作監やキャラデザをこなすまでに成長した。

前庭神経炎発症　そして入院

東北芸工大の授業も進んで、学生も作品作りを始めようとそれぞれがやりたい作品の企画候補を挙げだした。それを受けて午前中の講義を始めたが、違和感があっためまいが起こり、立っていることができなくなった。授業を中断してソファーで仮眠するが不快感は治まらず、仕方なく早退させてもらう。それが11年2月3日のことだった。大宮辺りで冷や汗をかき、吐き気と不快感がたまらなかったが、中央線に乗り換えると安心したのか気分の悪さは治まった。その日は帰宅して、そのまま寝た。

翌朝、何事もなく犬の散歩。その後、食事をすますと回転性のめまいが発症した。かなり激しいめまいで立っていることができない。安静にするが治まらず、尿意を催すが立つこともできずにその場で失禁。その後、腹筋が震える発作で嘔吐。全く動くことができなくなり、カミさんが救急車を呼ぶと日野市民病院へ搬送された。

２月５日はよくわからないまま過ごした。不安。効くのか効かないのかわからない抗炎症性ステロイドの点滴を連続で投与される。ステロイドは副作用が多いと聞いていたので、不安がよぎった。それにしても不快感は続き、動くことが全くできない。私のベッドの隣には足の手術を終えた若者がいた。彼は他に空いている部屋がなかったので、空きスペースのあった耳鼻科の病室へ来ていたのだ。彼の友達で元気な連中がひっきりなしに見舞いに来る。他の患者も一家総出の見舞いで騒々しく、大部屋ではストレスが溜まった。

２月６日、やっと個室に移ることができた。午後、待合室まで車椅子で行き、外来に混じって順番を待ち、やっと検診。担当医は慶応大学から週に一度、日野市民病院に出向してきている有名な医師らしく、前庭神経炎の権威だと看護師が言っていた。動けないからテストも大変で、強引に立たされるが立っている感覚がなく恐怖を感じた。なにも掴まらずに立つことがこんなに大変だとは思わなかった。この調子だと、治った後のリハビリも大変そう。ウイルスが原因だが感染理由はわからないと説明され、絶望的になって入院期間を聞くとあっさり週末退院と言われる。この状態で週末に退院とは大丈夫なのか？　我が家は特に段差の多い造りだ……。

2月8日、娘が見舞いに来て、照れながらも気遣ってくれる。Ｗｉ－Ｆｉが使えないのでＷｉＭａｘを頼んだが、立川のビックカメラにはなかったらしい。それでも個室はテレビが見れるので快適で退屈はしない。週刊誌も買ってきてもらったが、眼振があるらしく集中できない。伝い歩きで広いトイレにも行ってみた。

2月9日、最終テストの日で緊張した。担当医の朝の診察の後、市民病院医師から簡単な問診とバランステストや眼振の検査があった。「テストはこれで終わりですがビックリしますよ」といきなり耳に水を入れられたのは意味不明で本当にビックリした。午後、退院が決まった。「ヤバい……」、贅沢に個室にいたので支払いが多く、今月はほとんど入金がないので焦った。

2月10日、退院の日。前日の夜はぐっすり眠れたが、腹が空いてとても寒かった。身体のバランスが取れないのでタクシーへ乗り込むのも一苦労した。家へ着いても大変で、家の階段も玄関も這って上がり、布団に倒れ込む。犬も怪訝そうに迎えてくれた。それでも家はいい。安心できる。

東日本大震災

11年3月11日、前庭神経炎が後遺症を残していてリハビリを続けていたが、まだ効果はなく足元がおぼつかなかった。キッチンで赤ん坊のようにテーブルにつかまり立ちしていると揺れがきた。〝発作か？〟と身構えたが、自分ではなく家がきしみを上げて揺れていた。娘が2階から慌てて降りてくる。

「オヤジ！　地震、地震！」

娘に支えられ、慌てて犬を連れて外へ出た。玄関前で様子を覗い、電柱が揺れ、引っ張られた電線が起こす不気味な軋み音が収まるのを待った。外出していたカミさんも駅で電車に乗る寸前で難を逃れ戻ってきた。我が家の揺れはそれほどでもなく、20個ほど並べてあった麗夢のフィギュアがひとつ棚から落ちただけですんだ。

仙台の芸工大は当然休校となった。前庭神経炎の発作が起きなければ授業に行っていた日であり、当然、帰宅難民として家には戻れなかったはずである。なにが幸いするかわからない。

厚木の工芸大はすぐに授業が始まった。車の運転は前庭神経炎の後遺症がいつ発症するかもわらず不安があったので、娘が厚木まで助手席に乗って同行することとなった。これが娘に様々な出会いと転機をもたらし、彼女の人生をも変えることとなった。

そんな中、グラフィニカの紹介でゲームコンテを引き受けることにした。大作ゲームの「アスラズ・ラース」は仏教イメージの対戦アクションで、アクションアニメを得意とする**板野一郎**のサブで絵コンテを描くこととなった。サブというのは不本意ではあったが、私自身ゲームは本道ではなく、前庭神経炎のリハビリ途中で勘を取り戻すのがやっとであったから、ストレスを避けてサブで参加することとしたのだ。板野一郎はさすがアクション物でのカリスマアニメーターだけあって、アクションを効果的にデフォルメすることに長けていた。絵コンテの修正も適切で勉強になった。ゲームの３ＤＣＧも力が入ったもので、サンプル映像を見ただけでも迫力があった。データでやりとりするシステムは、リハビリで外出を控えていた私の仕事としてはありがたいものだった。

夏にはスタジオ４℃からアメリカとの合作『**サンダーキャッツ**』の絵コンテを引き受け、田中栄子社長と久しぶりに会った。

板野一郎
59年生まれ。アニメーター、演出として『超時空要塞マクロス』『孔雀王2 幻影城』など多数の作品を担当。独特の戦闘アクションは〝板野アクション〟と称される。

サンダーキャッツ
85年にアメリカで放送開始されたSFアクションアニメ作品。ここでは11年のリメイク版を指す。

出﨑統　没

11年4月18日、出﨑統の訃報が宇田川からもたらされた。ひとつの時代を作った星がひとつ消えた。3月には村野守美が亡くなっていた。2人とも同年代、いわゆる虫プロ系である。

20歳を少し越えたばかりの私が初めて虫プロを訪ねた日、引き戸を開けると出﨑統と村野守美がつかみ合いの喧嘩をしていた。村野守美もまだ車椅子ではなく松葉杖で歩いていた頃だ。激昂する2人を194センチの宇田川が両手で分けていた。正に天才対決。〝虫プロ恐るべし〟の印象を深めた。

4月24日夕刻、通夜。武蔵境からタクシーで多摩斎場へ行く。桜も葉桜となった薄闇の斎場には、すでに人が溢れており、受付で4列に並ばされた。さすがに人気者だ。**手塚プロ**の宇田川の甥の宇田川純夫が葬儀を取り仕切っていた。これも縁かもしれない。岡迫、宇田川、杉井興治の一連もいた。先輩のギッチャン、りんたろうの顔も。吉川とはずいぶん久しぶりだった。彼の奥さんが亡くなってからは出﨑統同様に疎遠になっていた。仕事に対する考え方も人生観も変われば、それぞれの人生を歩み始めるのは当然だが、会えば懐かしさは蘇る。

そういえば、この多摩斎場の造りはあの虫プロ第5スタジオの造りに似ている。ふとそう感じた。横の広がった待合室がそう感じさせるのだろう。

焼香を終えて精進落としの待合室に向かう。手前の部屋は身内か今の仕事関係者か、見知った者はおらず、奥の部屋に虫プロの連中がいた。**伊藤叡**、荒木伸吾、進藤満尾、アベ正己と知った面々でホッとする。帰り際、波多正美、マルタンにも会った。彼らも5スタの面々だ。太陽が降りそそいでいた5スタだ。『悟空の大冒険』の虫プロ第5スタジオだ。

喪主を務めた哲さんに挨拶して帰ろうと式場に戻る。こちらを見て、哲さんがホッとしたように寄ってきて話しかけてきた。四分一もやつれた顔で頷きかけてきた。それだけで気苦労が伝わってくる。

「オクチンもオサムの顔を見てってよ」と言

手塚プロ
68年、手塚治虫の漫画制作および管理のために設立された会社。アニメ制作会社でもある。

伊藤叡
44年生まれ。プロデューサー、製作、編集として『北極のムーシカ・ミーシカ』『さすらいの太陽』などを担当。18年没。

われてお棺を覗いた。そこには紛れもない出﨑統の顔。闘病の後とは思えぬ若々しく当時と変わらぬイメージがそこにはあった。

〃本音は、見たくなかった……見れば彼の死が現実のものとなってしまうからだ〃

すっと時間が取り払われて、出﨑統と過ごした20代は昨日の出来事のように感じた。棺の前を離れ、去りかけて振り向き、チラッと見る。花に囲まれた彼の写真が笑いかける。「いい時代だったね……」と呟いて背を向けた。

「お互い十分に生きたね……君ほど才能に恵まれなかった私は、その分長生きさせてもらうよ」

そんな気持ちで帰路に向かった。すでに薄暮は終わり、便乗させてもらった車のライトの中、地面に散った桜の花びらが舞い上がる。

この年、ひとつの時代が終わった。

追記　日本工学院八王子専門学校にて

ギッチャンとの思い出で書き忘れたことがある。絵コンテ講座を依頼されて、八王子にある日本工学院八王子専門学校へ見学に行った。ムラウチの手前で左折して有料のバイパスに入るとナビの案内が不安定になったが……出口そばを右折すると東京工科大学がすぐに見えてきた。巨大な教育施設、否むしろ宗教施設といっても過言ではない。施設の中にマクドナルドが2つもある。日本工学院八王子専門学校はその東京工科大学の広い敷地に併設されている。

その日は手塚プロでギッチャンの弟子だという若い監督も訪問していた。私のことはまるで眼中になく、ギッチャンの弟子を売り物にするこの若手監督に、私が彼の最初の弟子だと名乗る。大人気ないが、虫プロやアートフレッシュの話をすると、あからさまにイヤな顔をされた。連れてきていた若い演出志望の女の子にいいかっこができなくなったからであろう。アニメ監督というポジションに達成感を持つ今風ファッションの男で、知性のかけらも持たないニュータイプだ。我々の頃は考えられなかったこのタイプの人間がアニメ界に増殖している。監督になると声優と仲良くできる、周囲に偉そうにできる、女の子にもてる。そんな意識で監督にしがみつく連中が増えた。我々の時代は少なくとも面白いことができる、映像が作れる、そのために監督になりたかった。初めから志が違っていたのである。

後日、ギッチャンにその監督のことを聞くと名前も知らず、すでに記憶になかった。そしてこう言った。

「そもそもオレに弟子なんかいないよ。オサムでも吉川くんでもオクチンでも弟子だと思ったことはないよ。みんな初めから自立してたもの」

芦田豊雄　また会おう！

ＪＡｎｉＣＡ騒動の影響もあって芦田の体調はさらに悪くなっており、脳に転移した癌細胞をガンマ線で治療した。

11年の初夏、メールでメシでも食おうと誘われていたので、芦田が入院している御茶ノ水順天堂病院の食堂へ向かった。1階の病院とは思えない広いフロアの患者と見舞い客の雑踏を抜けてエスカレーターへ乗る。昇って行くと、エスカレーターの脇で待っている彼が目に入る。ちょっとむくんだか？手術後の白いキャップが痛々しい。

「オクダさん、ここは山の上ホテルの経営だから美味しいらしいよ」

大きなガラス張りの窓から差し込む初夏を思わせる日差しの中で、病院の見舞い客でごった返す食堂。いつもなら気になる喧噪も静まりかえった印象で、放射線治療を終えた彼と、前庭神経炎のリハビリとして御茶ノ水順天堂病院まで足を伸ばした私とが、とりとめのないおしゃべりを楽しんだ。癌は脳に転移し、ガンマ線で焼き切ったとのこと……知らない間、彼は頑張っていたのだ。

紙ナプキンにボールペンでその時の様子を描いてくれた。医師は天馬博士のようにハイテク機器の脇に立ち、芦田はアトムのように手術台に横たわっていた。

そのイラストが彼の遺作となった。

東日本大震災が起きた3月11日は入院していたらしい。この病院は免震構造だが、横揺れは大きく車輪の付いた冷蔵庫が滑って恐怖だったことや、寝たまま脚を伸ばして押さえたことなどを話してくれて、私達はお互い笑いあった。

次に私の回転性めまい、前庭神経炎の説明をする。「目の前に見えている映像の真ん中に虫ピンを刺して、それを中心にグルグルって回したみたいなんだ。よくアニメにあるみたいに!」と話すのを聞いて、彼は笑ってくれた。私の病はウイルス性で一過性のもので、それが妙に引け目となる。

東京工芸大の話もした。厚木キャンパスの広さや芝生の校庭、そこで楽しく話す学生達。卒業制作で素晴らしい作品を創った韓国からの優秀な留学生ハン・スンアの話もした。彼は真面目な顔で呟いた。

「俺たちさあ、キャンパスライフなんて、そんな経験ないからな……」

「そうだな、ずっとアニメだからな」

正直、同年代は高校中退が多い。虫プロができたとき、慌てて馳せ参じたメンバーは特にそうだ。大学卒が今と比べると極めて少ない時代だった。だが、芦田豊雄は大卒に負けない知性と優秀な技量を持っていた。業界で多数の若手を育てた彼を褒めると、いつになく素直に喜んでくれた。その時、彼はもう覚悟していたのかも知れない。ガラス窓から射し込む眩しい日差しに顔を向け、彼は私に問いかけた。

「オクダさん、希望はあるよな……」

「あるさ、希望は」

「また会おうな」

「また会おう!」

それは生きての話ではなかった。2人が会うという約束は明らかに来世のものである。彼と来世の約束をすることになろうとは……胸が詰まった。

どこの世界に転生しても、彼も私もアニメをやっているだろう。なぜなら、お互いアニメ以外できないからだ。だから再び会えるだろう。

明るい日差しの中でお互い、照れたように笑って別れた。

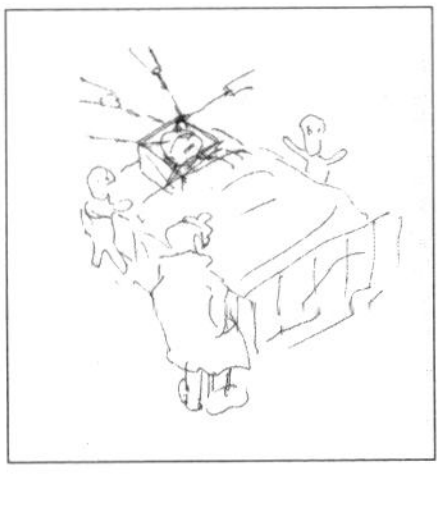

紙ナプキンに描かれた芦田の遺作となったイラスト。最後に会った時に、自分のレーザー治療の様子を描いてくれたもの。医者が天馬博士になっているのをお互い笑った記憶がある。

芦田豊雄との思い出

03年のある夜、芦田豊雄が吉祥寺事務所に訪ねてきた。車で帰宅する途中に時折寄ってしばらく話し込むことがあり、それは情報交換も兼ねていた。

その日はマッドハウスで始まる香港との合作の3DCG作品に力を貸してくれないかとの話だった。こちらにしても減り気味の仕事が確保できるのはありがたかったし、合作なのでギャラもよかった。タイトルは『XSI』。浮遊するレーシングカーの闘いを描く作品だった。物語性の追求はあまりなく、ひたすら動きの面白さで見せる作品だった。

私は久しぶりにマッドハウスに向かった。中央線の阿佐ヶ谷駅から道を真っ直ぐ地下鉄阿佐ヶ谷駅方面へ歩く。当時はこのくらいの距離は歩くことにしていた。青梅街道に出て左に曲がった向かい側の潰れたボーリング場の2階にスタジオはあった。元々はレーンが並んでいたところで広い。マッドハウスはこの後、スタジオが何度か変わるが、勢いがあったのはこの時代ではなかったか。

芦田と打ち合わせをしていると社長のマルタンが通りかかり、「オクチン、久しぶり。手伝ってくれるんだって?」と、打ち合わせ中にもかかわらずヘッドロックをかけてくる。一瞬、マッドハウスのスタッフ達は呆気にとられ、社長と「オクチン」なる人間との関係が疑問になる。

『XSI』をしばらく進めた後、3DCGの作業が遅く映像のあがりが観ることができないため、参考に他の話数のコンテを見せてもらった。映画的には私のコンテに一日の長があるにしても、ライブ若手の描いたそれらのコンテの勢いには敵わなかった。

私は時代が変わっていることを感じた。

結局、『XSI』の完成映像を観ることはできなかった。理由は中国資本の中断だった。続いて芦田作品の『F-ZERO ファルコン伝説』に参加した。これは、人間ドラマがあるだけ『XSI』よりは描きやすかった。そして、芦田は作中のキャラクターに私を混ぜてくれていたのだった。

荒木伸吾　没

荒木伸吾の訃報がもたらされたのは昼頃だった。電話を取ると泣きじゃくる声が聞こえた。フランス人、**ピエール・ジネル**だ。泣き声の合間に「オクダさん、荒木さんが死んじゃったよ」と聞こえる。

「ピエール、どうした？　本当に荒木さんが亡くなったのか」

「今日会う約束だったんで、電話したら奥さんが出て……」

これは本当らしい。とりあえず落ち着かせて私の方も、一番親しくしているアベ正己に確認の電話を入れた。しかし、彼はこのことを知らず、「そんなことないよ。最近、元気になった荒木さんに会ったよ」と言った。

とにかく確認してもらうことにして電話を切った。私は荒木さんの奥様とは面識がないので電話連絡は控え、進藤満尾にも確認することにした。

「最近元気になったって聞いてたから安心してたんだけど……」

みんな知らなかった。確かにずっと体調を崩していて、このところ元気になっていたとの噂は知っていた。その後、情報が入ってきた。続けていたリハビリのプールでいつもより調子がよく、もう一度と繰り返して事故となったらしい。

荒木さんは礼儀正しい努力家だった。私より年長だったが、業界の先輩の私を常に奥田さんと立ててくれた。ピエールのパーティで会った時には「奥田さんに見せたくて……」とスケッチブックを持って来ていた。中は昭和30年代風の劇画で、描き溜めて発表したいと言っていた。それが荒木さんとの最後となった。彼が新人賞を取った古い劇画誌を私は持っている。

11年12月7日に荒木さんの通夜が行われた。内輪だけと聞いたが御花はさすがに多い。ピエールの憔悴が痛々しく、アベ正己は不機嫌だった。この歳になると、訃報があると同窓会になってしまう。明るい話で仲間に会えることは少なくなってしまった。下井草の斎場からバスで中央線に戻った。足元が凍える寒い夜だった。ネットでは訃報が日本よりフランスの方が早かったと話題になっていた。

ピエール・ジネル　日本のアニメや漫画をヨーロッパで紹介するコーディネーター。荒木伸吾の熱狂的ファン。

ドリームハンター麗夢Ⅲ

人気シリーズ第3作目『ドリームハンター麗夢 夢隠首なし武者伝説』の脚本と台本。

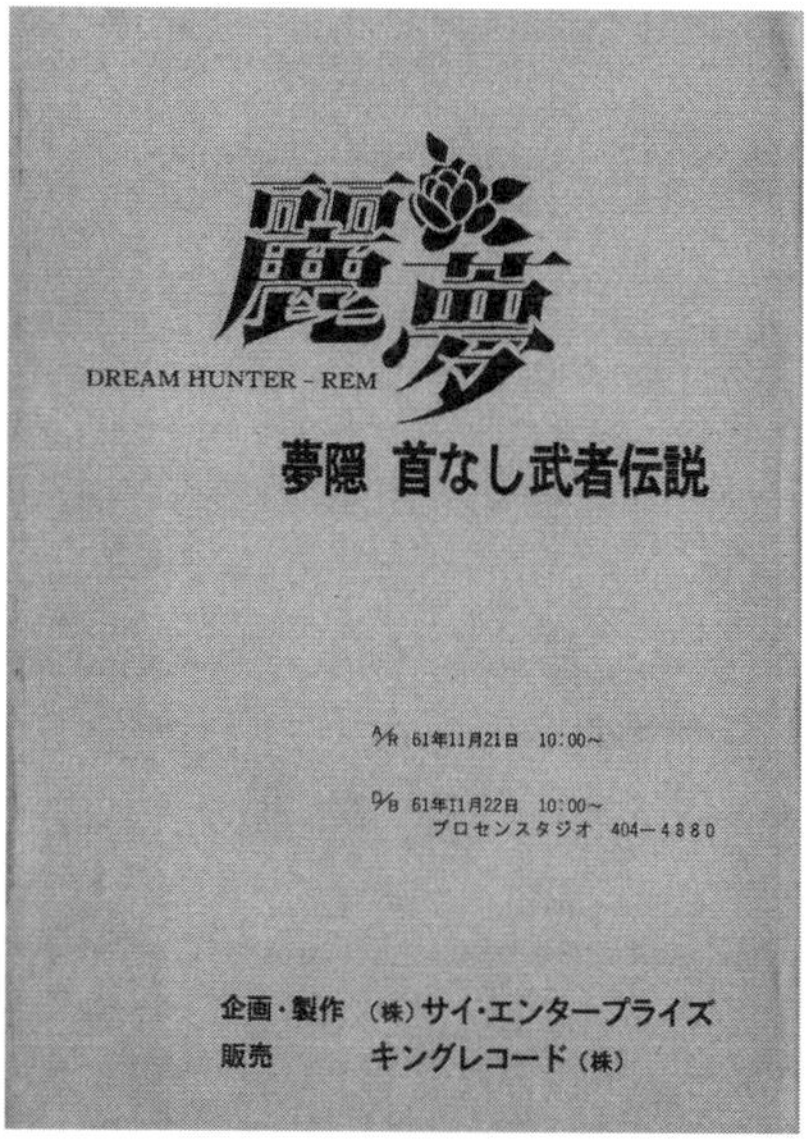

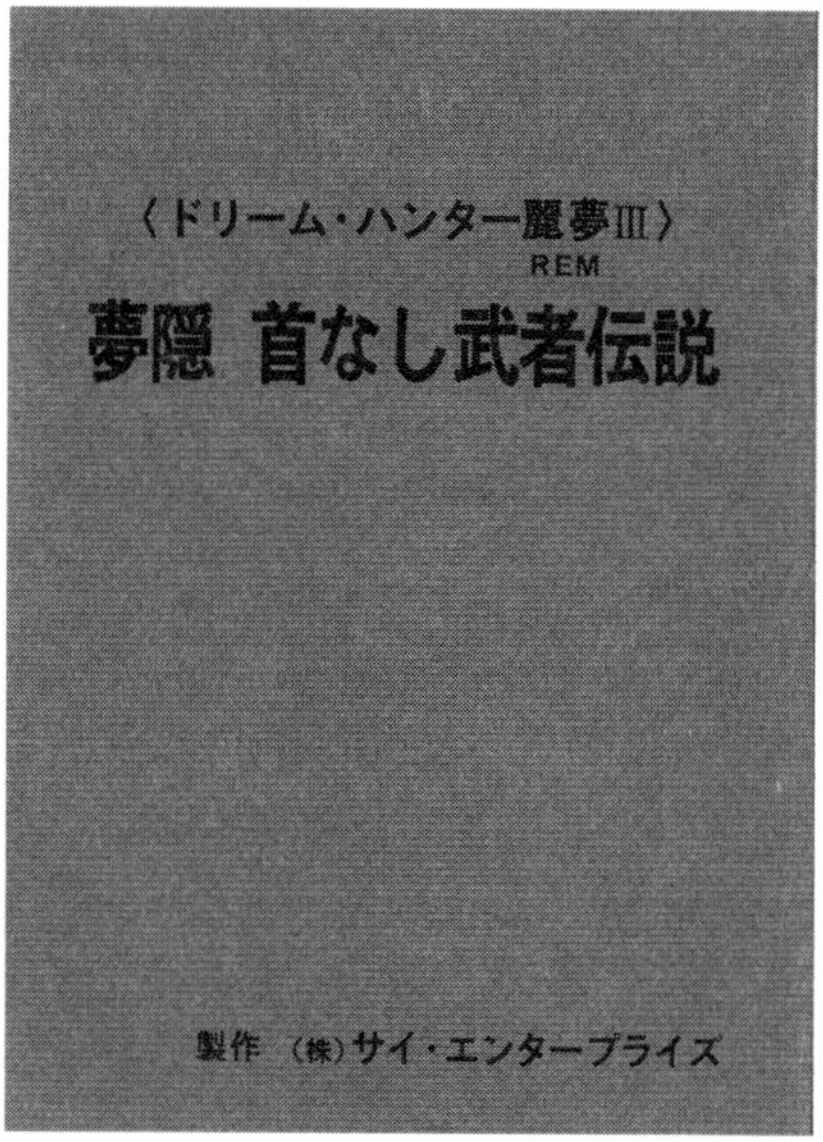

禁断の黙示録 クリスタル・トライアングル

80年代OVAとして発売された長編伝奇アクション巨編の台本とスチール。

No. p189-206

CUT	PICTURE	ACTION	MUSIC/SE	TIME

第13章

麗夢、再び

中国との付き合い

12年、「アスラズ・ラース」に続き、グラフィニカの紹介でゲーム関係の仕事が入り、大手のゲーム会社、光栄・KOEIへ行く。田園都市線の日吉駅を降りて慶応大学正門前を右に進むと洒落た建物があった。

仕事は有名ゲーム「三國無双」の映像部分の絵コンテだ。打ち合わせはすませたが、約束事が多くこれまでと勝手が違い、ゲーム内の絵と新作がリンクしないということが描くまで理解できなかった。全てデータでやりとりできるのはありがたかったが、チェック項目が増えて多少有利なギャラかと思いきや、テレビシリーズと大差ないギャラとなった。この年は大学の講師を続けながら、ゲームコンテやテレビアニメのコンテと仕事を続けた。

そして、翌13年、仕事の引き合いで30年ぶりに中国を訪ねることになった。前回行った中国の印象は恐ろしいほど悪く、「もう二度と来るか!」と北京空港で吐き捨てたほどだ。あの時はガラガラだった客席も今回は満席で快適なフライトを過ごせた。今度の目的地は広州。5時間のフライトで飛行機が降下し、眼下の雲が切れると地表が見えてきた。そこには一面に新宿並みの高層ビルがビッシリと建っていた。

「嘘だろ!?」

嘘ではなかった。それは現実だった。広州白雲国際空港は広く綺麗で、空港内部も新しく不快な匂いもない。便器にこんもりと盛られた便もなくトイレも一応使用できる。前回の旅ではまともに使用できるトイレはホテル内のものだけだった。どんなに美食を出されても汚いトイレや囲いのないトイレを想像しただけで食欲がなくなったので少し気が休まった。

迎えに出た中国人は、日本名を持つ帰化した中国人であった。信頼できる人物で、彼との付き合いは現在も続いている。

迎えに来た車はレクサス。それも日本国内では見たことがない幅の広さだった。快適に高速を飛ばす。片側4車線、5車線もある広い高速道路は全て舗装されていた。

三国志のロケハンに来た当時、中国の道路は舗装などされておらず、砕石すら敷かれていなかった。土がむき出しだったから、タイヤで抉られて轍の跡が深く残っていた。バスは腹を擦らないように左右どちらかに寄って走る。道脇の木立に全て1メートルほどの高さに白い帯がペンキで塗られていた。中国人通訳に尋ねると、「害虫が多いので枝まで登らないようにしています。アレは殺虫剤です」とにこやかに答えたが、私はそんなことはないと思った。立木に激突して大破している車が多数放置されてあったからだ。夜に走る車のヘッドライト光量が低く、立木の白いペイントは明らかに事故防止のために見やすくするためだ。

時代は30年で激変した。素晴らしい舗装の高速を2時間ほど走って車は市内に入る。それまでの風景は田園と高層ビル、そしてすでに廃墟化が進んでいる中層ビル街だ。至る所に開発の歪みが見えた。超高層ビル外壁にエアコンの室外機が取り付けてあったのは恐怖だった。経年変化でボルトが緩んで落下する可能性や、故障して交換する場合のことは考えないのだろうか? 私の訪ねた企業は真っ当な高層ビルに入っていた。カードでセキュリティを行う複合ビルだった。

中国との付き合いは現在まで続く。

再び吉祥寺へ

5年間、家に落ち着いてのんびりした。家族とも犬とも十分な時間があった。だが、なにか燃え尽きていない気がした。まだやり残したものがある気がしていた。仕事はそれなりに続いていた。大学の講師の仕事は厚木から中野の新しいキャンパスに変わった。厚木キャンパスへは車で通っていたが、中野へは電車の方が早い。当然、吉祥寺も通過する。

娘がなぜか家業を継いだ。家業といってもアニメ関係の仕事だ。ラノベとシナリオ、それに私の企画の手伝いを始めた。前庭神経炎発症以来、足元のおぼつかない私の外出時には付いてきてくれる。仕事場も2人だったら無駄にはならないと判断して、14年に再び吉祥寺に仕事場を持つこととなった。カミさんも劇団に顔を出す時に便利だと賛成してくれて、以前借りていたビルの1階下が空いていたのでそこに戻ることに。

今度は西友のある駅前の大通り側で西日が射す部屋だ。東京タワーは見えなくなったが東側にはこだわらなかった。机は2つ、大きなディスプレイやワークステーションも入れた。昔を考えると夢のような仕事環境だ。以前はスキャナーを買うだけでも一苦労だった気がする。ハードが日々安くなるのは恐ろしいほどだ。便利なのはヨドバシ吉祥寺が近いことだ。パソコン関係、書籍文具なんでも揃う。近鉄だった時代も懐かしいが、今はさらに便利な時代になった。

新しい事務所で再挑戦といこう。まだ私のアニメ人生は終わっていない。そう考えると、とても嬉しかった。どんな面白いことがあるのか⁉ どんな人たちに会えるのか？期待は広がった。

麗夢、再び

すぐに新しい事務所での初仕事として、『ドリームハンター麗夢』のドラマCDの企画が始まった。麗夢の再始動だ！　新しい試みとして、360度全方位の定位のある録音方法・バイノーラル録音を使った。上手く機能すると相手の距離感までがわかるという優れものだ。もちろん、普通のステレオ録音でもかなりの定位感はある。2チャンネルの発展系がマトリックス音響で、これは後ろの定位も表現できる。しかし、バイノーラル録音はそれをもっと進めた方式で、人間の頭と同じサイズのダミーヘッドの耳の部分にマイクがセットされ、頭に反射した音までがそのまま録音されることで臨場感が生まれるのだ。これなら新しい表現ができると、私の好奇心がまたうずき始めた。

松井菜桜子さんの紹介で**フランティック**社の浅野社長と音楽担当の菊池さんと出会うことができた。スタジオの音響担当の山本優さんはデジタル機器を使いこなす。私は昔のプロセンスタジオを思い浮かべ、楽し

松井菜桜子
61年生まれ。声優として『機動戦士ガンダムZZ』のルー・ルカや『名探偵コナン』の鈴木園子などを担当。『ドリームハンター麗夢』では主人公の麗夢を担当した。

フランティック
07年に設立された音響制作会社。

い冒険の日々が甦ることを願った。今度は娘と共に……。

16年10月12日、ドラマCDのアフレコを行なった。速水奨さんとは15年ぶり、TCAの初日に西葛西駅で出会って以来の再会だ。相変わらずダンディで美声も変わっていなかった。

その年の冬コミからドラマCD『**ドリームハンター麗夢 残夢の白百合**』が発売開始された。12月31日は娘もコミケの手伝いに向かった。麗夢のドラマCDの反響もよく、思った以上にグッズも売れ、娘は元気よく帰ってきた。

なにより雑踏で人酔いするのがイヤで、80年代当時も私はコミケへ行かなかった。その代わりファンが吉祥寺に立ち寄って色々と情報をもたらしてくれるのが嬉しかった。その中には私がシナリオライターとして尊敬する**結束信二**さんの御子息もいた。10年ほどはコミケ帰りの報告が続いたが、ファンの年齢も上がって彼らの人生も様々に変化した。それぞれが家庭を持ち、職場でも当然、責任ある立場となりコミケへは足が向かなくなった。親の介護のため帰省するファンもいた。それでも、毎年のワンダーフェスティバルには途切れることなく新作を発表してくれる作り手達もいた。

30年経った今、少なくなった初期のファンや、ゲーム、フィギュアなどから新しくファンになってくれた人たちがドラマCDを購入してくれたのはありがたかった。

私は『ドリームハンター麗夢』の再起を誓った。

再会 『母をたずねて三千里』展

16年、日が暮れた四ツ谷駅から、タクシーで『母をたずねて三千里』展の会場、イタリア文化会館へ向かった。久しぶりに小田部(羊一)さんに会えるのでワクワクしていた。娘も同行する。娘は小さい頃から奥様の**奥山**(**玲子**)さんにも可愛がってもらっていた。

会場に着いて驚いた。懐かしい顔ぶればかりだ。主賓の小田部羊一さん、監督だった高畑勲さん、主宰した**アニドウ**の**なみき**

ドリームハンター麗夢 残夢の白百合
16年に発売されたドラマCD。18年にはオリジナルビデオ第3弾の続編にあたるドラマCD「首無しライダーVS首無し武者」が発売された。

結束信二
26年生まれ。脚本家として『旗本退屈男』『人形佐七捕物帖』など人気時代劇の数々を担当。87年没。

奥山玲子
36年生まれ。アニメーターとして『狼少年ケン』『太陽の王子 ホルスの大冒険』など数々の作品を担当。NHKの朝ドラ「なつぞら」のモデルとなったことでも知られる。

たかし君、東京芸術大学大学院非常勤講師のイラン・グエン君、写真家の南正時さんも懐かしい。AJA理事長の石川和子さん、AJA旧理事で手塚プロの社長の**松谷孝征**さんにも出会えた。『鉄人28号』時代の同期、**古川タク**さん、**野田卓雄**さん、住吉道代さんとの出会いは思いもよらなかった。中でも佐藤昭司夫人となった住吉さんとは『鉄人28号』以来53年ぶりの再会。まさに青春時代の思い出だ。その後のそれぞれの人生を考えればドラマティックな出会いだった。古川タクさんはアートアニメへ、野田卓夫さんは実力派の原画家で、2人とも机を並べた仲だ。大先輩の月さんは相変わらずダイナミックで元気そうだ。珍しかったのは吉田茂承さんだった。吉田さんはパリで4ヶ月半、机を並べてフランス人の描いた絵コンテを修正していた仲間だ。フランスといえば巨体のピエール・ジネルにも久しぶりに会う。なみきたかし君と出会うきっかけとなった北島信幸も久しぶりだった。20代だった彼らの青春に付き合いつつ、荻窪で語り合い、夜を明かした時代が懐かしい。『フランダースの犬』の監督・黒田昌郎さん、佐藤昭司プロデューサーは日本アニメで出会った。日本アニメで原画をしていたアニメーターの**才田俊次**さんも元気そう。三善教授から紹介された『ニャッキ!』の**伊藤有壱**さんや私の友人・渡部隆の東京造形大学の同期でもある工芸大の木船夫妻にも出会った。長い時間生きていると、人間なにかの縁で繋がっていることがわかる。

高畑監督は私とすれ違うたび目をそらし避けるように遠ざかった。なにか考えているようにも見えた。私は混雑の中、追いかけて高畑監督を捕まえた。

「高畑さん、奥田ですよ!　オクダ!」

「ワアッ!……オクダさん?」

驚いて、一拍おいてハグされた。

「その節はお世話になりました」

本当に懐かしそうだ。でも、キャラが変わっていた。監督時代は日常からしてとても厳しい人で、ハグするような人ではなかった。高畑監督はすでに私の顔を忘れてしまっていたらしい。メールでのやりとりは何度

アニドウ
67年に設立したアニメーターの研究団体および出版・配給会社。

なみきたかし
52年生まれ。アニメ研究家。

松谷孝征
44年生まれ。手塚プロダクションの代表取締役社長。

古川タク
41年生まれ。アニメーション作家として「みんなのうた」などに作品を発表。イラストレーター、絵本作家としても活動している。

野田卓雄
39年生まれ。作画監督、キャラクターデザイナーとして『幻魔大戦』『カムイの剣』など多数の名作を担当。

かあったが、30年間一度も顔を合わせていなかった。そのため、〝誰だっけ……？〟と迷いつつすれ違っていたらしい。パーティなどではよくあることだが、「あなたを忘れました」とは言えないので思い出せない相手とはとても気まずい。30年の年月は大きいが『母をたずねて三千里』のキャラは色あせない。小田部さんの上品な絵柄に心が和んだ。

それにしてもたった1日でこれだけの人たちに出会うと、人生の最期に見るという〝走馬灯〟を感じずにはおれなかった。次はいつ彼らと会えるのだろう？

18年4月5日、この文章を書いている最中、高畑監督の訃報が入ってきた。

このパーティでハグされたのが高畑監督との最後の時間となった。ハグをするような人ではないと書いたが、この時すでに癌の発症を知っていたとのことだった。私に出会った時、本気で「その節はお世話になりました」と抱きしめてくれたのかも知れない。

高畑監督との仕事は『アルプスの少女ハイジ』から始まった。それ以前、『ルパン三世』が路線変更をしたとき、それまでに完成していたコンテの直しで出会った時に始まっていたが、その頃の私は大隅一派と目されていた。大隅一派と思われた私になぜ『ハイジ』で声をかけてくれたのかは未だに謎だが、亡くなられた今、それを確かめることができなくなった。『ハイジ』のシリーズ後半、富野喜幸と一週おきに絵コンテを描いた。私が打ち合わせを終わって帰ろうとする時、富野氏がコンテの上がりを届けに来ていた。絵コンテ打ち合わせは私からの質問も含めて通常2時間ほどで終わったが、その内容は密なものだった。高畑監督は打ち合わせた一言一句を覚えているという確かな記憶力を持っていた。だから、こちらも迂闊なことは書けない。シナリオと打ち合わせと、こちらのイメージを確実に絵コンテに定着させなければならなかった。緊張を要するが、楽しい打ち合わせだった。

『ハイジ』最終話の絵コンテは私が描いた。打ち合わせではラストシーンに全員でカー

才田俊次
49年生まれ。アニメーター、キャラクターデザイナーとして『セロ弾きのゴーシュ』『ちびまる子ちゃん』などを担当。

伊藤有壱
62年生まれ。アニメーション作家。

テンコールをやろうというアイディアが高畑監督から提示された。私のイメージもエンドマークの後にカーテンが上がり、全員並んだその中央でハイジ、クララ、ペーター、お爺さん、そしてロッテンマイヤーさんが手をつないで一礼するというシーンだった。クララは車椅子から立ち上がり、ハイジとロッテンマイヤーさんは笑顔で見つめ合う感動的なシーンだった。

「これはみんな泣きますね。描いてみます」

そう高畑監督に言った記憶がある。しかし、残念ながらこれは実現できなかった。最終回は描く内容が多く、130枚ほどの絵コンテとなった。『ハイジ』の場合、通常は200カット、110枚の絵コンテが平均だった。やむなく回想の冬のシーンから春のイメージに繋いでハイジがクララに対して、「春になったらまた会おうねー」と呼びかけるシーンで終わった。それでも充分に感動的だった。

その年のサンライズの忘年会で安彦良和が私を迎えてくれた。そして、彼は『ハイジ』の最終回を褒めてくれた。安彦たちの一角は『ハイジ』最終話の話題で盛り上がった。当時はまだ現場アニメーターに会社意識はなく、いい作品にはそれぞれが敬意を払っていた。安彦は自分も『ハイジ』をやってみたかったと話した。彼にはロボット系ではない、『わんぱく大昔クムクム』などのようなほのぼの路線も資質としてあり、むしろ本質はそちらだとも語った。

『母をたずねて三千里』もまた富野、奥田でほとんどのコンテを描いた。この作品も同じく一週おきである。『母をたずねて三千里』になって、高畑、宮崎、小田部チームの負担が増えた。クオリティの要求がテレビシリーズのレベルを超えていたからだ。それは、各々の身体の負担になり、高畑監督が体調を崩すことも多くなった。当時、ひばりヶ丘駅近くで打ち合わせてもらえないかという連絡が制作からあった。高畑監督の自宅は私の家から池袋に1駅近い保谷駅だった。私は多摩のスタジオまで車で往復2時間かけるよりも、自宅から5分の駅前の喫茶店で打ち合わせる方がずっと楽だったので、それを快諾した。やって来た高畑監督はかなり憔悴していた。いつもは2時間の打ち合わせも1時間ほどで終わり、喫茶店前で別れて家へ戻ることになった。ふと気になって後ろを振り向くと、高畑監督はまだひばりヶ丘駅の長い階段（当時はまだエスカレーターが設置されていなかった）の半ばで、手すりにもたれるように懸命に上がっていた。手すりにしがみついて一歩一歩身体を引き上げていて、息が苦しいというより身体全体が辛そうだった。戻って手を貸そうとも思ったが、具合の悪いのを知られまいと打ち合わせを進めていたことを思うと、手を貸すことはやめて見守ることにした。いざとなったら駆けつけるつもりで立っていたが、高畑監督は遅い歩みで階段を上った。登り切るまでかなりの時間を要した。改札側へ姿が消えるまで見送って、私もきびすを返した。噂通りの真面目な監督だった。仕事に向かう姿勢を改めて教えられた気がした。

『母をたずねて三千里』のスケジュールはますます厳しくなった。風邪をこじらせて倒れた高畑監督の依頼で、ご自宅で打ち合わせたこともあった。夜中、地図を頼りに保谷の新興住宅街で高畑監督の家を探した。当時はナビもなく街灯も町名の表示もない。打ち合わせより家探しが大変だった記憶がある。

シリーズも終盤に差しかかった夜、この時期の愛車サバンナ・ロータリークーペの緑で多摩のスタジオへ向かった。府中街道を走り、暴走族で有名だった関戸橋を渡って細い急坂を上がったところにある日本アニメのスタジオまでは、夜であれば1時間で行けたが、昼間は2時間以上かかった。

夜8時にスタジオに着いたが、制作からシナリオが渡されない。普通シナリオは数日前に渡され、読み込んでから打ち合わせに臨む。間に合わなければ当日にコピーを渡されることもあったが、私の前にやって来た高畑さんの手にシナリオはなかった。

「実は今回色々ありまして、シナリオはありません」

「はい……?」

「打ち合わせで作っていきたいと思います」

通常のスケジュールでも『母をたずねて三千里』は絵コンテを描くのに1週間しかない。他のシリーズものの絵コンテは3週間ほどが常識だから、通常でも大変なスケジュールなのだ。その上、シナリオがない。〃やれやれ、大変なことになったぞ〃と緊張した。

そして、打ち合わせが始まった。

「このところ、マルコの旅ばかりでお母さんの側の描写と2人の距離感がありません。それを入れてみたいと思います。それから、最後は少し希望を持たせて……」

難しいパズルに挑戦するような、ひとつひとつピースをはめていく作業が始まった。高畑監督の持っていたレポート用紙を数枚もらい、条件を箇条書きにしてアイディアを出し、補足してもらって前に進む。始まりは一人ぼっちのマルコの荒原を行く描写。アメディオも絡めなければいけない。イメージを湧かせながら前後の整合性を取る。8時に始まった打ち合わせは、翌日の朝日が昇る頃まで続き、最後に高畑監督に「じゃ、それでお願いします」と一礼された。

〃大変なことになったぞ〃、朝の渋滞する府中街道を走りながら打ち合わせを反芻する。頼りはレポート用紙2枚のメモと会話の記憶だ。ひばりヶ丘の家に帰り着いて一眠りすると、すぐに絵コンテに取りかかった。記憶が新鮮なうちにイメージを定着させたかったからだ。荒野で孤独なマルコのイメージが湧き、アメディオが絡む。物語も台詞も作り出せた。緊張感は要したが楽しい時間だった。絵コンテは無事に上がり、放映にも間に合った。

『母をたずねて三千里』に続く高畑監督の次作『赤毛のアン』にも参加した。初めての打ち合わせに行くと、「またシナリオがなくて……これで、お願いしたいんですけど……」と珍しく照れ笑いをした高畑監督の手には岩波文庫版の『赤毛のアン』の2ページをコピーしたものがあった。その2ページだけで1話を作り上げて欲しいとのことだった。私は『母をたずねて三千里』よりも苦しんだ。なぜなら、初めての作品であり、しかも主人公は女性で、慣れ親しんだマルコとは違う。特にアンの学校での台詞作りに苦しんだが、私を信頼しての〃文庫2ページ〃だと思うと頑張らざるを得なかった。その後、『赤毛のアン』を6本描いたところで私はJCGL参加のため、残念だったが日本アニメの名作シリーズから抜けた。結果、『赤毛のアン』絵コンテ7本が高畑監督との最後の仕事となった。都合、高畑作品で32本の絵コンテを描いた。これは、高畑監督作品でも最大の本数である。

改めて、16年11月31日に小田部さんと一緒だった『母をたずねて三千里』展で、30年ぶりに再会した高畑監督のハグが思い出される。

坂口尚とのこと

理由もなくネットで「坂口尚」を検索した。『母をたずねて三千里』展のパーティで懐かしい人たちに会った影響だろうか、坂口のその後が知りたかったのだ。ネット上に以前にはなかったホームページ「坂口尚オフィシャルサイト 午後の風」ができていた。そこに展覧会『はじめての坂口尚展』の告知があった。展覧会はさいたま市のノースギャラリーで開催されており、私はすぐ行くことに決めた。

その日は朝から好天だが冷え込んでいた。カミさんの勧めで新しく走り始めたむさしの号の大宮行きを選んで、10時の日野駅発に乗った。車内はほどほど空いていて娘と2人で座る。勘の悪い若者が左にいて少しきつく、「少し向こうへ詰めてくれないか?」と丁寧に脅すと、無反応でずれてくれたので席は楽になった。〃初めからそうしろよ!〃と心の中で吐き捨てた。気の短い坂口でも多分、同じことをやりそうな気がした。中央線よりは古い車両のむさしの号は国立の先から地下に入り新小平の先で武蔵野線に合流し、その先は新秋津駅に出て、そのまま直通で大宮に着く。中央線沿線も便利になったと思った。タクシーでノースギャラリーのあるさいたま市ノースプラザへ向かう。まるで土地勘のない土地で風が冷たい。会場は市役所のイベントスペースで、思ったよりも人が来ていた。マニアっぽい連中も見え盛況であった。手塚プロ社長の松谷さんからの白い花も入り口に飾られていた。受付で女性に「坂口さんの、お身内の方は……?」と尋ねると、「お名前は?」と聞かれた。私は「おくだ、奥田誠治です」と答えると、その女性は後ろのパーティーションで仕切られたブースへ入って行った。しばらくすると小柄な女性が小走りに出てきた。

「いずみさんですね!? 奥田です」

「!?……」

少し間があって大きく表情が変わり理解してくれたことがわかった。「初めまして。そしてお久しぶりです……」と頷き、「坂口がよく奥田さんの話をしてくれてました」と話すいずみさんはイメージ通りの可愛い人であった。娘を紹介して、「年賀状の写真で拝見してました。お嬢さん、もうこんなに大きくなって……」と思い出話となり、彼の長男も紹介されて時間の流れを痛いほど感じた。

会場の彼の作品を見て回った。「**あっかんべェ一休**」などの商業作品も素晴らしいが、途中で発表していたイラスト風の短編作品が心にしみる。羨ましいほどのペンタッチの美しさだった。娘も食い入るように見入っていた。線ひとつひとつが繊細で、かつ力強い。彼と出会った同人誌時代、そして虫プロ時代と夢を語り合った青春の日々が蘇った。彼の赤いホンダS800のコンバーチブルと私の同じく赤のS800クーペを連ねて、同人誌会長の本宮孝史のアパートを訪ねたこともある。彼の先導で杉並区の裏道、路地に近い道を辿った。曲がりくねった道を通りアパートの裏手に出た時に、住人が出てきて物珍しそうに2台のスポーツカーを眺めていた。さらに、ここに車が入ってきたのは初めてだと告げられた。それほど坂口の運転は素晴らしかった。目的だった同人誌会長との話は今はほとんど覚えていないが、彼が勤めていたプリンス自動車が日産自動車に吸収される以前の話で食事時、食堂で第一組合員の左右に座って嫌がらせをする第2組合の話が記憶に残った。その後の彼のことは知らない。

同人の名前は若人漫画クラブ。今では気恥ずかしくなるような素直な名前だ。当時

あっかんべェ一休
93年から「月刊アフタヌーン」で連載開始された禅僧・一休宗純の生涯を描いた作品。96年に第25回日本漫画家協会賞優秀賞受賞。

同人はほとんどが貧乏で、漫画や劇画を描くことで未来への夢にすがっていた。もっとも、当時は大多数が貧乏で、貧乏がハンディキャップだとは誰も思っていなかった。

新宿南口で待ち合わせて喫茶店に行く。お互い帰りの電車賃を気にしながらコーヒー1杯でそれぞれの夢を語り合っていた。その中でも坂口の絵はずば抜けて上手く、回覧同人誌が回ってくるのが楽しみだった。回覧同人誌とはケント紙や画用紙に描かれた肉筆原稿をそのまま閉じて厚紙の表紙を付けただけのもので分厚かった。それを会員の間を順に小包で送って回覧するのだ。現在のゆうパックのようなものはなかったし、否、それ以前に今だったら大切な生原稿をそのまま送るなどということはなくコピーを送付するだろう。あるいはデジタルデータ化してメールで送信するだろう。

お互い虫プロに入っても交友は続いた。青臭く下井草駅近くのアパートに彼を訪ね、青臭くレイ・ブラッドベリやフレドリック・ブラウンを語っていた。彼もまた私のひばりヶ丘駅近くの小さな家をバイクで訪ねてくれた。私が留守の時は、母が出すお茶とせんべいを食べながら帰りを待っていてくれた。私の母とは気が合ったらしく、2人で楽しそうに話していた。私が原画で参加している5スタの悟空班も彼のジャングル班も忙しかった。それでもたまにバイクで5スタを訪ね、私を後ろに乗せて富士見台周辺の飯屋を教えてくれた。本社近くの虫プロで成り立っているような食堂かどやを教えてくれたのも彼だった。名前の通り角にある小さな店だったが、みんなが頼むのは〝カツはなれ〟だった。カツ丼の上を別にして定食にしたものだった。今では珍しくなくなったが、当時はそれほど一般に普及していなかった。甘辛いタレが白い飯に合って食が進んだ。徹夜明けの本社スタッフで混み合っていたのを覚えている。

私が風邪をひいて5スタを休んだのを聞きつけて見舞いに来てくれたのも坂口だった。『悟空の大冒険』が終わり、アートフレッシュが練馬に引っ越してからは連絡もなくなった。お互いの道を歩き始めたのだ。彼のいた本社スタッフも虫プロ倒産で散り散りになった。ほとんどはサンライズへ移ったが、彼は派閥が合わなかったのかナックなどの仕事をしばらくしていて、やがて漫画家への道を歩み始めていた。その彼が久しぶりにアニメへ戻り、**『100万年地球の旅 バンダーブック』**の共同演出に参加するように声をかけてくれた。久しぶりの出会いだった。スケジュールは厳しかったが、お互いに頑張って8割方の演出チェックも終わった。しかし、そこで意見が対立した。ほんの小さな誤解だったが、お互い譲れずに私は作品を降り、彼と疎遠になった。

私の母が亡くなったことを後から聞いたらしく、「お母さんの仏壇にお線香を上げたい」と電話をくれた。だが、その頃から彼の作品は評価され、様々な漫画賞を受賞し始めた。そんな中でも、坂口は新作が出ると必ずサイン入りで送ってくれていた。後日、電話があった。

「一休さんが終われば少し楽になります。ずっと約束していたお母さんへのお線香を今年こそ必ず上げに行きます」

「無理しないで、仕事優先だよ」

「奥田さんともゆっくり話をしたいし……」

「わかった。じゃ今年の暮れに」

そう約束をして電話を切った。「あっかんべェ一休」の評判も上々であり、その年の暮れがきた。電話が鳴ってカミさんが電話を取る。「坂口さんの奥様……」と怪訝そうに受話器を差し出す。

「奥田です。電話、替わりました」

「坂口いずみです……」

電話の声が震えている。もたらされたのは訃報だった。受話器を持ちながらポタポタと涙を流す私を見て、察したカミさんも脇で泣いていた。通夜は寒い日だった。坂口の今に関わる人たちが取り仕切っていた。過去に属する私は肩身が狭く、記帳をすませ焼香すると、いずみさんには会わずにそのまま失礼した。寒い夜道でぽつんと呟いた。

「坂ちゃん、まだ約束守ってないぞ……」

『はじめての坂口尚展』で初めていずみさんに会うことができた。

ずっと坂口が生きていてくれたら……だが、それはいずみさんが、もっと感じていることだろう。

100万年地球の旅 バンダーブック
78年に放送された手塚治虫原作の2時間アニメ作品。

名作アニメの舞台裏

17年、私が主宰する団体・あにれくが、黒田昌郎監督を招いて『フランダースの犬』についての対談『名作アニメの舞台裏 フランダースの犬』を東京工芸大学中野キャンパスで行うことになった。黒田監督は高畑監督と共に日本アニメーションの名作路線の黄金時代を築いた方だ。対談相手は『フランダースの犬』の絵コンテを39本描いた私。39本は驚異的な本数であった。私は『アルプスの少女ハイジ』『フランダースの犬』『母をたずねて三千里』『赤毛のアン』などの名作路線で多くの絵コンテを描いてシリーズを支え、黒田、高畑、両監督の信頼を得ていた。その私が『フランダースの犬』の映像を観ながら、黒田監督に当時の裏話を聞くという企画だった。参加してくれたのは当時テレビで毎週観てくれていた、今や中年に差しかかった人達で、工芸大がいっぱいになるほどの盛況だった。51話と52話の映像が流れ、絶望に打ちひしがれたネロが大聖堂へ最後の力を振り絞って雪の中を行くシーン、それを案じたアロアの絶叫で場内からすすり泣きの声が聞こえてきた。時を超えて当時の感動が甦ったのかもしれない。

黒田監督と当時の思い出話を語った。最終話の終わり方には2種類あった。最初のアイディアは今観られるように、パトラッシュとネロが床に横たわり最期を迎えるシーンの後、天使が舞い降りてパトラッシュの引いた牛乳車に乗ってネロが天国と思われる光の中へ消えて行くシーンだ。果たしてこれで救いがあるのだろうか? 死んで救われるというのは52本も苦労したネロが可哀想だ。黒田監督も私もそんな気持ちがあった。そこで、もうひとつのラストシーンの絵コンテを用意してあった。ネロが床に倒れて動かなくなったところでフェードアウトすると、岸壁で待つジョルジュとポールが「ネロのやつどうしてるかな?」と言い、「どうしているかな」とポールが相変わらずオウム返しに台詞を繋ぐ。「……」と無言のジョルジュに、ポールがオウム返しではなく、いきなり「ちがうよ兄ちゃん、パトラッシュもネロも元気で牛乳を運んでいるよ!」と叫ぶのだ。

「そうだな。ネロとパトラッシュはいつも一緒だもんな。元気でいるさ」

「元気さ」

これは私の願いでもあった。

「春になったら遊びに行こう。そしてネロとアロアとパトラッシュと遊ぶんだ」

ラストはカメラを引いて雪の波止場でフェードアウトする。そんなコンテを描いた。だが、敬虔なクリスチャンであったスポンサーのおばあさまの一言、「天使に救われるんです……」であのラストシーンとなったのだった。それはそれでわかりやすく、天国へ行ってお爺さんと会い幸せに暮らすのだから。


対談が終了して来客に挨拶をしていると、ソニー・コンピュータエンタテインメントを退社して録音監督となった長崎行男がやって来て、一人の女性プロデューサーを紹介してくれた。その女性は吉本興業のアニメ担当だとのことだった。

〝吉本興業……？〟。吉本興業は関西のお笑いだけと考えていた私には、時代の変化が見えていなかったようだ。今や東京本部もあり、お笑いだけでなくアニメ製作まで進出しているという。現在のアニメーション業界が巨大になっていることだけは感じることができた。

京都映画祭

日本アニメから、〝吉本興業が主催する『京都映画祭』に、黒田監督と出演して舞台挨拶をして欲しい〟という依頼の連絡があった。私は日本アニメの宣伝にもなると思って承諾。新宿の花園神社近くにある、廃校になった小学校校舎を流用した吉本興業東京本部を訪ねた。伸び伸びと運動ができるであろう校庭が羨ましかった。黒田監督と合流し、依頼の詳細な話を聞いた。吉本の女性プロデューサーは有能であった。こうして私は京都へ行くこととなり、以前から話のあった奈良女子大学の講演もスケジュールに入れた。娘に付き添ってもらって新幹線に乗り、前日入りして映画祭に備えた。

当日、舞台挨拶は短時間だったが待ち時間が長かった。驚いたことに楽屋に客がいた。会場に来てくれた麗夢ファン以外に、長崎行男と京都精華大学の数井浩子教授が訪ねてきてくれていたのだ。彼女は映画祭のチラシに私と黒田監督の名前を見つけてわざわざ訪ねてきてくれたとのこと。ありがたかった。長崎行男は京都の企業の招待とのことだった。

舞台挨拶も終わり、小雨の伏見稲荷へ参拝した後、長崎行男を伴って京都駅で麗夢ファンの会合に参加した。長崎行男は前述したように初期の麗夢にシナリオで参加してくれた多才な友人である。ファンの中に奈良県農業研究開発センター研究員の濱崎貞弘もいた。彼は30年来の麗夢ファンであり、自らも「柿づくし」という本を出している。

翌日はまた雨で、早々に奈良女子大学へと向かった。奈良女子大学の寺岡伸悟教授とは濱崎研究員の紹介で知り合い、以前にも一度、同校で講演している。私はそれまで奈良女子大学がお茶の水女子大学と共に、全国で2校だけの国立の女子大だということすら知らなかった。その時の講演のイメージがとてもよく、これほどスレていない女子大生が未だに日本にいたことに驚いた。女子大の〝ロスト・ワールド〟かとも思った。

2回目の講演は娘と2人で行なった。休日だったがアニメ文化に興味を持つ学生が教室を埋めていた。私はテレビアニメの歴史と自分との関わり、娘はシナリオ、ライトノベルなどとネットとの関わりを話した。女性であることと年齢が近いこともあって娘の方に関心が高く、多くの質問が集まった。私はこれもまた時代だなと感じた。

東京へ戻ってしばらくして、寺岡教授より学生の感想をまとめたレポートを送っていただき、様々な反応が参考になった。その中の一人に「先生は運がいいだけなのでは……?」という意見があった。「そうかも知れないな……」と思う反面、否、違う。運任せではこのように面白い人生は選べないだろうと思った。

その都度、分岐点では選んだ道で努力をした。だが、その努力は苦労にはならなかった。努力が楽しかったからだ。アニメの仕事は好奇心を満足させてくれる仕事だったからだ。

76歳を過ぎ、これからの人生そんなに多くの選択肢が出てくる可能性はないかも知れない。しかし、今まで悔いのない人生を送ってきた。これからの人生にも悔いだけは残したくない。最後まで悔いのない人生を送ることは可能だろうか……？

私は可能だと思う。なぜならアニメ界はあの63年の新幹線開通前年よりずっと近代化、巨大化し、様々なメディアに必要とされ、さらにデジタル化されて表現力が上がり、学ぶことが増えているからだ。

アニメに携わる限り私は退屈することなく、悔いを残すこともなくこれからも生きて行けるはずだ。

作品、人物に関する評価などは、あくまで私の主観であり、全ての文責は私にあります。

奥田誠治

❖2015年

【ET】火力少年王伝奇再現［第2期］［海外作品］（2015年制作）
＊絵コンテ（7本）
[1] たどり着いた精霊世界！　旅の始まり
[2] 輝けアクセサリー！　俺たちは鼠三匹隊！
[6] 勝負！　ヨーヨージャンケン
[7]（日本語サブタイトル不詳）
[13]（日本語サブタイトル不詳）
[25]（日本語サブタイトル不詳）
[26]（日本語サブタイトル不詳）
（註）中国AULDEY社より発売されたヨーヨー玩具を題材とするテレビシリーズの続編

【ET】バトルネーダーIII［海外作品］（2015年制作）
＊絵コンテ（10本）
[1] 今、覚醒の時！　シルファイトV !!
[6] 修復困難！制御不能!?　シルファイトVの異変
[8] 超加速の戦い！　ウルフォース vs キングロイヤル
[13] 激突！　エンネツブレード対ジオナイトVカスタム
[18] 無敵合体！　絶対領域シンカイガイア
[23] 友達の再会……　ウミカゼエース VS レンセイゼロ
[25] 暗黒の支配者！　侵食のクロノス
[27] 重なり合う衝撃の真実！　シルファイトV VS レンセイゼロ
[30] 最強を目指して！　ハテンブレイブ VS ウミカゼエース
[31] さよなら、未来のために　鋼鉄の雲・ハテンエース
（註）中国AULDEY社より発売されたコマ玩具を題材とするテレビシリーズの第3作

❖2016年

【ET】かなえの祈り
（2016/8制作）
＊絵コンテ
（註）スタジオ・ザイン制作のパイロットフィルム

❖2018年

【TV】ZOIDS　ゾイドワイルド
（2018/7/7～2019/6/29）
＊絵コンテ（1本）
[5] 掴めお宝！サソリゾイドの女（2018/8/4）

【TV】ベイブレードバースト　超ゼツ
（2018/4/2～2019/3/25）
＊絵コンテ（4本）
[128] 白熱［ヒートアップ］！　バトルシップ !!（2018/9/24）
[137] 炎神！　超Z［ゼツ］スプリガン !!（2018/11/26）
[141] アイガ、魂の再戦［リベンジ］!!（2018/12/24）
[147] 超ゼツ特訓、サバンナ編 !!（2019/2/11）

❖2019年

【TV】ぱすてる　メモリーズ
（2018/4/2～2019/3/25）
＊絵コンテ（手伝い・1本）
[12] ぱすてるメモリーズ（2019/3/26）

【TV】ひとりぼっちの　○○生活
（2018/4/2～2019/3/25）
＊絵コンテ（1本）
[6] 五七五で夏が来る（2019/5/11）

❖2013年

【ET】真　三國　無双　7（2013/2/28）
＊ゲーム映像絵コンテ
（註）コーエーテクモゲームスより発売されたPlayStation 3用ゲームソフト

【ET】ONE PIECE　海賊無双　2
（2013/3/20）
＊ゲーム映像絵コンテ
（註）バンダイナムコゲームスより発売されたPlayStation 3、PlayStation Vita用アクションゲーム

【ET】真　三國　無双　7　猛将伝
（2013/11/28）
＊ゲーム映像絵コンテ
（註）コーエーテクモゲームスより発売されたPlayStation 3用ゲームソフト

【ET】バトルネーダーII［海外作品］（2013年制作）
＊絵コンテ（13本）
[1] 新たなる戦い！　目覚めよシルファイトW（ウィル）
[2] 激闘の始まり！　輝きのパンドラーク
[3] 高速持久！　アトランティオの襲撃！
[6] 禁断の遺跡へ！アヌビウス、炎熱のウィール反転！
[7] 憤怒！　サウラスの猛攻
[13] 戦慄の美　アトランティオカスタムの猛攻
[14] 一瞬と永遠のバトル！　安定防御・ジオナイトWカスタム
[17] パンドラを救出せよ！　絆と連携のバトル
[18] 衝撃！　パンドラの秘密・キューピエルの暴走
[20] 誇り高き狩人！　カシミルの思惑
[21] 刹那にかけろ！　パンドラ、覚悟と決断の一撃
[22] ジン、最後の遺跡へ！　最強の炎・キングダム
[26] さらば、パンドラ悲しみのバトル
（註）中国AULDEY社より発売されたコマ玩具を題材とするテレビシリーズの続編

【ET】F BORD（フィンガー・ボード）
（2013年制作）
＊絵コンテ（7本）
[5] 天才子役からの挑戦状！
[13] 練り消し道を極めし者
[19] 遭難・シミュレーションルーム
[18] ミッション！人参を攻略せよ
[21] 薔薇の宿命
[23] 開幕！サイバーボード・フェス
[25] 激突！狼の牙 vs 猛禽の爪

❖2014年

【ET】火力少年王伝奇再現［第1期］［海外作品］（2014年制作）
＊プリプロ監修（全話）
＊絵コンテ（10本）
[2] ラン・ザ・ドッグ！　お前はライバル！
[3] フォワードパス！　白華も仲間だ！
[6] 鳴り響け！　試しのヨーヨー！
[13] つなげ！　仲間のトリック
[15] つなげ！　トリックの絆
[18] アンドロイド・エリの苦悩
[23] 謎の招待状・　天才少年との対決
[26] 優しい強さ！　白華の願いと成長！
[32] 氷雪が繋ぐ絆！　孤高のオオカミと三兄妹！
[36] クレイVSグリッド　宿命のライバル対決！
（註）中国AULDEY社より発売されたヨーヨー玩具を題材とするテレビシリーズ

あとがき

56年経って、私がアニメを始めた時代から見ると今や未来である。全てのパートがデジタルで処理されている。どんな表現でも可能だ。

だが、デジタル化と作品内容は比例しない。むしろ悲しいことに退化していく。マーケットの要求、代理店、出版社、原作者の言いなりの作品となってしまう。悪いことにデジタル編集は最終段階でディスプレイを見ながら手直しができる。そこでアニメのことなどわからない、いや、中途半端にわかるオタクがクライアント側にいる。これは最悪である。

十分なスタッフがいない中で、疲労困憊してやっと形にした演出にクレームが出る。それでも、クライアントからのリテークは直さなければならない。また無用な徹夜が待っている。ブラック産業といわれる所以である。

これからアニメを目指すなら、アニメの流れの上流や漫画原作を目指すのが賢明である。あるいは、ゲーム会社のスタッフや漫画編集を目指した方が面白いかもしれない。オリジナル作品を目指すのであれば、どこかで見たようなありきたりの内容で、ただし絵と音楽に力を入れた作品がウケる。コミケなどでオマージュ作品に慣れた世代には新しいアイディアは無用だ。なにを与えても勝手に思い込んで感動してくれる。

学校で〝オリジナリティ〟が大事だと学生に教えるのが虚しくなる時代だ。

だが、それでもまだ可能性はある。アニメが滅んだわけではない。いろんな逆境を撥ね除けて、アニメは産業にまで成長してきた。『鉄人28号』の頃、危惧したようにアニメが終わることはなかった。こんな面白い仕事は他にはない。

色々と書いてきて、まだ書き足りないことがあるように思った。アニメを目指した者が一様に幸せになったわけではない。志半ばに去って行った人たちもいる。ヒット作に恵まれ頂点に立った人たちもいる。それでも、みんなチャンスは同じだった。この面白いアニメ界で、共にもがいた人たちのことをいずれ書きたいと思っている。

それが私の責任かもしれない。

２０１9年10月吉日

No. end

CUT	PICTURE	ACTION	MUSIC/SE	TIME

アニメの仕事は面白すぎる

絵コンテの鬼・奥田誠治と日本アニメ界のリアル

奥田誠治

発行日
2020年1月24日　初版発行

発行者
工藤和志

発行所
株式会社 出版ワークス
〒651-0084
兵庫県神戸市中央区磯辺通3-1-2 大和地所三宮ビル604
TEL 078-200-4106　http://spn-works.com/

印刷・製本
株式会社シナノ

編集
松原“マッさん”弘一良
(MOBSPROOF)

デザイン
田中秀幸
(Double Trigger)

表紙イラスト
芦田豊雄

リスト作成
原口正宏（リスト制作委員会）

原稿協力
菊地武司（リワークス）

Printed in Japan　Published by Shuppan works Inc.
Kobe Japan
ISBN 978-4-907108-46-5

絵コンテの数だけアニメーション史のドラマはある

原口正宏

イラスト 芦田豊雄

奥田誠治さんからフィルモグラフィーの作成を最初に依頼されたのは、11年5月だった。テレビアニメ黎明期から膨大な数の絵コンテを切られてきたことで知られる奥田さん。その詳細なリストを作ることは、私の永年の夢でもあった。参加話数やサブタイトルも網羅し、最終的に担当総本数を解明できたら……。早速、それまでに収集、入力してきたスタッフデータの整理にとりかかった。奥田さんもまた、丹念にご自身の作品歴をまとめられていた。教育映画やCM、海外作品への参加実態などは、この記録がなければ到底把握できなかった。こうして、両者のデータを合体させる形で、11年7月に「叩き台」としてのリスト初稿を完成させた。だがその時点では未解明の部分も多く、奥田さんのお仕事の全容を掴むにはまだまだ時間が必要、という思いが残った。

19年8月末、久しぶりに奥田さんからご連絡をいただいた。念願の自伝の出版が決まり、その中に最新版のフィルモグラフィーを掲載したいのだという。無論、お断りする理由などあろうはずがなく、喜んで協力させていただくことにした。8年の間に、リストの情報は少なからず増補されていた。「完全版」と呼べる精度まではまだ道半ばだが、それでもオープニングやエンディングに奥田さんのお名前（ペンネームを含む）が表示された作品については、ほぼすべてチェックできたはずである。また、フィルムへの焼き込みではなく、タイトルカードによってスタッフクレジットが表示されていた初期テレビアニメ作品